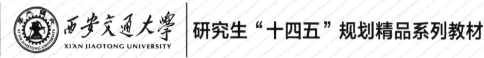

研究生"十四五"规划精品系列教材

公共管理硕士（MPA）系列教材

公共政策分析：理论与应用

杨雪燕　王洒洒　编著

西安交通大学出版社

图书在版编目(CIP)数据

公共政策分析:理论与应用 / 杨雪燕,王洒洒编著
. -- 西安 : 西安交通大学出版社,2024.4
西安交通大学研究生"十四五"规划精品系列教材
ISBN 978-7-5693-2098-5

Ⅰ.①公… Ⅱ.①杨…②王… Ⅲ.①公共政策—政策分析—高等学校—教材 Ⅳ.①D035-01

中国国家版本馆 CIP 数据核字(2023)第 216782 号

书　　　名	公共政策分析:理论与应用 GONGGONG ZHENGCE FENXI:LILUN YU YINGYONG
编　　著	杨雪燕　王洒洒
责任编辑	李逢国
责任校对	郭　剑
装帧设计	伍　胜
出版发行	西安交通大学出版社 (西安市兴庆南路1号　邮政编码 710048)
网　　址	http://www.xjtupress.com
电　　话	(029)82668357　82667874(市场营销中心) (029)82668315(总编办)
传　　真	(029)82668280
印　　刷	广东虎彩云印刷有限公司
开　　本	787mm×1092mm 1/16　印张 10.5　字数 264千字
版次印次	2024年4月第1版　2024年4月第1次印刷
书　　号	ISBN 978-7-5693-2098-5
定　　价	39.80元

如发现印装质量问题,请与本社市场营销中心联系。
订购热线:(029)82665248　(029)82665249
投稿热线:(029)82664840　QQ:1905020073
读者信箱:1905020073@qq.com

版权所有　侵权必究

序　言

　　2012年，西安交通大学公共政策与管理学院建院第八年，公共管理一级学科博士点获批，"公共政策分析"作为专业必修课程被纳入博士生教学计划中。本人有幸被学院聘为该门课程的主讲教师。

　　那个夏天，我开始挥汗如雨地进行备课。翻看了市面上大多数公共政策分析教材，我从中吸取了前辈们的真知灼见、智慧火花，从而形成了自己的讲义，同时结合自己在人口公共政策领域的多年研究，将部分研究成果也纳入讲义当中。

　　教学过程中，我发现生动活泼的案例分析和小组讨论的教学方式更易受到学生的欢迎，也更能取得良好的教学效果。因此，每年的热点事件（如"奔驰女"事件、秦岭别墅整治始末）、国际和国内形势发展（新冠疫情、"双减政策"）均作为研究案例纳入讲义之中。

　　一晃十多年过去了，这门课程越来越受到学生的欢迎。我也逐步形成富有特色的"公共政策分析"课程教学体系和风格，进而萌生了将教学讲义以教材的形式进行编撰和出版的想法。

　　撰写工作贯穿了2021—2022年整年时间。2022年初形成初稿之后，经历了四轮修改完善，蕴含着全体撰写人员的心血，最终得以呈现出来。参与本书撰写的人员的分工如下：杨雪燕（第一章），王洒洒（第二章），李婉鑫（第三章），李蕊（第四章），牟雪（第五章），张琳雪（第六章），何钰琪（第七章），刘堃（第八章）。杨雪燕负责书稿的框架设计、组织协调和统筹策划，王洒洒负责书稿的整合、修订。

　　书稿付梓之际，再次感谢公共政策分析研究领域所有先行者的思想智慧，感谢西安交通大学参与公共政策分析课程的历届博士生和硕士生以及书稿的撰写人员。愿以微薄之力，促进公共管理和公共政策学科的发展。

杨雪燕　王洒洒
2024年1月

目 录

第一章 公共政策分析概论 (1)
- 第一节 公共政策的本质 (1)
- 第二节 公共政策的基本特征和功能 (3)
- 第三节 公共政策类型 (8)
- 第四节 公共政策分析框架 (11)
- 核心概念 (19)
- 思考题 (19)
- 案例分析与思考 (19)
- 小组讨论 (20)

第二章 政府、市场与公共政策的关系 (21)
- 第一节 社会问题及其解决途径 (21)
- 第二节 市场失灵、政府失灵和志愿失灵 (26)
- 第三节 政府角色和公共政策 (33)
- 核心概念 (36)
- 思考题 (36)
- 案例分析与思考 (36)
- 小组讨论 (37)

第三章 公共政策系统分析 (38)
- 第一节 公共政策主体 (38)
- 第二节 公共政策客体 (45)
- 第三节 公共政策系统 (48)
- 第四节 公共政策环境 (50)
- 第五节 公共政策工具 (55)
- 核心概念 (59)
- 思考题 (60)
- 案例分析与思考 (60)
- 小组讨论 (62)

第四章 公共政策问题的建构分析 (63)
- 第一节 公共政策问题回顾 (63)
- 第二节 公共政策问题的分类 (66)
- 第三节 公共政策问题构建的程序 (68)
- 第四节 公共政策议程的建立 (70)

核心概念 ……………………………………………………………… (81)
　　思考题 …………………………………………………………………… (81)
　　案例分析与思考 ………………………………………………………… (81)
　　小组讨论 ………………………………………………………………… (82)

第五章　公共政策方案的制订 ………………………………………………… (83)
　　第一节　政策方案规划概述 …………………………………………… (83)
　　第二节　政策方案规划的基本程序 …………………………………… (95)
　　第三节　政策合法化 …………………………………………………… (100)
　　核心概念 ………………………………………………………………… (105)
　　思考题 …………………………………………………………………… (105)
　　案例分析与思考 ………………………………………………………… (105)
　　小组讨论 ………………………………………………………………… (106)

第六章　公共政策的执行 ……………………………………………………… (107)
　　第一节　公共政策执行的基本理论 …………………………………… (107)
　　第二节　影响政策有效执行的因素 …………………………………… (109)
　　第三节　具有中国特色的政策执行 …………………………………… (116)
　　核心概念 ………………………………………………………………… (121)
　　思考题 …………………………………………………………………… (121)
　　案例分析与思考 ………………………………………………………… (121)
　　小组讨论 ………………………………………………………………… (122)

第七章　公共政策评估 ………………………………………………………… (123)
　　第一节　政策评估概述 ………………………………………………… (123)
　　第二节　政策评估的过程及模式 ……………………………………… (130)
　　第三节　中国政策评估的问题及对策 ………………………………… (135)
　　核心概念 ………………………………………………………………… (142)
　　思考题 …………………………………………………………………… (142)
　　案例分析与思考 ………………………………………………………… (142)
　　小组讨论 ………………………………………………………………… (142)

第八章　公共政策终结 ………………………………………………………… (143)
　　第一节　政策终结概述 ………………………………………………… (143)
　　第二节　政策终结障碍的理论框架 …………………………………… (148)
　　第三节　政策终结策略 ………………………………………………… (153)
　　核心概念 ………………………………………………………………… (155)
　　思考题 …………………………………………………………………… (155)
　　案例分析与思考 ………………………………………………………… (155)
　　小组讨论 ………………………………………………………………… (156)

参考文献 ………………………………………………………………………… (157)

第一章 公共政策分析概论

公共政策学是一门综合性学科,有一套独特的政策分析方法。本章主要是对公共政策分析的基本概念和本质问题进行概述,主要包括四节内容。其中,第一节是公共政策的本质。本节首先介绍了政策的含义;其次探讨了外国学者及中国学者关于政策的观点;最后在此基础上提出本书的观点,即对政策的内涵、表达形式和核心要素进行界定。第二节是公共政策的基本特征和功能。本节首先介绍了公共政策的基本功能;其次分析了常态社会和转型社会当中的公共政策功能。第三节是公共政策的类型。本节首先根据层次将公共政策划分为元政策、基本政策和具体政策;其次根据功能将公共政策划分为分配型政策、再分配型政策和规制型政策;再次根据所调整的内容将公共政策划分为政治政策、经济政策、科技政策、社会政策、文化教育政策、外交政策和民族政策;最后根据所调整的内容的本质将公共政策划分为实质性政策和程序性政策。第四节是公共政策分析框架。本节首先介绍了公共政策分析的内涵;其次介绍了公共政策分析的意义;再次介绍了公共政策分析的要素,包括政策问题、政策目标、政策方案、政策模型、政策资源、政策效果、政策环境、政策信息等,进而讨论了公共政策分析的原则,主要包括系统原则、预测原则、协调原则、分解综合原则、民主原则;最后提出公共政策分析的模式,包括全面理性模式、有限理性模式、渐进主义模式、混合扫描模式、最优化模式、内容-过程分析模式、政策执行分析模式、信息转换分析模式等。

第一节 公共政策的本质

一、政策的含义

"政":"政者,正也。"而"正"又包含"规范""控制"的意思,"政"指的是政治、政事、政权,统治者和当权者所处理的事物(政府工作)等,既可以当名词理解,也可以当动词理解。"策":"策,谋术也。"其本意为"计谋""谋略"。因此,政策是指通过谋划,对人的行为进行规范控制、校正,以便寻找解决问题的方法。

政策往往是与人类活动联系在一起的,二者之间的关系如图1-1所示。人类活动的问题链是从个人问题开始的;当个人问题扩大到企业和社会集团的层面时,就转化成为企业和社会集团的问题;企业和社会集团问题进一步扩大为国家和政府问题时,该问题才正式进入公共政策的研究领域。

二、国外学者关于政策的观点

政治学家戴维·伊斯顿认为,政策是对全社会的价值做权威性的分配(或强制性决定),并且予以实施的行为或互动行为。它由政治团体、体制和权威机构等部分构成,受到自然的、生物的、社会的以及心理的等外部和内部环境的影响,同时对环境的压力有适应能力和反馈信息

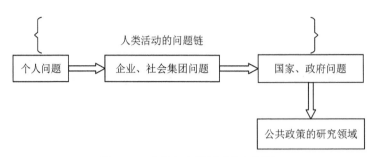

图 1-1 政策与人类活动的问题链

的功能。政策系统和环境形成互动的联系,政策系统持续通过环境不断地输入、输出、反馈、再输入的过程实现。伊斯顿的输入-输出政策系统分析模式适用于分析从国际社会到国家内部各种规模的政治系统,同时又是一个统一理论,包括社会当中的各种行为关系。他的观点主要是从传统政治学的角度对政策进行界定,侧重公共政策的价值分配功能,但是忽略了公共政策除价值分配功能之外的其他功能。

托马斯·伍德罗·威尔逊认为,政策是政治家制定的、由行政人员执行的法律法规。他的观点从制定和执行的主体角度对政策进行界定,但是现实当中,政策可能拥有更多的主体,所涉及的内容也比法律法规更为广泛。

托马斯·R.戴伊认为,凡是政府决定做或决定不做的事情就是公共政策。该观点突出了政策的行动特征,但是政府的不作为并不代表没有政策,政府决定做或不做与政府真正做或不做有很大差别。

从上述观点可以看出,不管国外学者在公共政策定义的表述上有多大不同,多数学者都认同这一论点,即公共政策是政治过程的产物,把公共政策看作是政治系统的产出。因此可以推断出:不同的政治过程产出不同的公共政策。

三、中国学者关于政策的观点

学者伍启元认为,公共政策是政府所采取的对公私行动的指引;公共政策是将来取向的,是目标取向的;公共政策是与价值有密切关联而受社会价值所影响的;公共政策是由政府或有决策权者所采取或选择的;公共政策是有拘束性而受大多数人接受的行动指引。

学者张成福认为,公共政策是公共权威当局(对公民个人的行动和私人部门或其他社会组织的行为具有规制权和合法权的机构)为解决某些公共问题或满足某项公共需要所选择的行动或不行动方案。

学者陈庆云认为,公共政策是政府依据特定时期的目标,在对社会公共利益进行选择、综合、分配和落实的过程中所制定的行为准则。

综上所述,中国学者一般把政策的主体界定为政府、党,注重公共政策对社会组织、群体行为和行动的规范、指导、约束功能。

四、本书关于公共政策概念界定的观点

(一)公共政策的内涵

我们认为,对于公共政策概念进行定义,需要掌握三个要点:首先是谁来制定公共政策,即

主体是谁?其次是公共政策将对什么领域进行规制,即客体是什么?最后是公共政策的目的是什么,即目标和价值取向是什么?

总而言之,公共政策就是以执政党和政府为主的公共机构,在一定的政治背景下,通过论辩、竞争、合作等途径,以科学的方法选择适合的工具,采取行动解决社会公共问题、求得社会进步的活动过程。

基于上述观点,我们可以对公共政策的内涵做出如下界定:公共政策以解决公共问题为取向,以政府及其公共部门为主导,以公共权力为依托,以科学民主决策为生命,以维护公共利益为目标。

(二)公共政策的表达形式

(1)法律法规。例如《中华人民共和国宪法》《中华人民共和国地方各级人民代表大会和地方各级人民政府组织法》《中华人民共和国民族区域自治法》和《中华人民共和国人口与计划生育法》等。

(2)行政规定或命令。例如《中华人民共和国行政区划管理条例》《中国人口与计划生育条例》等。

(3)国家领导人口头或书面的指示。例如中华人民共和国国务院令第100号《城市绿化条例》(李鹏总理签发)、中华人民共和国国务院令第300号《集成电路布图设计保护条例》(朱镕基总理签发)、中华人民共和国国务院令第500号《民用核安全设备监督管理条例》(温家宝总理签发)、中华人民共和国国务院令第700号《人力资源市场暂行条例》(李克强总理签发)、中华人民共和国国务院令第767号《人体器官捐献和移植条例》(李强总理签发)。

(4)政府大型规划、具体行动计划及相关策略等。例如《保护海洋环境免受陆源污染国家行动计划》《关于广泛开展关爱女孩行动综合治理出生人口性别比偏高问题的行动计划》等。

(三)公共政策的核心要素

"利益"是公共政策的核心要素,公共政策就是对社会利益的权威性分配;公共政策对社会利益分配的基础是不断地促进公共利益增长。公共政策的本质就是更好地维护、落实国家意志,对社会利益进行权威性的分配,并不断采取各种措施、手段、方法来增进社会公共利益。如图1-2所示,公共政策首先通过政策的决策和制定实现利益的选择,然后把不同的利益诉求整合在一起形成利益的整合,接下来在不同的群体之间进行利益的分配,通过政策的执行促进利益的落实,最终通过满足不同群体的利益、激发群体的积极性实现利益的增进。

图1-2 公共政策的利益链条

第二节 公共政策的基本特征和功能

一、公共政策的基本特征

(一)政治性

政治性指的是公共政策必然服从和服务于政治系统中公共权力所规定的意志、利益、任务和目标,这就是公共政策的政治性特征。政治系统是掌握社会公共权力的组织与政府机构制定、执行公共政策的权力,是由政治系统通过合法的途径授予的。因此,政府部门和社会公共机构制定与实施的任何政策都必须维护和巩固现行的政治统治。

(二)阶级性

公共政策的政治性在阶级社会中有时又表现为阶级性。当政治系统中占据统治地位的阶级与其他处于被统治地位的阶级的矛盾具有对抗性质时,政治性就表现为强烈的阶级性;而当二者的矛盾属于非对抗性时,政治性中的阶级性就不太强烈。在社会主义社会中,还存在阶级,但不是任何时候、任何政治现象都带有阶级斗争的内容。因此,作为政治统治运行主要内容的公共政策也不全是具有阶级性的。

(三)整体性

整体性是政府职能的基本特征之一,政府行政体系和行政行为不是孤立的、独立的,而是高级系统的一个子系统,同时又是整合本身内部各次级系统的高级系统。各大小系统之间密切配合、相互依存,成为一个完整的统一体。由于行政系统的这一特征,政府职能和公共政策也具有完整性的特点。公共政策的整体性也就是将公共政策视为一个系统,政策的内容之间是相互联系的,服务于共同的政策目标;政策的过程之间也是相互联系的、完整的,服务于政策的效果。

(四)前瞻性

前瞻性指的是对未来的一种安排。公共政策的前瞻性是指公共政策的制定需要对未来社会、经济发展的可能变化做出预判,使得公共政策不仅能够适合当下的环境和政策问题,也能够为未来的环境变化和发展预留一定的空间。然而在现实中,由于可获取的信息有限,很难对未来发展做出非常准确的预判,从而导致政策成功或失败。例如案例1-1中俄罗斯出售阿拉斯加给美国的历史事件,对于两国政策成功失败的判定是随着时代的不同而呈现出完全相反的结论。

案例1-1

阿拉斯加的前生今世

许多人认为阿拉斯加州一直就是美国的一部分。但它其实在历史上是俄罗斯的领土,而且它的名字实际上来源于阿拉斯加原住民的俄语改编词。最初,俄罗斯探险家将"Alaxsxaq"这个词俄罗斯化为"Alyaska"。

1867年10月18日,俄罗斯领土Аляска(英语Alyaska)以7200000美元的价格被卖给了美国,如果我们调整通货膨胀,这大约是1.11亿美元。即使按照现在的标准,这个数字对于拥有586412平方英里(1518800平方公里)土地的俄罗斯来说似乎也很微不足道,尤其是在俄罗斯帝国当时的强盛时期。所以我们不禁要问,俄罗斯为什么要卖阿拉斯加?

1853年欧洲爆发克里米亚战争,俄罗斯也害怕阿拉斯加殖民地被英属北美(现加拿大)夺走,便提议将阿拉斯加卖给美国。当时,俄罗斯和美国是盟友,由于互不喜欢大英帝国而加强了联系,因此美国是俄罗斯土地的完美客户。只有一个小问题阻止了美国在1867年之前购买阿拉斯加,即美国内战(1861—1865年)。

在联盟击败同盟国之后,美国足够稳定,可以开始谈判购买。来自俄罗斯的一组测量员被派往阿拉斯加寻找自然资源和其他材料,以便计算出购买的价值。测量员得出了 10000000 美元的价值,但他们中的大多数人认为俄罗斯不应该出售殖民地。

沙皇不顾测量员的建议,将评估结果提交给美国政府。经过多次谈判,最终达成了 7200000 美元的价格,并于 1867 年 10 月 18 日敲定了交易,正式使阿拉斯加成为美利坚合众国的一部分,使得俄罗斯和美国在未来几年加强联盟。

如果现在看阿拉斯加的价值,我们可以清楚地看到这对美国政府来说是一次巨大的捡漏。由于化石燃料的储量巨大和 19 世纪末该地区的淘金热,如今每年阿拉斯加州生产总值约为 500 亿美元,这意味着美国在这笔交易中获得的收益远远超过他们支付的金额。

俄罗斯至今仍拥有阿拉斯加的地缘政治影响,毫无疑问,现代历史的进程将因这一鲜为人知但重要的事件而改变。

(五)层次性

公共政策本身具有层次性。公共政策可以划分为元政策、基本政策和具体政策三个层次。同时,政策的主体也具有层次性。例如,政策的制定执行主体包括国家级、省部级和市级政府部门等。

(六)多样性

首先,从公共政策的内容看,它涉及政治、经济、社会、人口、文化、环境和科技等各个方面,可以说涉及人类发展的方方面面。其次,公共政策的类型是多样化的,包括法律、法规、规章、制度、条例、命令、行动计划等。

(七)合法性

公共政策的合法性包括以下三个方面:

首先是政策主体的合法性。根据在公共决策过程中的不同职能,公共政策主体可以分为三种类型:一是决策主体,是指政府、执政党及其领袖等;二是参议主体,是指在野党和咨询机构,如由各种专家和学者组成的"智囊团""思想库";三是参与主体,是指公众和社会团体。但是,当我们在讨论公共政策的合法性问题时,所说的政策主体一般指决策主体,因为决策主体所享有的权利是宪法和法律规定的,是由国家权力机关或上级国家行政机关授予的。也就是说,只有具有合法性的政策主体才能颁布具有合法性的政策。

其次是政策程序的合法性。政策程序是指政策取得合法性的方式、顺序和步骤,它是规范公共政策行为的主要手段。政策程序的合法性要求公共政策行为必须按照法定的方式和步骤来进行。如果没有程序的规范与制约,政策的制定就有可能成为少数决策主体的个人的盲目行为,使个人的意志凌驾于公众的意志之上,进而影响政策内容的合法性。而与政策程序相关的法律制度,如审查制度、听证制度等也是政策程序合法性的重要保障。

再次是政策内容的合法性。公共政策必须以公众的利益为价值取向,从而赢得公众的认可和支持,这是政策内容具有合法性的应然要求。因为公共政策的效力来源于公共权力,公共政策的对象是公共问题,公共政策的制定和实施过程中要承担公共责任,所以公共政策的终极目标应是实现公共利益,只有符合公共利益的政策,才具有实质的合法性。

二、常态社会中公共政策的功能

在常态社会中,公共政策一般具有导向功能、调控功能和分配功能。

(一)导向功能

公共政策通过正向提倡、激励的方式为有关法人、自然人指明行动方向,从而使政策对象朝着决策者所希望的方向努力,以决策者期望的方式采取行动;借助于价值和目标要素规范人们的行为。公共政策包括直接导向和间接导向政策、正导向和负导向政策。其中,宣传性的政策通常都是直接导向政策;税收可以视为间接导向政策。现实中正导向政策比较多见,例如利益导向性政策通常就是通过发放津贴、补助或其他激励政策来引导人们的行为。负导向政策通常指的是通过惩罚或劝诫约束人们的某种行为,比如通过罚款的形式引导人们遵守公共卫生相关管理制度等。

(二)调控功能

政府等公共部门运用政策的制定和实施,在对社会公共事务出现的各种利益矛盾进行调节和控制的过程中发挥作用。政策的调控功能主要体现在采取一定手段和措施调控社会各种利益关系,尤其是物质利益关系,从而实现政策目标以及社会的稳定和发展。调控功能一般包括直接调控和间接调控、平衡调控和非平衡调控、积极调控和消极调控等。

(三)分配功能

分配功能是指通过公共政策的制定或执行,对全社会所拥有的资源(包括政治、经济、文化等资源)在不同地区、不同部门、不同群体之间的配置进行调节。如收入分配政策、社会保障政策等都涉及利益的分配。政府公共政策所体现的分配原则主要有三种:一是为追求效率而鼓励扩大差别;二是为消灭差别而牺牲效率;三是效率与公平兼顾。案例1-2当中给出的关于火车轨道的艰难选择,启发我们进一步思考现实当中如何平衡公平和效率问题。

案例1-2

火车轨道——关于公平和效率之间的取舍

有一群小朋友在外面玩,而那个地方有两条铁轨,一条还在使用,一条已经停用。只有一个小朋友在停用的铁轨上玩,其他的小朋友全都在仍在使用的铁轨上玩。很不巧的是,火车来了(而且理所当然地往上面有很多小孩的仍在使用的铁轨上行驶)。

而你正站在铁轨的切换器旁,因此你能让火车转往停用的铁轨。这样的话,你就可以救大多数的小朋友,但是那名在停用铁轨上玩的小朋友将会被撞。你会怎么办?

三、转型社会中公共政策的特殊功能

转型社会中,社会利益和矛盾相较于常态社会而言会变得更加复杂和尖锐,这就要求公共政策还应该具有其他的特殊功能,包括稳定功能、公平正义功能、促进社会革新功能等。

(一)稳定功能

如图1-3所示,在转型社会中,社会群体发生分化,从而形成新的社会利益和社会矛盾,产生社会冲突和社会混乱,此时公共政策有助于通过建立新的利益分配机制去解决社会矛盾、化解社会冲突,并逐渐消解社会混乱状态,从而维持社会稳定。

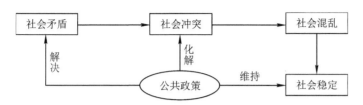

图 1-3　公共政策的稳定功能作用机理

(二)公平正义功能

如图 1-4 所示,在转型社会中,原先处理效率与公平的原则发生变化,从而产生新的社会矛盾。此时公共政策可以通过重新确立效率与公平的关系原则去实现社会公正。例如,在改革开放之初,"允许一部分人先富起来"主要体现了效率优先的原则;而当改革开放进入深水区时,"先富带动后富"则体现了公平原则。通过不断调整效率和公平之间的关系,推动社会进步,最终实现兼顾效率与公平的目标。

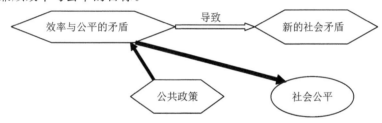

图 1-4　公共政策的公平正义功能作用机理

(三)促进社会革新功能

如图 1-5 所示,在转型社会中,可以通过政策去创设新的利益和行为,通过破旧立新,进而确立新的体制。例如,在战国时期的商鞅变法中,商鞅采取废井田、重农桑、奖军功、实行统一度量衡和建立县制等一整套变法求新的发展策略去确立新的利益和行为,通过商鞅变法,秦国的经济得到发展,军队战斗力不断加强,成为战国后期最富强的集权国家。正是由于社会改革和革新改变和冲击了原有的利益格局,商鞅作为改革家也遭受了悲惨的人生结局,参考案例 1-3。

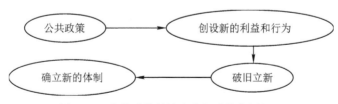

图 1-5　公共政策的社会革新功能作用机理

案例 1-3

改革者需要付出代价——商鞅变法和作法自毙

商鞅担任秦国丞相 10 年,公子贵族备受打击,很多人都对他心怀怨恨。秦孝公去世后,太子即位。公子虔等一些人诬告商鞅谋反,太子立即派人去抓他。商鞅出逃,来到关下,想找个旅馆投宿。旅馆主人不知道他是商君,就说:"商君制定的法律,要住宿的话必须有文书。"商鞅叹了一口气,说:"唉,我竟然被自己制定的法律逼到了这个程度!"他又逃往魏国。魏国人怨恨他欺骗了公子卬,攻破了魏国军队,不肯接受他。商鞅想去其他的国家,魏国人却说:"商鞅是秦国的罪犯,秦国的罪犯逃到了魏国,魏国不把他送回秦国,是不行的。"商鞅只好回秦国。商鞅回到自己的封地商邑,率领自己部下和军队攻打郑国,寻求出路。秦国派兵攻打商鞅的军队,在郑国渑池杀掉商鞅,随后把他的尸体车裂,并且诛杀他的全家。

第三节 公共政策类型

一、根据层次划分的公共政策类型

(一)元政策

元政策是关于政策的政策,是用以指导和规范政府政策行为的一整套理念和方法的总称,包含通过何种程序、依据什么原则、如何制定公共政策,其基本用途在于如何正确地制定公共政策并有效地执行公共政策。

元政策具有三种具体的功能,即排序价值功能、选择方向功能、规定程序功能。相对应地,也就有三种类型的元政策,即价值性、方向性和程序性的元政策。

排序价值功能指的是规定公共政策的价值导向,对应于价值性的元政策。通过元政策的论述和排序去确立哪些价值对于公共政策体系而言是核心的和重要的,哪些价值是次要的。例如民主、自由、公平、效率、宽容等;《中华人民共和国宪法》第二条规定:中华人民共和国的一切权力属于人民;"以人为本"等,都属于价值型的元政策。

选择方向功能指的是根据国家和政府的长期战略发展目标以确定公共政策体系的发展方向,对应于方向性的元政策,例如"以经济建设为中心""坚持四项基本原则""坚持改革开放"等,属于方向型的元政策。

规定程序功能指的是一项政策从制定到执行应该遵循什么样的程序和步骤,对应于程序性的元政策。例如,《中华人民共和国宪法》第三条规定:中华人民共和国的国家机构实行民主集中制的原则。

(二)基本政策

基本政策通常是高层次的、大型的、长远的、带有战略性的、主导性的政策方案,即基本国策。

元政策侧重于价值陈述,它为所有的政策提供价值评判的标准;基本政策侧重于目标陈述,为相关范畴内的所有的具体政策规定总目标,例如计划生育政策、对外开放政策等。

基本政策通常具有如下特征:

(1)权威性。权威性是指公共权力机关制定的有关政策、行为规则具有很强的公众影响力和威望,让人们对其产生高度认同感、自愿地服从和支持的一种性质和状态。一个国家的经济发展、环境保护、社会保障、公共基础设施及公共教育等诸多社会问题,都需要由公共政策来调整和解决,政策的权威性程度极大地影响着这些问题解决的程度和效果。因此,必须重视和提高公共政策的权威性。

(2)广泛性。多数情况下,基本政策的适用范围覆盖整个国家以及国家当中的组织和个人。

（3）稳定性。基本政策具有相当大的稳定性，会长时期发挥作用。例如中国的计划生育政策在中国实施的时间超过40年。

（4）系统性。基本政策是一种大型的总体性的政策，必然会衍生出一整套具体政策、具体执行步骤和行动方案，彼此之间形成有内在联系、相互关联的政策系统。

(三)具体政策

具体政策是实现基本政策的手段或具体规定，主要表现为以下四个方面：

（1）具体政策是针对特定而具体的公共政策问题做出的政策规定。

（2）具体政策表现为一系列的行动步骤和行动方案。

（3）具体政策必然要求有对应的部门或机构来具体实施。

（4）具体政策的实施效果是在经验基础上可以直接观察到并可以评价的。

二、根据功能划分的公共政策类型

(一)分配型政策

分配型政策指的是一种进行公共服务和公共利益分配的政策，其分配对象往往是部分特定群体。当然，这一群体可能是多数人，也可能是少数人。分配型政策只会产生受益者而不会产生权益直接受到侵害的群体。例如，我国为提高农民种粮的积极性而对农民发放种粮补贴就是针对特定人群的分配性政策，农民是这一政策的直接受益者，不存在直接的受害者。当然，通过这一事例我们可以看出，分配型政策往往是以政府的税收为依托的，如交通政策。

(二)再分配型政策

再分配型政策大致分为两大类：转移资源的再分配型政策和转移权利的再分配型政策。政府通常通过调控税收或金融系统转移物质资源，例如美国联邦政府向美国绝大多数在职人员征收一种特别收入税，用来支付老年人、残疾人和部分儿童的福利。正是这类社会保障税"重新分配财富，使财富从高收入者流向低收入者，从在职者流向退休人员"。再分配性政策也会涉及权利的转移，其通常的形式是赋予某一社会团体新的权利，例如针对流动人口子女给予在流入地入学的权利等。

(三)规制型政策

规制型政策指的是政府根据相应的规则出台相应的政策对微观主体行为实行干预，通过设立政府职能部门来管理(不是直接由政府所有)社会经济活动。通过对抗性的立法程序，而不是毫无约束的力量，来协调产生于现代社会中的矛盾和冲突，如刑事政策、环境保护政策。

三、根据所调整的社会内容划分的公共政策类型

(一)政治政策

政治政策指的是执政党和政府所制定的有关政治的方针和政策，例如中国政权形式实行人民代表大会制度、遵循民主集中制原则等。

(二)经济政策

经济政策指的是国家或政府有意识、有计划地运用一定的政策工具，调节控制宏观、中观

和微观经济的运行,以达到一定的经济发展目标。

(三)科技政策

科技政策指的是国家为实现一定历史时期的科技任务而规定的基本行动准则,是确定科技事业发展方向、指导整个科技事业的战略和策略原则,例如科技人才政策、激励科技创新的政策等。

(四)社会政策

社会政策指的是通过国家立法和政府行政干预,解决社会问题,促进社会安全,改善社会环境,增进社会福利的一系列政策、行动准则和规定的总称。其核心是解决现代经济社会发展当中的社会风险。一般认为,社会政策起源于1872年德国学者为解决本国当时最迫切的社会问题——劳资冲突所组织的"社会政策学会"。第一个给予社会政策以科学概念的是阿道夫·瓦格纳。1891年他在发表的一篇论文中提出,社会政策是运用立法和行政手段,调节财产所得和劳动所得之间的分配不均问题。但是,到了20世纪中期以后,由于经济学、政治学和系统科学等学科的加盟,源于社会福利理论的社会政策才逐渐成为具有开放性、交叉性和系统性等特点的独立的应用社会科学学科。

(五)文化教育政策

文化教育政策是指一定时代、一定社会条件下,行政机构对文化和教育领域问题所颁布的相关规定和对策原则。例如,针对少数民族发展的民族政策、文艺政策、宗教政策、语言文字政策、义务教育政策、高等教育政策、职业教育政策等,均属于此。文化教育政策对一个国家文化和教育发展具有能动的主导作用。正确的政策对文化和教育的发展可以起到主动推进和使其加速发展的作用;反之,错误的政策也可能阻碍和破坏文化和教育的正常发展。

(六)外交政策

外交政策是公共政策的对外维度,是国家根据其对外战略、国家利益、综合国力和特定的国际环境,确定、规范为促进其国家利益、实现国家对外目标而从事对外活动的目标、原则和行动方针,是一国围绕国家间利益分配而确定的目标、原则和行动方针。随着国家的产生和国家间交往的不断扩大,外交政策在国家发展战略中占有越来越重要的地位。外交政策的失误,往往会使国家利益遭受重大损失,如2003年伊拉克战争爆发,英国盲目从美,不仅造成了伊拉克局势的持续混乱,英国也因派兵伊拉克被报复,在2005年伦敦恐怖爆炸案中人员伤亡惨重。我国一贯奉行独立自主的和平外交政策,任何时候都坚持从中国人民和世界人民的根本利益出发,根据事情的是非曲直,决定自己的政策。

(七)民族政策

民族政策是指国家和政党为调节民族关系,处理民族问题而采取的相关措施、规定等的总和,是对境内各民族所采取的政策。民族政策原则上一般是指在民族工作的全局中必须遵循的大政方针。新中国实行的民族政策维护了中国共产党自土地革命时期开始和少数民族结成的政治统一战线,巩固了中国共产党的执政地位。

四、根据所调整社会内容的本质划分的公共政策类型

(一)实质性政策

实质性政策指的是具有到位的物质资源投入,有明确的执行授权,对政策调适对象或是有

明确的切实利益提供,或是有明确具体的行为规范,同时有严密的组织程序辅助执行的政策,如修桥铺路、环境保护、社会福利等。

(二)程序性政策

程序性政策是指规定如何做、由谁去做的政策,比如办事程序。程序性政策可能具有实质性的影响,比如,通过决议的票数要求对不同的人群可能有不同的影响。

实质性政策和程序性政策的区别请参见案例1-4。以下这些法律条文中,哪些是实质性政策?哪些是程序性政策?

案例1-4

《中华人民共和国妇女权益保障法》(节选)

……

第四章

第二十二条 国家保障妇女享有与男子平等的劳动权利和社会保障权利。

第二十三条 各单位在录用职工时,除不适合妇女的工种或者岗位外,不得以性别为由拒绝录用妇女或者提高对妇女的录用标准。

各单位在录用女职工时,应当依法与其签订劳动(聘用)合同或者服务协议,劳动(聘用)合同或者服务协议中不得规定限制女职工结婚、生育的内容。

禁止录用未满十六周岁的女性未成年人,国家另有规定的除外。

第二十四条 实行男女同工同酬。妇女在享受福利待遇方面享有与男子平等的权利。

……

第九章 附则

第六十条 省、自治区、直辖市人民代表大会常务委员会可以根据本法制定实施办法。

民族自治地方的人民代表大会,可以依据本法规定的原则,结合当地民族妇女的具体情况,制定变通的或者补充的规定。自治区的规定,报全国人民代表大会常务委员会批准后生效;自治州、自治县的规定,报省、自治区、直辖市人民代表大会常务委员会批准后生效,并报全国人民代表大会常务委员会备案。

第四节 公共政策分析框架

一、公共政策分析的内涵

对于什么是公共政策分析,许多学者进行了论述。不同的学者从不同的角度和范围对政策分析的实质进行了规定。

(一)沃尔夫与派伊的观点

查尔斯·沃尔夫与鲁恂·W.派伊比较倾向于从理论的角度来看待政策分析,认为政策分析的目的是要发展出一套对所有的政策都能适用的理论。沃尔夫指出:"政策分析是运用科学理论方法,去解决政策的选择和实施问题的过程,这些政策涉及国内、国际及国家安全等方面的事务。"派伊则认为:"政策分析者所希望发展的理论,绝不仅仅是适用于对某一项政策或个案的解释,而是要能适用于对不同时间、不同空间的政策进行解释。"两位学者的具体论述虽然略有不同,但是都强调理论在政策分析当中的作用。

(二)奎德的看法

爱德华·S.奎德更多的是从技术的角度看待政策分析,认为政策分析的目的是为了对具体的政策制定和实施提出合理的解释。比如,奎德指出:"政策分析是一种分析形态,其功用在于产生与提出信息,用来改进决策者进行判断的基础。"并认为,"政策分析的目的不是产生某种一锤定音的政策建议,而是帮助人们对现实可能性和期望之间有逐渐一致的认识,产生一种新型的社会相互关系与'社会心理'模式。这种模式使人们对政府的某项职能有了新的共同认识,其结果是使政治集团之间的活动或行为更趋一致,冲突趋于减少"。

(三)其他观点

看重政策分析中的理论因素的学者,往往对政策分析进行较为宽泛的理解,政策分析不仅仅是对政策制定的分析,而且还包括对政策执行和政策评估的分析。重视政策分析中技术因素的学者,常常对政策分析进行较为狭窄的理解,他们只将政策分析限定在对具体政策制定的研究上。

公共政策分析是依据一定的政策理论、知识,运用各种分析方法和技术,帮助决策者制定和优化具体政策的过程。政策分析必须以一定的政策理论和知识为基础。这里讲的政策理论包括两个层次:一是有关政策的本质、结构、类型、功能、过程等方面的理论;二是用于政策分析的认识理论、因果理论、系统理论。政策分析也必须以一定的知识为前提,主要包括必要的常识与专业知识,有关的自然科学知识与社会科学知识以及各种经验知识。政策分析是运用一定的方法和技术的思维与实验过程,分析人员必须熟练地掌握某些分析方法和技术,并借助于模型来对正在制定中的政策或已经制定出来的政策加以思考与再思考。多数政策分析是通过个体与集体的思维来进行的,但有时为了对政策方案进行必要的检验和优化,还必须进行局部的实验。简而言之,公共政策分析是专门的政策咨询机构和人员运用政策的专业知识,借助于特殊的模型和方法对公共政策过程的主要环节进行审查、研究,并对政策制定、执行机构提出建议的活动。公共政策分析是在一定的理论、程序和模式指导下进行的智力活动。

二、公共政策分析的意义

(一)有助于减少政策的失误

在实际的政策制定和实施中,出现的政策失误包括以下三种:

(1)由于决策所需要的完整信息包括的资料、证据无法获得,与政策问题相关的事件、现象、过程的内部矛盾还没有充分暴露,政策环境中存在的不确定因素过多而导致的政策失误。

(2)决策中所需信息较为齐全,但由于决策的方法不对、程序有错、思维有误而造成的政策失误。

(3)政策方案选择正确,但由于实施时计划不妥、资源缺乏而造成的政策失误。

上述第一种政策失误是难以避免的,第二种、第三种政策失误则是可以尽量避免的。要减少后两种政策失误,除了提高决策者的素质和严格决策程序外,最重要的就是要加强政策分析的环节。通过政策分析将决策中存在的问题加以消除,确保制定的政策是优化的。同时,政策分析还可以对政策实施的计划和资源的配置提出正确的建议,从而减少执行的失误。

(二)有助于提高决策的效率

公共机构的决策不仅存在失误的问题,还存在低效的问题。公共机构出现决策低效主要是由三方面原因导致的:一是政策制定主体系统中不同的决策者,或者是个人,或者是团体之间,利益矛盾较大,意见分歧过多,相互讨价还价,常常议而不决,造成决策低效。二是某些公共机构决策方法落后,决策技术陈旧,决策不仅费时,还浪费人力、物力,造成决策低效。三是参加政策制定的人员素质差,既缺乏必要的政策知识,又不熟悉政策制定的方法、技术和程序,靠这种人员制定政策,必然是低效的。要解决政策制定的低效问题,当然可以从多个方面着手,加强政策分析肯定是其中较为重要的途径。邀请专门的政策分析人员加入决策过程,可以提供必要的知识,使用最好、最新的决策技术和方法,并且避开利益团体之间、政府部门之间的矛盾,提供较为客观、公正的政策建议,不仅使决策节省时间、节约经费,还能抓住机遇、确保高效。

(三)为决策提供参考和依据

政策分析机构和人员还能给决策者提出有关政策方案选择的建议,从而帮助决策者做出决定。卡尔·帕顿和大卫·沙维奇认为:"政策分析家和规划者通常给予他们的客户建议;他们并不为他们做决定。这对于所做的各类分析来说有重要的意义,对于分析结果的宣传方式来说则更加重要。该客户将做最后的决定并应能分析这些建议和资料。当分析做得好时,决策者将能权衡假定价值的意义和不确定性发生变化的后果,并得出自己的结论。"

三、公共政策分析要素

(一)政策问题

政策问题指的是已进入政策过程的公共问题和社会问题,是政策制定过程的开端。公共问题是指大众的问题,是人们的价值、观念、利益或生存条件遭到了威胁而出现的问题。社会问题泛指由于社会关系或环境失调,致使社会全体成员或某个领域、地域的多数成员的正常生活乃至社会进步发生障碍,需要动用社会力量加以解决的问题。政策问题还包括尚未被实现的社会价值或需求,而这些需求或价值能够通过公共活动来加以实现。

(二)政策目标

政策目标指的是政策执行预期可以达到的目的、要求和结果。它不仅是政策的基本条件,还是政策执行的前提。具体的政策目标既是政策评估的基础,也是执行者可遵循的明确指令。确定的政策目标必须是:①可衡量的、具体的;②明确预期结果的;③在执行人员或执行机构的权限范围内的;④切合实际的;⑤明确完成时期的。

(三)政策方案

政策方案是指为实现政策所确定的目标而寻求、拟定的供决策者选择的有效途径和方法。它是决策者制定正确政策的前提和基础,一般具有以下特点:①先进性。方案要充分利用一切有利条件,避开不利因素,以尽可能小的代价实现目标。②选择性。方案要考虑到实施目标过程中将要出现的各种因素,提出各种应急和备用的对策,力争取得主动权。③可行性。主要是达到主、客观的一致,正确分析实现目标的历史、现状与未来条件,使方案具有更强的适应能力。

(四)政策模型

政策模型指的是用抽象化、理论化和简单化的方式表达公共政策从制定、内容、执行到评估的全过程。政策模型是对现实世界某个方面的简单化、序列化和抽象化的表达,它有意忽略了事物的次要特征,着力于展现其中的关键要素及其相互关系,凸显事物的根本特征。

(五)政策资源

政策资源是指满足政府实施政策所需要的人力、物力和财力。政府一般采用征税、专项收费、社会保险费、发动与利用志愿者服务等方式调动资源;民间组织一般采用私人捐赠、公共募捐、发动志愿者参与等方式调动资源。

(六)政策效果

政策效果是指某一政策实施过程中以及结束后的成果和收益。政策效果分为社会效果、经济效果和政治效果。社会效果是指政策对社会结构、社会进步的影响。经济效果是指政策对经济发展的促进程度。政治效果是指政策对政治权力结构和政治稳定性的影响。一项具体的政策往往侧重于某个方面的效果,如财政政策、货币政策、产业政策是的目的就是通过干预市场机制,促进经济增长、物价稳定,就业提高及国际收支平衡,以取得良好的经济效果。

(七)政策环境

广义的政策环境是指决定或影响政策制定和实施的自然条件和社会条件的总和,它包括公共政策系统以外的一切与之相关的因素。狭义的政策环境是指影响公共政策产生、存在和发展的一切自然因素和社会因素的总和。政策环境因素具有复杂性、多样性、差异性、动态性的特征。自然环境、社会经济环境、制度与文化环境、国际环境等是最为重要的政策环境。

(八)政策信息

政策信息指的是与政策相关的数据、资料等。首先,政策信息强调准确性。政策信息政策性较强、涉及面较广,要求信息必须准确,否则会对决策起误导作用,一旦形成决策,就会影响大局。其次,政策信息强调科学性。所谓科学性,是指问题的提出应有事实根据,对问题有科学的分析和正确的判断,即言之有理、持之有据。就是说,研究分析政策上存在的问题要唯物、客观。政策方案的设计一方面要求能够解决工作中的实际问题、有利于工作的开展、代表事物发展的趋势;另一方面要求在现有的主客观条件下有操作性和可行性。其次,政策信息强调建设性。所谓建设性,是指发布信息的人员所提意见和建议必须具体、有效,有助于解决问题,促进工作开展。提出的意见、建议具有建设性,就是从善意的、积极负责的角度出发,提出与众不同的、超前的、科学合理的指导性意见和建议。提出的问题主要着眼于怎样做得更好,指导性意见能给人以启迪,具体意见强调可操作。最后,政策信息强调针对性。所谓针对性,是指发布信息人员必须基于实践中发现的、从已知信息中提炼出的有关问题而提出意见和建议。如果意见和建议没有针对性,则这种意见或建议是无效的。必须注意贯彻政策的突破口,注意政策的难办点、空白点、盲目点。重点反馈政策的空白点、矛盾点和突破点,针对政策执行中发现的问题或政策本身的缺陷提出相应的建议,便于领导更好地修订决策、完善决策和指导工作。

四、公共政策分析原则

(一)系统原则

系统原则用来衡量政策决策是否能够保证整个决策系统内外联系处于最佳状态。它强调决策对象的系统性,强调科学决策必须考虑所涉及的整个系统及与其相关的系统以及构成各个系统的相关环节,以免做出顾此失彼、因小失大的错误决策。这条原则不但可以衡量政策决策是否局部最佳、整体最佳,而且可以衡量是否与它相处的环境协调一致、有利于协同发展。

(二)预测原则

预测原则是指决策者在政策决策过程中掌握和运用预测科学的有关原理、程序和方法,做出科学预测的决策准则。预测是政策决策的基础,是在对事物的过去和现状调查研究的基础上,运用现代科学技术,对未来事件或现在事件的未来做出推测或估计的方法。

(三)协调原则

协调原则指的是在公共政策过程当中应当服从以下几方面的协调性:首先是服从局部和全局之间的协调性。在政策实践中,各种类型的矛盾很多,但多数矛盾属于局部利益与全局利益之间的矛盾。协调这类问题时,必须保持清醒的头脑,说服有关方面从全局着想,从长远着想,小道理应服从大道理,使放弃局部利益的一方或数方明理。其次是服从调查研究的协调性。即对任何大小问题的协调,都必须在调查研究、弄清情况后,才能提出协调意见,做出协调的决定。一般来说,凡是需要协调解决的矛盾,都是比较复杂"难缠"的问题,必须弄清矛盾的来龙去脉,分析矛盾产生的原因,方能更好地解决问题。再次是服从不同级别之间的协调性。即坚持分级协调的原则,该哪一级协调的问题,就由哪一级负责,不得往下推,更不得往上交。一般来说,上级组织不要越级处理下级职权范围内的问题。同样,下级组织也不要把自己职责范围内能够解决的问题交给上级组织。最后是服从处理当中的协调性。即让相关人员共同了解信息,共同理解信息,然后求得相互理解、相互谅解,以求协商解决问题。

(四)分解综合原则

分解综合原则指的是将复杂的政策内容逐步分解成具体的、可操作的具体步骤和方法,一一进行落实,然后根据各部分政策的本质特征和发展规律,再对其全面地加以概括和总结、精练和提升,进而体现出政策的总体目标。

(五)民主原则

民主原则首先指的是政策主体具有广泛性,呈现多元化,涵盖了不同阶层、不同群体的组织和公民个人。其次指的是政策内容具有人民性,以维护人民的利益为宗旨,注意确认和保障人民的权利,而不是以少数人的意志为依归。再次指的是政策决策过程和程序具有民主性。人民是政策的主人,公共政策在根本上属于人民,由人民行使,在公共政策过程中建立中央和地方、权力机关和政府机关合理的决策执行及监督权限。

五、公共政策分析的模式

(一)全面理性模式

全面理性模式又称纯粹理性模式,泛指决策者能够依据完整而综合全面的资料做出合理性的决策。很难确定是谁提出了这一模式,但是在经济学、管理科学、政治学及行政学等学科中均可以发现这一模式的广泛使用。这一模式意味着决策者能完全客观而合乎逻辑地看问题,心中有明确的目标;在决策过程中的所有行动可以有助于决策者进行有效选择以达成目标。

(二)有限理性模式

有限理性模式是赫伯特·西蒙和詹姆斯·马奇在批评全面理性模式及对行政决策研究的

基础上提出的。它的要点是决策者在决策过程中对备选方案的选择,所追求的不是最优的方案,而是次优或令人满意的方案。决策者在"满意"标准和有限理性之下,面对一个简化了的决策,不必再去检视"所有的"可能备选方案。

(三)渐进主义模式

渐进主义模型是由美国著名经济学家、政策分析家查尔斯·林德布洛姆提出的。这一模式的大意是,政策制定是指根据过去的经验,经过渐进变迁的过程而获得共同一致的政策。它是以现行的政策作为基本方案,在与其他新方案相互比较后,在现行政策基础上进行修改、增加而形成的新政策。

(四)混合扫描模式

混合扫描模式是渐进主义和理性主义相结合的产物,由哥伦比亚大学社会学教授阿米泰·埃齐奥尼提出。该模式试图将全面理性决策和渐进主义模式的优点结合起来,埃齐奥尼宣称混合扫描理论把理性决策和渐进决策两方面都考虑到了,在一些场合,全面理性模式是合适的;而在另一些场合,渐进模式是合适的。这一理论也考虑到决策者能力的差别,一般而言,决策者用来实施他们的决策的力量越大,扫描的范围越广,决策就越有意义。

(五)最优化模式

最优化模式又称为规范最优模式,是叶海卡·德罗尔提出的带有综合性质的模式。德罗尔在批评全面理性模式和渐进模式并吸收这两种模式因素的基础上,提出了他的最优模式。他认为,全面理性或综合理性模式的要求过于理想化,在现实世界中难以达到。而渐进主义模式虽然更贴近实际,更适应于人类的本性,理论上更成熟,但是它也有着很大的局限性。德罗尔将最优化模式的分析过程分为三个阶段十八个步骤,这三个阶段是:①元政策制定;②政策制定;③后政策制定。

(六)内容-过程分析模式

内容-过程分析模式由美国知名政治学者乔治·麦卡尔和乔治·韦伯提出,又称为麦卡尔·韦伯模式。这两位学者认为,公共政策分析应集中在对其内容与过程的分析上,使用的方法有规范性分析、描述性分析两种。在内容分析与过程分析中两者可以交叉使用。将内容分析、过程分析与规范分析、描述分析结合起来就产生出四种分析类型:公共政策内容的规范性分析、公共政策内容的描述性分析、公共政策过程的规范性分析、公共政策过程的描述性分析。

公共政策内容分析主要是对"政策将要影响的特定目标或目标的集合,期望的特定事件过程,选择的特定行动路线,提出的说明意图的特定陈述,以及采取的特定行动"等方面所做的分析。公共政策内容的规范性分析主要涉及公共政策的本质。这类分析包括两个方面:①使用批判的方式分析一个特定的公共政策,其目的或是对现行的政策提出改进意见,或是建议制定不同的新政策,从而使政策制定者确立较高的政策价值目标。②未来分析,包括两个方面:一是对当前政策的未来结果进行分析,二是探讨各种适合于预测未来社会发展变化的政策。公共政策内容的描述性分析是将政策内容中的一个或多个属性作为与政策过程相关的解释变量,研究它们对整个政策内容的影响。这类政策内容属性主要有政策领域、制度价值、政府层次、支持程度、公众实际满足程度与象征性满足程度等。

公共政策过程的规范性分析主要是对政策运行的程序性加以分析。这类分析或者是对现行的政策程序提出改进意见,或者重新设计出一套新的程序。在进行这种分析时,构建程序模型是主要的分析手段。公共政策过程的描述性分析主要是对政策周期中的一个或几个阶段进行研究。政策周期包括政策表述、政策决策、政策实施、政策效果评价、政策反馈等环节和阶段。研究者也不是对所有的环节都感兴趣,其中研究得比较多的是政策表述与政策效果评价两个环节。前者的研究重点是分析政策问题的性质、政策的范围,后者的研究重点是对政策的效果、效能及成本效益进行分析。

(七)政策执行分析模式

政策执行分析模式由美国行政学家沃尔夫提出,又称之为沃尔夫模式。沃尔夫在《市场或政府》一书中提出了与麦卡尔·韦伯模式不同的政策分析模式。他主张公共政策的分析除了应重视对政策制定的分析外,还应加强对政策执行的分析。沃尔夫首先对美国20世纪60年代流行的政策分析步骤进行了说明,主要环节见表1-1。

表1-1 政策执行分析模式的主要环节及内容

环节	具体内容
收集资料	仔细收集和分析政策所研究的领域中的各种有关数据资料,特别是定量化的资料;与此同时,还要研究与某项政策制定、实施有关的政府机构的内在关系,这虽然是"软件",但其重要性并不亚于定量的数据
建立关系	运用定量数据分析结果以及政府机构内在关系的资料,借助相关的理论,建立研究领域内各种变量之间的关系
建立模型	选择合适模型来详细说明因变量与自变量之间的关系,能否成功地建立模型主要依赖于:在把握数据和相关领域的基础上产生出来的特有的"直觉",以及对公共政策目标的敏锐感觉
提出方案	收集并思考多种可供选择的方案,其中包括具有"基准性"的现有项目与政策、由他人建议的选择方案、政策分析者设计的选择方案
检验方案	通过检验所选择的方案模型,并对照实现政策目标所要达到的结果进行比较,在遵守约束条件的前提下,或是满足目标要求而费用最小,或是在规定的费用下使目标最大化

在对一般的政策分析步骤进行描述以后,沃尔夫指出这种通行的标准程序存在一个较大的缺陷,就是忽略了对政府执行政策过程中各种不可预见的以及可预见的错误的详细说明。政策专家总以为运用模型对成本与效益进行分析以后,在执行过程中,它们就不会再有变化。事实上,在政策实施时,这方面有时会发生根本性的变化。这种变化的原因在沃尔夫看来是为弥补市场缺陷所进行的公共政策活动,即"非市场"的行为,由于自身存在的缺陷而无法取得它所要追求的目标。

(八)信息转换分析模式

信息转换分析模式由美国匹兹堡大学知名教授威廉·N.邓恩提出,又称之为邓恩分析模式。邓恩认为,公共政策分析主要是解决事实、价值、规范三大问题。与此相对应,也有三种分析方法:经验方法、评价方法、规范方法。其中,经验方法所提供的信息是描述性的。其作用主要是描述具体的公共政策的因果关系,指出某事物是不是存在。比如,卫生、教育、公路建设方面的公共费用实际是多少,如何分配,分配的结果是什么。评价方法所提供的信息是评价性的,主要是决定具体政策的价值,即是否值得做。比如,由实物分房改为货币分房,对改善公众的住房是否有利。规范方法所提供的信息是指导性的,主要是对解决社会公共问题提出行动的指导,即告诉人们应该做什么。比如,用什么措施来解决下岗工人的再就业问题。

邓恩提出,公共政策分析至少应当包括下列五个方面的内容:

①问题建构分析。明确政策问题是什么,如何解决。政策问题不可能一开始就非常明确,只有经过不断分析、定义以后,才能逐渐清晰起来。这是政策分析五个方面中处于中心地位的方面,它会对其余四个方面的分析产生影响。

②政策回溯分析。对和将要制定的政策有一定相关性的已有政策进行分析,了解这些已有的政策制定的原因、制定的过程、实施的效果。

③政策预测分析。对解决有关问题所提供的相关政策可能产生的结果进行预测。

④政策价值分析。对已有的相关政策与即将产生的政策的价值进行评价。

⑤政策信息分析。提供即将付诸实施的政策可能产生哪些有价值的信息。

邓恩特别强调公共政策分析中信息的作用,他认为在政策分析中应当注意以下五个方面的信息:

①与政策问题相关的信息。这主要是弄清楚要解决的问题是什么,与问题相联系的原因与条件是什么,这类信息在政策分析中占有重要地位。

②与政策未来相关的信息。由于未来的事实同过去的事实不可能相同,价值也会随时间的推移而变化,因此,关于未来的信息需要通过预测进行创造性直觉判断。

③与政策实施相关的信息。这主要是关于社会政治、经济、技术等因素对政策实施产生制约的信息,它与对政策的预先假设和评价标准有关。

④与政策结果相关的信息。这主要提供政策实施前设想的结果与政策实施后实际产生的结果相比较的信息。

⑤与政策体系相关的信息。这主要是关于政策的制定者、参与者、政策环境这些基本要素方面的信息。

邓恩不仅强调信息的作用,还特别强调政策信息随分析程序的变化而处于动态的转换过程之中。因此,政策分析必须充分考虑信息的相互转化关系。由此产生出以下三种政策分析形式:

①预测分析。这主要涉及政策行为启动和实施之前信息的产生与转变过程。预测分析主要在选择解决政策问题的方案时使用。

②回溯分析。这主要涉及政策实施后信息的获取与转换过程。通常存在三种不同目的的分析:一是以学科研究为目的的分析,其兴趣在于建立和检验与普遍科学理论相关的变量,从而与实际运用关系不大;二是以解决问题为目的的分析,其兴趣主要在于描述政策实施中因果关系的资料,离实际运用也有一定的距离;三是以实用为目的的分析,其实用性最强。但是,只有将三者结合起来,政策实施才能全面、有效。

③集成分析。这是一种全方位的分析形式。首先,它要求将前面所提及的预测分析和回溯分析结合起来,克服两者的不足。预测分析一般缺乏足够的信息,可信度也不高,但对政策运行控制有指导作用。回溯分析只是事后的被动分析,对执行过程中的控制起的作用不大,但它所提供的信息是真实的、可信的。因此,需要将两种分析结合起来。其次,集成分析还要求政策分析人员不断地获取政策执行中的新信息并及时加以转换。这实际上是要求政策分析人员一直对政策运行加以跟踪,将分析变成一个反复更新的、持续不断的过程。

核心概念

个人问题(personal problem)　群体问题(group problem)　社会问题(social problem)
公共问题(public problem)　政策问题(policy problem)　元政策(meta policy)
基本政策(fundamental policy)　具体政策(specific policy)
分配型政策(allocation policy)　再分配型政策(re-allocation policy)
规制型政策(regulation policy)　政治政策(political policy)
经济政策(economic policy)　科技政策(science technology policy)
社会政策(social policy)　文化教育政策(cultural and educational policy)
外交政策(diplomatic policy)　民族政策(ethnic policy)

思考题

1. 什么是元政策、基本政策和具体政策?
2. 按照政策的功能,公共政策包括哪几类?
3. 什么是政策问题?个人问题是如何转化为政策问题的?
4. 公共政策分析要遵循哪些原则?试举例说明。

案例分析与思考

城市雾霾天气

某年某月的某一天,A城市出现雾霾天气,真是"喝西北风也可能会中毒"。

生活在A城市的上班族小王和小李正在纠结是否要向公司请假以减少雾霾对其身体健康的危害;A城市的某中学校长召开紧急会议,商议是否应放假以减少雾霾对学生们身体健康的;A城市的环保部门商议短期和中长期对策,以改善A城市的空气质量。

思考并讨论:

(1)小王和小李所纠结的问题属于公共政策吗?某中学的决策也带有公共性,它是公共政策吗?环保部门为了改善空气质量,商议短期和中长期对策是否属于公共政策?

(2)如果你是A城市市长,你打算采取哪些政策措施治理出现的"霾害"天气?这些政策措施之间是否存在层次性?分别属于哪些政策类型?分别体现了公共政策的哪些功能?为什么?

(3)在分析上述问题时,你的思路更接近于哪一种政策分析模式?

小组讨论

请观看西安市电视台问政时刻。

请分小组讨论以下问题：
(1) 教育问题如何从个人问题转变为政策问题？转变的链条是怎样的？
(2) 民主的本质是什么？实现民主仅有选票这一条路径吗？

第二章 政府、市场与公共政策的关系

党的二十大报告指出:"在充分肯定党和国家事业取得举世瞩目成就的同时,必须清醒看到,我们的工作还存在一些不足,面临不少困难和问题。主要有:发展不平衡不充分问题仍然突出,推进高质量发展还有许多卡点瓶颈,科技创新能力还不强;确保粮食、能源、产业链供应链可靠安全和防范金融风险还须解决许多重大问题;重点领域改革还有不少硬骨头要啃;意识形态领域存在不少挑战;城乡区域发展和收入分配差距仍然较大;群众在就业、教育、医疗、托育、养老、住房等方面面临不少难题;生态环境保护任务依然艰巨;一些党员、干部缺乏担当精神,斗争本领不强,实干精神不足,形式主义、官僚主义现象仍较突出;铲除腐败滋生土壤任务依然艰巨,等等。"那么,对于这些发展中的问题,该如何解决?政府又该如何作为?考虑至此,本章第一节首先从界定社会问题入手,介绍社会问题的解决途径有哪些,它们各有怎样的特征。第二节简要总结四种途径:社区、市场、政府和第三部门在解决社会问题时的优势和劣势,以便对它们有更全面的认识。第三节以第二节的总结为依据,进一步讨论政府的角色定位和公共政策作用的范围。

第一节 社会问题及其解决途径

社会问题是社会变革的代价之一。中国正在经历快速而深远的变革,在不断解组和重组的过程中,社会的规范、价值观、传统习俗和法律、群体之间的既定关系都会发生巨大变化。在外部和内部力量的干扰下,不断变化的社会就会不可避免地会出现各种社会问题,而这些问题就是公共政策的起点。政府的功能和公共政策的社会意义就在于及时、有效地解决人们面临的诸多问题。因此,本章将首先对"社会问题"进行界定,回答什么样的问题才是社会问题?其解决途径一般有哪些?

一、何谓社会问题

社会上没有绝对的问题,每个问题都是相对的。通俗来讲,"问题"就是现实与理想之间产生距离或差别,从而出现的一种令人不满的状态。仅当某些个体身上存在这种差别时,这种情况被归结为个人问题或者私人问题。但当这种差别同时发生在许多个体身上时,就可能成为一种群体问题或社会问题。个人问题不一定是社会问题,但经过一定的发展过程可能成为社会问题。

社会问题是指在一个社会群体的生活中至少令一部分人感到不满的状况或行为,会对许多人产生负面影响,通常被认为是需要解决的。那么,一些社会状况,如贫困、失业、暴力、犯罪,毫无疑问地会对某些个体造成明显的伤害。它或它们在多大程度上才会成为社会问题呢?

社会问题的定义同时由客观和主观要素构成。其中,客观要素是指社会状况的客观存在,其严重程度是可以被观察、验证和测量的;主观要素是指公众认为特定的社会状况对整个社会或部分社会有害,必须要采取行动去解决它们。比如,贫困成为社会问题的客观要素是缺乏足够的食物、医疗服务资源短缺、婴儿死亡率高、可预防疾病的发病率高、文盲率高等;而主观要素是公众对这些客观状况的关注程度,认为可以且应该采取行为去减轻和消除它们的威胁。

个人问题只对一个或几个人有影响,一般只依靠私人的力量,无须任何外在的制约,通过监督和调节就能有效解决。与之不同,社会问题因为影响范围广,必须通过人们的集体行动来解决,过程中经常需要由作为公共权威集中体现者的政府使用公共政策进行干预,优化公共资源配置,实现公共利益。此时的社会问题就转变成了公共政策问题。

二、社会问题的认定与价值标准

(一)社会问题的认定

马克思和恩格斯在《德意志意识形态》中写道:"人们所达到的生产力的总和决定着社会状况。"在复杂的现代社会,每个国家和地区人们会面临因社会结构变革而带来的各种问题,比如产业结构变革带来的失业问题、社会流动人口问题、社会阶层的两极分化问题、社会资源配置的不均衡不公平问题;同时,还可能面临因生活方式变革带来的一系列不适应问题。对于这些问题,不是每个问题都能上升到"社会问题"。因此,无论是研究还是要解决问题,我们都需要先辨别它们是否是社会问题。

社会问题的认定主要包括两个方面:一是明确与该社会问题相关的各种事实。如:①谁参与了?首先必须有很大一部分人关注某一问题,如果只有小部分人参与,很可能是利益集团推动公众解决该问题。如果某一问题的受影响人数迅速增加,那么该问题也会发展成为社会问题。同时,参与人的社会和政治地位也会影响问题的关注。②造成该社会问题的社会、经济、组织管理等因素是什么?公众的主张是什么?③问题的性质,是否会造成重大的社会和经济后果,是否会威胁社会和经济的发展?广泛的公众讨论是否会引发政治问题?二是明确与该社会问题相关联的各种价值标准并使用这些价值标准对问题进行评论,主要是评估社会理想和社会现实之间的差距,了解社会问题发生的社会背景;接下来,阐述具体有哪些价值标准。

(二)社会问题认定过程中的价值标准

社会价值是指理想意义上,社会中大多数人所共有的标准,是社会文化的重要组成部分。个体和社会团体依据社会价值标准来定义个人目标或从本质上塑造集体社会秩序的性质和形式,即什么是可接受的或不可接受的,什么是应该的或不应该的,什么是可取的或不可取的。也就是说,依据价值标准,人们可以判定行为的模式、手段或目的是好是坏。因此,在社会问题的认定过程中,价值标准发挥着重要的作用。

社会价值标准表明了社会中理想的思维和行为方式。因此,在进行社会问题认定时,首先要确定评价问题的价值标准,然后使用这些标准来判断理想的思维和行为方式与现实状况之间的差距,并最终根据差距来判断社会问题是否存在。常用的价值标准有三个:社会福利、效率和公平。除此之外,还有许多同等重要的价值标准,如自由、平等、民主、社会稳定、社会团结、社会信任等。本章将重点介绍以下三个常见的标准。

1. 社会福利

建立福利国家是现代民主政府的基本目标。为了实现这一目标,国家试图满足每个人的需求。需求得不到满足就会带来痛苦,而得到满足或正在满足则会带来快乐,从而产生福利。

因此,福利本质来说就是一种"收益",是个体从物品或服务中获得的满足感或幸福感。为了增加个体的福利,其需求必须得到满足。根据帕累托及其追随者的观点,社会福利是社会群体中所有个体的个人福利的加总。如果一些人的福利变得更好而其他人没有变得更糟,社会福利就会增加,这样的变动就是一种满意的变动;而如果一些人的福利变得更糟而其他人没有变得更好,社会福利就会减少,这样的变动就是一种令人不满意的状态。这正是使用社会福利作为价值标准对社会问题进行认定的基本逻辑。

不过,如何找到一种社会机制使个人的福利能够被有效地加总,是实践过程中一直争论的问题。常见的方法有两种:一种是古典效用主义将社会福利界定为所有个体的福利的简单相加,即逐个相加所有成员的福利从而得到社会总福利。这种概念排除了福利的人际比较,仅基于普遍接受的伦理观点,即"让某些人过得更好,没有人过得更糟"。但是如果有些人变得更好,而有些人变得更糟,人们就无法知道社会福利发生了什么,是否存在社会问题。因此,为了更公平,将个体福利按照不同权数进行相加是另一种常见的定义方式,为弱势群体设定更大的权数,对相对强势的群体设定较小的权数。一些情况下,从富裕成员向贫困成员转移财富也会提高社会总体福利。

两种不同的社会福利标准定义方式在认定社会问题是否存在时,会得到不同的反馈。比如,按照第一种方式,任何社会成员的福利都被平等对待,社会福利的平均增长将使整个社会进入到更满意的状态。但是按照第二种方式,社会福利的平均增长仍可能会使部分群体处于一种不满意的状态,除非不同群体在福利增速上有所差别才会达到令人满意的状态。

2. 效率

效率是评价各种社会经济活动的关键概念。传统的关注焦点是经济效率,即投入和产出的比例关系。由于每项社会活动都是在有限的资源下进行的,社会成员通过对资源进行分配和组合,使成本和收益之间的比率尽可能小地实现既定目标,达到效果最大化或成本最小化的目的。

然而,任何活动本质上都是社会性的,这决定了对社会影响的可衡量性的需要。因此,社会效率近年来越来越多地被讨论。与经济效率不同,社会效率没有那么直接的性质。有学者给出了社会效率的定义,认为它意味着社会资源的最佳分配,考虑如何使用社会中的有限资源(包括资本、劳动和自然资源)来生产物品和服务,以最大限度地满足社会成员的需求,从而产生福利。

社会效率与帕累托效率的概念密切相关,当社会效率处于帕累托最优状态时,社会福利最大化。因为从一种状态向另一种状态的转变中,在不使任何人境况变坏的情况下,不可能再使某些人的处境变好。可以说,公共政策的目标之一就是试图将社会经济状况推向帕累托最优状态。虽然现实生活中任何改变都不可能使至少一个人的状况变好而又不使任何人的状况变坏,但是通过效率的改进可以最大限度地接近帕累托最优。正是基于此,社会效率状态对社会问题的认定具有十分重要的指导意义。如果可以改变这种状态,就说明没有效率,社会问题存在。反之,如果没有改变这种状态的可能,那就是达到效率最大化或最优状态,社会问题不存在。

3. 公平

公平是一种道德和价值标准。孔子在《论语·季氏》第十六篇中指出:"闻有国有家者,不患寡而患不均,不患贫而患不安。"现代通行的理解是,不怕分到的财富少,就怕分配不平均;不怕分到的财富少,就怕分配方式不合理。从社会层面看,公平关乎整个社会秩序的公平性和合理性,并与社会的稳定和进步密切相连。

然而,公平是什么?目前尚没有统一的定义和标准。从表现形态上,公平分为绝对公平和相对公平。相对公平即法律上的公平,而绝对公平是不受时空限制、建立在自然法则基础上的公平。现实中,公平是一个相对概念,它也有着复杂的内涵。与公平现象相关的词汇有很多,如平等、均等、公正、公道、公允、正义等,它们在内涵及用法上都存在一些差别。亚里士多德把公平原则从形式上系统地表述为同样的情况同样对待,平等的应该平等对待,不平等的应该不平等对待。因此,"公平"经常与"平等"这一概念等同。在进行社会问题认定时,不妨将对公平的讨论转变为对"是否平等"的讨论。"不平等"一般划分为三个层次:一般意义上不平等、经济不平等、收入和财富不平等。

一般意义上的不平等是一个非常抽象、不易测量的概念,通常指相同条件下的不同个体在经济、社会、政治的某个领域得到了差别对待,有些个体的参与机会更多。不易测量的原因主要有三个方面:一是对"相同条件"的判断比较困难;二是无法有效判定"差别对待"是否合理;三是不同个体在判断是否被差别对待时所依据的观念可能完全不同。

经济不平等是指发生在经济领域的差别对待,同样较难测量。两个个体在经济上的机会不平等在很大程度上取决于个体特征差异,特别是父母的收入和受教育水平。这使得在判断是否存在经济不平等时比较困难。

相比之下,收入和财富不平等的可操作性较强,也因此成为衡量不平等时最常用的指标。收入是指当年所得,包括工资、奖金、利息等一切现金收入;收入不平等衡量一定时期内人们的收入差距。财富是指个人累积的总资产价值,包括不动产(如房地产)和动产(如现金、储蓄、股票、汽车、衣物、配饰)。财富不平等衡量人们所拥有的财富的差距。二者既有联系也有差别。如果忽略继承、获得赠予等途径,财富就是长期收入积累的结果。但是一个收入高的人也可能比收入低的人财富少。例如,小明父母赠给了他一套150平方米的公寓,位于北京二环,他目前的收入可能每年只有20万元,但他的总财富要比仅工作了5年、每年收入30万元的人多得多。

三、社会问题的解决途径

党的二十大报告中指出:"健全城乡社区治理体系,及时把矛盾纠纷化解在基层、化解在萌芽状态。"也就是说,社会问题的解决既可以通过政府,也可以通过市场、第三部门甚至是在社区层面获得解决。事实上,在多数情况下,社会问题都是通过一种混合途径被解决的,是以分工合作的方式共同作用的结果。因此,在解决某个社会问题时,需要首先了解这些途径的功能,从而便于组合出有效的解决方式。

(一)作为非正式部门的社区

问题可能来自社区生活的任何方面,出现在社区的任何角落。可以说,社区决定了哪些社会状况会变成社会问题,是社会问题最基本的解决途径。那么,社区是什么呢?学术界存在各种定义。简单来讲,社区是具有一个或多个共同属性的个体通过各种途径相互联系的一个群体。传统上,特定社区中的人们通常会在一个共同的地理位置,如人们通过邻里交往形成一个群体。在现代社会,随着互联网的发展,社区的空间范围已经突破了地理界限,形成了大量的虚拟社区。

与正式部门相比,社区的最主要特点是非正式性。在社区中形成的各种关系多是"由共同兴趣"或者靠"对一些共同特性的意识"连接起来的,而非是由法律承认的正式程序所认可的,所以一般也不形成各种正式的组织。

社区拥有丰富的资源,通过团结有着不同强项和能力的个人服务于共同的利益,所取得的成就可能比一个人单独行动要大得多,所谓"人多力量大"。因此,社区能够较好地解决社会的基层问题。如在"养老"等问题上,社区做出了突出的贡献。

(二)正式部门

正式部门主要是指政府、市场、第三部门。

1. 政府

与私营部门相比,政府的特点包括:①它由各种正式的公共机构或组织组成,包括中央政府、地方政府、监管机构等;②它的主要目标是提供公共物品和服务,而不是创造利润;③它的权力范围更广,通过合法地行使强制力来开展管理活动。

2. 市场

现代经济中,大多数资源都是通过市场而非政府分配的,因此,市场被称作"第二部门"。它的主要特点包括:①它由各种正式的私人组织构成,如企业;②它是私人商品和服务的主要提供者;③它的主要目标是获得最大利润;④它提供物品和服务的主要手段是自由交换。

3. 第三部门

第三部门承担了政府剥离的非核心职能,在政府从"万能政府"向"高效政府"的转型过程中扮演着重要角色。"第三部门"是一个总称,涵盖了一系列具有不同结构和目的的组织,如慈善机构、志愿和社区组织、社会企业和合作社、智库和私人研究机构(不包括大学和学院)、协会等。这些组织既不属于公共部门(国家),也不属于私营部门(营利性私营企业)。因此,在围绕政策的公开讨论中,经常会看到用于描述此类组织的其他术语——志愿组织、非政府组织、非营利组织。这些术语表明了"第三部门"的一些基本特征:①它包括公共组织和私人组织。虽然它经常与政府机构合作,并可能接受政府资助或佣金,但它独立于政府;②它既可能提供私人物品和服务,也可能提供公共物品和服务;③它不以营利为目的,通过筹集资金并产生财务盈余来投资社会、环境、文化商品(和服务);④它主要通过自愿合作的途径来解决社会问题。

我国正在形成"政府+市场+第三部门+社区"的多元主体共治的社会治理格局,治理效果已经开始显现。比如,在对水电暖气、道路交通等公共服务部门的运营上,一直以来都是政府包办。虽然加强了政府对相关层面的控制权,但伴随着决策成本较高、服务质量较低等问题,也影响了居民的生活质量。后来,"国有国营"转变为"国有民营",政府"搭台"由第三部门"运营",政府的职责是给第三部门提供的服务制定标准和时间进度,在这种制衡机制中,将约束转变为创新的激励动因,政府和公众都很满意。在对养老问题的解决上,"十三五"期间民政部通过加大政策和资金投入,在全国范围内建成了几十万家的居家社区养老机构,让老年人足不出户,就可享受养老服务。

第二节 市场失灵、政府失灵和志愿失灵

既然多数情况下社会问题都是通过多种途径共同解决的,这就说明不同途径在解决社会问题时皆存在不足。主流理论将三个正式部门的缺陷概括为市场失灵、政府失灵和志愿失灵。本节将分别对社区、市场、政府和第三部门在解决社会问题时的优势和劣势进行简要说明。

一、社区的优势和劣势

(一)社区的优势

社区在参与社会问题解决方面主要有五个方面的优势。

1. 信息优势

尤其是对于生活在同一空间范围内的传统社区,由于范围较小,社区中人员之间形成了相对紧密的关系,这使得各种信息能够快速广泛地传播。也因此,社区在解决社会问题时具有较强的信息优势。比如,在扶贫工作中,哪些人符合贫困人口的界定标准,仅通过申请表格是无法准确判断的,社区就可以利用信息优势,主动识别辖区内的贫困人口。

2. 激励充分

社区中形成的各种关系多是"由共同兴趣"或者靠"对一些共同特性的意识"自发连接的。这本身就意味着,社区成员更容易将与本社区相关的各种社会问题视为自己的问题,在参与解决时积极性和责任心都较强。

3. 有利于社会资本的积累

在社区层面,社会资本通常是指强大、健康的社会规范和网络,以及它们产生的各种好处,如团结、信任、互助,这些对于维持整个社会的稳定非常有益。而当社会问题通过社区解决时,群体的参与就会形成有利于合作的氛围,促进各种积极的社会价值观的形成。

4. 具有较好的回应性

真正的社区会对所有社区成员的需求都回应,同时回应的时间间隔也可能会较短。

5. 对财政资金的依赖程度较小

如果问题通过社区途径被解决,如通过家人、亲戚或邻里关系,那一定是对政府财政资金依赖最小的一种途径。当然,社区的发展领域实际上非常广泛,从各种产业发展到道路、公园等基础设施建设。支持社区发展的资金也多种多样,除了政府的拨款和补贴,还有各种民间资本,包括私人资本、慈善赠款、募集捐赠等,一般不会耗费大量的财政资金。

(二)社区的劣势

社区治理的不足有多种表现,比如:传统社区的空间范围比较狭小,人口相对比较少,不利于其解决一些政策性或专业性较强的社会问题;非正式性的特点决定了社区一般没有正式的管理制度,从外界获取资源的可能性较小,使得它们的一些项目难以为继。

案例 2-1

生活垃圾分类

垃圾强制分类政策已经推行了多年,但在许多地方的社区中,垃圾仍然混丢,出现了"官动民不动"的困境。政府端"风风火火"层层动员执行垃圾分类政策,居民端"冷冷清清"被动配合街道社区的垃圾分类要求。

街道社区动员居民垃圾分类的做法包括招募志愿者值守垃圾桶站,聘请拾荒人员驻守垃圾桶站,聘请专职人员进行居民投放监督和垃圾二次分拣,动员物业人员管理垃圾桶站,外包第三方企业对垃圾分类工作进行项目化管理等。然而,很多社区都面临持续性招募志愿者以及资金维持难的困境。部分社区甚至把"垃圾桶站值守率"作为动员目标和效果的体现。但是,由于对值守者和二次分拣员并无实质要求,值守者并未起到监督和教育居民垃圾分类的作用。一旦缺少人员值守和监督,居民仍然混丢垃圾。

二、市场的优势和缺陷

(一)市场的优势

市场的优势主要表现在解决问题时的高效率,主要包括以下几个方面。

1. 通过分工和专业化促进投入产出效率

市场规模的扩大会促进分工。早在18世纪,亚当·斯密在其著作《国富论》中就论述了分工对于手工业生产效率的提高。他将效率提高的原因归结于三点:一是分工会大幅增加工人对工序的熟练程度,加深专业化,最终促进产量和品质的提高;二是分工可以避免从一道工序转向另一道工序时所造成的时间损失;三是由于对工序的了解和熟练度的增加,更有效率的机械和工具会被发明出来,从而提高产量。总的来说,市场规模的扩大会深化分工,促进专业化,最终提高生产的技术效率。

2. 通过为个体提供充分的激励提高投入产出比

生产率的提高除了与专业化程度和技术创新有关,还取决于"人"。市场相对理性,能够比较客观、有效地评价各个参与者的绩效和贡献,并且按照市场经济的原则支付报酬。这会大大激励各个参与者主动降低生产成本,寻找更加高效的解决方式。

3. 市场可以保证资源配置的效率

市场会根据市场需求与供给变动引起的价格变动对资源进行分配、组合及再分配与再组合,实现资源配置的高效。而资源配置效率的实现意味着一个社会必须按照成员的偏好将各种资源配置到各种产品的生产上,从而使社会成员的福利得到有效的提高。

(二)市场的缺陷

事实上,只有完全竞争的市场才能充分发挥上述效率优势。完全竞争市场是一种理想的市场状态,有效率并且能够使资源达到帕累托最优配置。但是,它是在一系列假设成立的前提下,如不存在足以影响价格的企业或消费者。现实经济生活中,完全竞争市场几乎不存在。这也就意味着,市场在保证经济效率上的优势也会大打折扣,经常会发生因市场机制不能充分地发挥作用而导致资源配置缺乏效率或资源配置失当的情况,即市场失灵。

市场失灵主要表现为效率缺失,可概括为四个方面:垄断、公共物品供应不足、负外部性的存在、信息不对称。

1. 垄断

垄断是指市场的参与者具有了影响市场机制发挥作用的力量,主要是通过操纵价格进行控制。前文已经指出,只有完全竞争的市场才能保证效率。完全竞争市场成立的前提之一是存在大量生产者和消费者,他们都是价格的接受者,竞争地位平等。垄断完全违背了这一前提,少数生产者对价格随意支配,不再根据市场供需关系的变化来调整资源的配置。这使得价格作为反映社会成员需求信息的机制的能力被严重削弱,从而价格机制也不再具有实现资源高效配置的能力。

此外,垄断者可以利用市场垄断力量,降低产量、提高价格来获取丰厚的利润,而不用通过设备、技术革新等提高生产效率的方法来增加盈利。对于垄断者来说,显然采用前一种方法比后一种更容易获利,同时成本更低,因而他们就没有必要去设法提高生产效率。这样一来,势必就会造成社会生产效率的损失。

案例 2-2

山东 A 医药滥用市场支配地位案

2015年8月至2017年12月,山东A医药有限公司、潍坊B医药有限公司和潍坊C医药有限公司滥用在中国注射用葡萄糖酸钙原料药销售市场的支配地位,实施以不公平的高价销售商品、附加不合理交易条件的垄断行为,排除、限制了市场竞争,损害了消费者利益。

行政处罚决定书披露,2014年注射用葡萄糖酸钙原料药的市场价格为40元/千克左右。但当事企业以明显不公平的高价销售后,2017年价格上涨了19倍至54.6倍。

2020年4月,市场监管总局对三家公司滥用市场支配地位实施垄断行为做出从重处罚,共计罚没3.255亿元。这笔高达3亿多元的反垄断罚单中,山东A医药有限公司"吃"下最重的一笔,不仅被没收违法所得1亿多元,还被处以2018年度销售额10%的顶格罚款,合计罚没2.527亿元。这是国内反垄断执法部门罕见做出顶格处罚的案件,所没收违法所得破亿也创下国内反垄断史的纪录。

近年来,国内原料药领域频频出现垄断涨价的情况。《中国反垄断执法年度报告(2020)》提到,原料药垄断经营者有时直接数倍、数十倍抬高原料药价格;有时利用垄断地位,强制性回购下游的成品药并销售,非法获利和危害性极大。部分原料药经销环节较多,有些经营者通过"壳公司""白手套"等方式,实施更为隐蔽的垄断行为。

2. 公共物品供应不足

经济生活中的物品被分成两类:一是私人物品;二是公共物品。所谓公共物品是指同时具有非排他性和非竞争性的物品或服务。非排他性是指某人在付费消费一种产品(或服务)时,不能排除其他没有付费的人消费这一产品,或者排除的成本很高。如国防服务难以区分付费和没有付费的人,只能同时保护国内所有人,因此具有非排他性。非竞争性是指某人对该物品的消费不影响其他人的消费,如道路在没有达到饱和的状态下,某人对道路的使用并不影响他人的使用。

显然,理性的生产者没有供给公共物品的动力,因为生产公共物品的收益可能无法弥补其成本。即使是可以收回成本,但由于产品的非竞争性和非排他性的存在,生产者也无法实现利润最大化。因此,厂商通常会把资源投入到能够实现利润最大化的产品和服务的生产中,造成公共物品供给不足,而国防、路灯、公路等公共物品对维系社会秩序正常运转是至关重要的。简而言之,市场的价格机制无法引导社会资源投入公共物品的供给,这会对社会的总体福利带来损失。

3. 负外部性的存在

一个经济单位的活动会对其他经济单位产生有利或有害的影响,这种影响被称为外部性。外部性有正负之分,市场失灵将带来负外部性。负外部性是指某一经济单位在生产和消费活动中对他人造成的损失,如环境污染。某些生产活动会造成环境污染,而治理环境污染要付出一定的代价,这就构成了社会成本。市场机制无法对社会成本进行准确衡量。生产者在自我利益的驱使下对社会成本不加考虑,仅从个体的角度出发过度投入资源、追求利润最大化,从而对环境、其他企业的生产和居民的生活带来危害。社会若要治理,就会增加负担,相应的投入在其他领域的资源会减少,最终就会对社会的总体福利产生不利影响。

4. 信息不对称

信息不对称是指市场参与主体之间对于信息的掌握是有多少之分的。掌握信息多的个体利用信息优势来谋取利益,而这会损害掌握信息比较少的个体的利益。对此,诺贝尔经济学奖得主乔治·亚瑟·阿克洛夫提出了"柠檬市场"现象:消费者和生产者信息不对称会阻碍市场有效率地配置产品和服务,消费者缺乏对产品信息的了解和信任,只愿意选择低价产品,从而劣币驱逐良币,赶走了好的服务商(桃子),只剩下质量不好的"柠檬",随之恶性循环,直到整个市场消失。例如,在二手车市场,买方不完全了解市场行情,只愿意用平均价格购买二手车,导致拥有好车的卖家不愿意卖出,市场上的二手车质量下降。

三、政府的优势和劣势

(一)政府的优势

市场失灵为政府干预提供了依据,相较其他途径,政府的优势主要体现在三个方面:一是具有权威性,政府行动能够影响其管辖范围内的所有地域和群体。二是具有强制性,政府可以建立起具有强制力的法律机制,帮助有效地克服"搭便车"现象;同时,政府还能够运用合法的强制力有效减少个体或群体在进行集体行动时的协商成本,提高行动效率。三是具有合法性,政府可以建立正式的机制奖励守信者,惩罚失信者,帮助杜绝信息不对称所造成的一系列不良后果;同时,政府还可以通过建立正式的规则限制私人掠夺。

(二)政府的缺陷:政府失灵

政府干预并非万能,也会出现干预失效,从而产生政府失灵。政府失灵是指政府对市场的干预不当,或者干预未能有效克服市场失灵,甚至阻碍和限制了市场功能的正常发挥,从而导致市场缺陷和混乱加重,以致社会资源最优配置难以实现。政府失灵主要表现为以下几个方面。

1. 作为一种加总社会中所有个体偏好的途径,政府是不完美的

在现代社会,通过政府来解决社会问题是一种有效的集体行动方式。但是,如何通过加总不同个体的偏好进而得到集体行动的方案是一个基本问题。投票是最常见的一种加总方式。在很多国家,政府的公共决策一般都是通过投票来进行的。

不过,投票的决策规则和表决方式(如一致通过、过半数、相对多数、绝对多数、2/3多数等)看似公平,却不一定有效率。多数原则将出现多数人对少数人的强制;一致同意原则的决策成本太高,并且容易贻误决策时机。更何况,即使按照多数原则做出的决策也未必反映大多数人的偏好,因为所有民主方式中的投票过程都潜在地具有被操纵的可能。比如2016年的美国总统大选,虽然当时希拉里的选票总数比特朗普多280多万票,但是因为美国大部分州采用的是"赢家通吃"的选举人票制度:一个候选人赢了一个州,就获得该州的所有选举人票。50个州总共538张选举人票,而特朗普拿到了304票,远远超过半数,由此就任第45任美国总统。那么,到底是希拉里还是特朗普更是"民心所向"呢?

对此,肯尼斯·约瑟夫·阿罗在《社会选择与个人价值》一书中已经用数学的方式进行了说明:迄今为止,"没有一种投票制度能以令人满意的方式沟通个人与集体";如果众多的社会成员具有不同的偏好,而社会又有多种备选方案,那么在民主的制度下不可能得到令所有人都满意的结果,即"阿罗不可能性定理",又称"阿罗悖论"。

2. 政府的决策可能会被少数人左右,维护少数人利益而损害大多数人利益

詹姆斯·M.布坎南认为,在公共决策或集体决策中,实际上并不存在根据公共利益进行选择的过程,而只存在各种特殊利益之间的"缔约"过程。在现实中,政府是由政治家和官员组成的。多数时候,政府的决策是由他们做出的,其基本行为动机也是追求个人利益最大化,常以提高自身的权力、地位、名声和威望为目标。因此,虽然政治家和官员在决策时也可能考虑增进公共利益的效用,但当他们追求个人目标时,就会存在决策者为了少数人利益而忽视甚至损害多数人利益的可能。

当然,为了规避这一缺陷,许多国家都设置了监督机制,但实践表明,无论在什么样的体制中,社会对决策者的监督都是不完善的。我们可以把"社会监督"视作一种公共服务,在监督的过程中,会不可避免地面临"搭便车"的问题。即大家都可能希望由别人监督,而自己享受别人监督所带来的好处。其结果可能是,由于社会监督不足,导致政治家和官员为了少数人利益而忽视甚至损害多数人利益的可能性一直存在。

政治家和官员在决策时,维护少数人利益而损害大多数人利益的一种常见行为是"寻租"。寻租活动的产生并不是偶然的,我们知道市场不是完美无缺的,需要政府干预,用权力配置资源。政府运用行政权力,如政府通过批准、同意、配额、许可证或特许等对资源配置进行干预,妨碍了市场竞争的作用,从而创造了少数特权者有获得超额收入的机会。根据布坎南的论述,这种超额收入被称为"租金",运用行政权力以获得租金的活动被称作"寻租"。

政府的寻租行为一般包括三种:无意创租、被动创租和主动创租。无意创租是指政府为了良好的社会目标而干预经济活动,但在事后却形成了租金。例如:A市公安局出入境管理处规定,申办护照者必须提交外文邀请信的原件和翻译件,为了保证翻译质量,要求翻译件必须由指定的翻译公司翻译。该指定的翻译公司就是A市公安局出入境管理处服务公司,其收费是每份100元,当天取;每份40元,两个星期后取。这实际上就是有意设租的行为,该服务公司因为出入境管理处的规定而取得了垄断翻译的租金,因为只有它有翻译权,其价格就会高出市场价格,即使人家已经翻译好了,它象征性地改几个字就可以收取100元,其成本只要盖一个戳;而一家三封邀请信,只有抬头不同,盖三个戳,也是一份100元,共收300元。

利益集团利用政府出台的相关政策中的漏洞为自身谋求利益,造成了政府的寻租行为。而利益集团一旦拥有了政府所创设的租金,就会通过游说、贿赂、助选、政治献金等手段,左右政治家和官员制定并实施一些能给集团带来更大租金的经济政策和方案,造成政府的被动创租行为。例如,美国前共和党竞选战略家凯文·菲利普斯在《美国王朝:贵族统治、财富和布什家族的欺骗政治》一书中,揭示了布什家族通过强大的关系网、巨大的财富赢得了白宫宝座,并认为布什家族和金融、石油、军工企业以及情报机构结成了无形的同盟关系。事实上,小布什发动的两场战争,这些利益集团都是直接的受益者。

主动创租是指政治家和官员利用手中掌握的公权力,主动为自己谋求好处的寻租行为。如安徽省某市招标采购管理局原局长赵某某与个体商人串通,一个前台"拉生意",一个后台"开绿灯",赵某某从中收受巨额好处。为增加自己属意企业的中标概率,赵某某改公开招标为邀请招标,精准设定层层关卡,故意将有实力的企业排除在邀请招标之外。

3. 政府机构效率低

与市场中的组织相比,政府的办事效率往往显得非常低。导致政府机构效率低的原因主要有以下几方面:

(1)政府机构的绩效往往难以评估,丧失其激励功能。一般来讲,通过建立恰当的报酬激励机制和监督机制可以有效促进组织机构的工作效率。然而,这两种手段在促进政府机构的效率时却收效甚微。

具体而言,报酬激励机制的主要依据是组织内部成员的最终绩效。而与市场组织不同,政府提供的是公共产品,其成本和收益,尤其是社会成本和收益难以测定;加上政府官员不能把利润占为己有,因此,建立激励机制的方式往往不能发挥积极有效的作用。

监督机制有效的前提是监督者与被监督者之间权力地位平等以及信息对称。然而,在政府机构中,被监督者的地位实际上可以让政府官员强制规定某些利于自身利益的政策措施,作为监督者的政治家和公民完全可能受到被监督者(政府官员)的操纵。再加上,监督者在获取政府官员的活动信息时往往处于被动、不利的地位,其监督功能更是难以发挥。

(2)政府机构缺乏竞争。在市场中,只有效率高的组织才能在竞争中存活下来。与之不同,政府机构能否活下去并不依赖竞争的结果。事实上,它们垄断了公共产品的供给,不存在竞争者。再加上政府官员的目标并不是利润的最大化,而是规模的最大化,以此增加升迁机会和扩大自己的势力范围。这些都会导致机构臃肿、人浮于事、效率低下。

(3)行政机构人事管理体制僵化,缺乏活力。政府为了保证官员服务的连续性和质量,一直为他们提供终身任职的机会。比如,我国的编制改革问题,虽然编制管理可以确保政府机构的人员安排得到有效控制,避免机构膨胀、人浮于事;但它也会导致人事安排的僵化和固化,想要的人进不了,不想要的人赶不走,导致公务员系统缺乏活力。

4. 政府失灵的其他方面

除上述三个方面之外,政府失灵还表现在许多方面,包括现代民主制度带来的各种缺陷,如直接民主制度在选举时缺乏对少数人利益的保护;代议制民主过程中可能发生的地方利益与整体利益相冲突、选举周期对经济和社会的负面影响等。

四、第三部门的优势和缺陷

与对营利组织唯利是图、见利忘义的评价和对政府组织冷漠呆板、官僚作风的评价相比,公众对志愿组织的评价要高得多。

(一)第三部门的优势

1. 与社区相比,第三部门具有较大的活动范围和解决问题的能力

与社区不同,第三部门是一个比较正式的部门,有相对完善的治理架构。这使得第三部门在解决社会问题时更具有效率和效能,主要表现在:一是社会资源的获取能力更强,使得第三部门在解决社会问题时的活动能力要大得多。二是能够在更大范围内选择自己的服务对象。第三部门覆盖面广,渗透性强,可以起到"某种协调作用"。比如对于社区没有能力解决的社会弱势群体或边缘性社会群体,第三部门可以通过协调不同的政府部门,督促他们共同承担照顾的责任。

2. 与政府相比,第三部门具有相对较小的垄断性和较大的竞争性

第三部门也提供公共物品和服务,但与政府相比,其垄断性要弱很多。相应地,它会遭遇市场竞争,但也因此会有较高的效率。并且,由于面临较大的竞争性,第三部门还会更有活力和动力,在解决问题时敢于创造性地处理问题。相比之下,政府由于有较高的垄断性,在对待新情况、新问题时会更多地考虑先例和既有规定,往往会墨守成规、不敢创新。

3. 与政府相比,第三部门对于个性化需求有较好的回应

生活在现代社会中的人们对公共物品的需求更加个性化和多样化,并且多变。第三部门因为行动方便、反应迅速,更适合处理这样的社会问题。它可以根据环境的变化灵活地调整自己的战略和行动计划以应对各种挑战,从而更灵活地对服务对象需求做出反应。与之不同,庞大的层级制的政府官僚机构对新出现的社会问题反应往往较为迟缓;并且做事倾向于将丰富的社会事务套用简单划一或过时失效的条文,处理复杂的公共问题倾向于"一刀切"。

4. 其他方面的优势

与社区的优势类似,第三部门作为解决问题的途径时有利于提高社会的参与度。同时,第三部门是社会价值的保卫者,其对社会的参与还可以帮助形成和提高有益的社会价值观,进而促进社会资本的形成和发展。

(二)第三部门的缺陷:志愿失灵

第三部门失灵是指第三部门的组织行为偏离志愿性公益机制,而出现资源配置低效或价值取向非公共性的现象。莱斯特·萨拉蒙又称其为志愿失灵,将其表现总结为以下几个方面。

1. 单纯依靠第三部门不可能提供足够的公共产品或服务

前面已经提到,志愿组织的资金主要依靠政府的补贴或购买、社会或个人的捐赠,没有稳定的资金来源。因此,它们缺乏足够的资源去提供公共产品和服务,资源不足导致服务的效果大打折扣。2004年,民政部颁文倡议在全国推广建立慈善超市,以拓宽募捐渠道,帮扶贫困人员。广东省东莞市响应国家号召,在全市铺开建设慈善超市。经过多年发展,东莞市民政局社会福利和慈善事业科对慈善超市的运行情况进行了调研,发现无论哪种运营模式,慈善超市普遍存在造血功能弱、市场化程度低、角色定位不明确等短板,在一定程度上制约了慈善超市的救助范围和水平。

2. 志愿性服务发展不均衡

志愿组织往往具有相对固定的服务群体,为某些特定的人群提供服务。这既是志愿组织的优势也是不足,因为它们在关注这些对象的同时,会忽略其他需要社会提供帮助的人群。结果就是志愿性服务在人群分布上可能不平衡,某些群体资源过剩,而某些群体被忽视。此外,志愿性服务的不平衡还表现在地域分布的不均衡上,有些地方的经济实力比较强,志愿组织获得的资源也会较多,可以关注更多的群体,并为他们提供充足的服务;而在经济实力较差的地方,志愿组织获得的资源就会较少,无法为关注的群体提供足够支持。以我国社会组织发展为例,志愿公益性社区社会组织和社区发展类社会组织相对较少。无论是登记注册类社区社会组织还是备案类社区社会组织一直存在类型不均衡的突出问题,较多集中在生活服务和文体娱乐方面,聚焦居民互助和社区治理的社区社会组织数量相对较少。如社会组织发展较好的上海某个地区,活动主要集中在三大领域,即教育培训、文体活动和生活服务,从事这三大领域活动的社会组织数量之和占整个街道社会组织总数的四分之三。一般来讲,生活服务属于便民利民的微利服务,而教育培训基本上属于市场化运作的性质。实践中,不少地方更愿意发展这两类社会组织,而这两类社会组织的"自助能力"也远远大于其他活动领域的社会组织。虽然这三类组织对于社会建设和民众的需求来讲非常重要,但是社会服务与公益慈善类的社会组织应当是当前我国发展的重点。

3. 志愿组织受到捐助者的影响较大

原则上,志愿服务组织应该独立自主地根据服务对象的需求提供公益性服务。但在实际操作中,因为志愿组织是自发性、非营利性的组织,没有足够的资金开展持续性的活动,只能在政府、爱心企业和爱心人士的支持下,寻找适合的救助对象进行关怀和关爱。也因此,政府以及其他为志愿组织提供重要资源的人往往会对其决策和运作产生较大影响,可能会将违背民主原则的家长式作风带入到志愿服务中,把援助演变为一种权利,在开展服务时仅凭个人喜好或领导意愿。尤其是当志愿服务组织的资金来源单一时,捐助资金一旦缩减,机构就会面临困境。例如江苏镇江市 A 义工服务社主要参与当地慈善会、社区、工会组织的志愿服务项目,但受疫情影响,政府项目缩减,服务社也随之面临资金收紧、人员流失、项目锐减的局面。

4. 志愿组织在人才的吸引上呈现出弱势而不利于自身发展

志愿组织发展初期,志愿者因为没有受过专业的培训,提供的服务往往比较随意和业余。很多民间自发形成的公益慈善和志愿服务机构的管理人员仅凭一腔热血、一时起兴做事,并没有把志愿服务当成一种事业去做;甚至有些管理人员还把做志愿服务当成了一种美化自己或用于赚钱的工具。即使近年来,第三部门发展越来越成熟,一些受过专业训练的人士陆续加入;但是因资金匮乏,再加上组织本身过于强调服务的公益性和无偿性,使得志愿组织还是以非专业的志愿者为主,志愿者们利用工作之余参与志愿服务项目,志愿服务活动碎片化、零散化,后续参与的持续性不强,严重阻碍着志愿组织的健康发展。

第三节　政府角色和公共政策

一、关于政府角色定位和公共政策作用范围的规范理论

(一)两个基本问题

在对政府角色定位和公共政策作用范围进行讨论前,我们需要首先明确以下两个问题。

1. 政府角色定位到底是规范理论范畴还是实证理论范畴

政府的角色定位就是要回答政府应当做什么或者不应当做什么的问题。因此,对该问题的回答属于规范理论的范畴。规范理论研究主要关注"应然"世界,即政府应该扮演什么样的角色;而实证理论研究则主要关注"现实"世界,即政府实际上充当了何种角色。本小节将着重讨论前者。

2. 政府的角色定位和公共政策作用范围之间到底是什么样的关系

二者几乎是等同的关系,因为制定和执行公共政策是政府发挥作用的基本手段,对于政府角色定位的讨论实际上就是在回答公共政策应当发挥或不应当发挥作用的范围有哪些。换句话说,对于政府角色定位的讨论实际上就是关于公共政策的理想的作用范围的讨论。因此,接下来的讨论将不对"政府角色定位"和"公共政策作用范围"做区分。

(二)讨论政府角色定位问题的基本逻辑

明确了政府的角色定位,就可以有效限制政府、市场、第三部门和社区等多元主体之间的零和博弈,转而实现共赢。讨论政府角色定位的基本逻辑可归纳如下。

1. 对政府的角色定位应建立一个价值标准体系

所谓的价值体系通常是包括了各种价值标准以及这些价值标准的重要性的判断。当然,在不同的历史时期,不同国家的政府角色的价值标准体系可能不同。比如,"公平"和"效率"一直被作为中国社会的核心价值标准。在发展早期,我国一直强调"效率优先,兼顾公平",这就是对两个标准的重要性的判断。后来,随着社会经济的发展,该提法逐渐淡出,开始强调要更加注重社会公平。

2. 运用价值标准对解决社会问题的方案进行综合评判

不同的社会问题具有不同的特征,不同的问题解决途径也具有不同的优势和缺陷,各种途径相互搭配还会形成多种综合的解决方案。但是,在价值标准体系中出现诸多判断标准的情况下,人们在政府角色定位和治理能力方面会得出不同的结论。因此,我们需要在众多的价值标准中对解决社会问题的各种方案进行综合评判。

3. 通过评判选择最满意方案

通过评判各种方案在解决社会问题时的潜在效果,选择出最满意的方案,其中就包含了政府在解决此社会问题过程中的角色定位。比如,党的十八届三中全会就已经提出,推广政府购买服务,凡属事务性管理服务,原则上都要引入竞争机制,通过合同、委托等方式向社会购买。

(三)政府和其他部门关系的类型划分

市场、第三部门和社区力量的快速发展对政府的权力及其在国家治理体系中的地位带来了很大的挑战和反思。鉴于这些非政府部门都是公共物品和服务的生产者和供给者,有着政府不能比拟的优势作用,如何正确处理政府与非政府部门的关系已成为目前改革的重要任务。学术界将政府与其他部门之间的关系大致分为两种类型。

1. 替代型

替代型关系是指政府与其他部门在解决特定社会问题时发挥着近似相互替代的作用。比如,政府对于某些特定的公共服务目标(教育、职业教育和特殊教育、公共卫生、养老服务),可以自己运作完成,也可以通过购买服务的方式,由其他主体来提供。

2. 补充型

补充型关系是指政府与其他部门之间是一种合作关系。比如,市场的运行需要明确的规则,这些规则可以由市场组织自行商议制定,但建立和执行成本极高。因此,最有效、便宜的方法是与政府通过谈判、协商建立协议后共同解决。

值得思考的是,替代型关系和互补型关系一般只表现在某一方面或某个领域,应避免绝对化。即是说,在面对不同的社会问题时,不能一味地只选择相互替代的方式或者相互补充的方式。在解决社会问题时,政府与其他非政府部门之间的关系都是建立在各自的优势和劣势基础之上的;应当针对问题的特征,综合考虑各种搭配方案,尽量发挥各种途径的优势,避免缺陷。

二、关于政府角色定位和公共政策作用范围的一些事实

党的十一届三中全会是我国政治体制改革的历史起点。经过四十余年的改革,我国政府的角色定位已经发生了显著的变化,这些变化在世界上其他国家和政府也有相似的表现。

(一)市场化趋势

20世纪中后期,西方发达国家和一些发展中国家在新自由主义经济思潮的影响下进行了全面的政府管制改革,全盘否定了国家干预的作用。我国自改革开放以来也一直坚持市场化的改革方向。不同的是,我国政府试图在市场调节和政府调控之间取得一种合适的平衡,希望通过改革来建立或深化市场在解决社会问题过程中所发挥的作用。因此,这些年的改革内容一直包括减少并重新构建政府管制体系,加强市场在配置社会资源过程中所发挥的作用。从改革的结果看,政府干预市场的程度正在逐渐减少,把该由企业决策的交还给企业,把该由市场决定的事交还给市场,推动资源配置依据市场规则、市场价格、市场竞争实现效益最大化和效率最优化。

(二)第三部门发挥越来越重要的作用

二战结束以后,非政府组织在世界各国都得到了蓬勃发展。并且20世纪90年代以后,发达国家的非政府组织开始走出国界,大量介入国际事务。截至目前,以非政府组织为代表的公民社会甚至出现了欲与国家、市场"三分天下有其一"的发展势头。

当前,中国的非政府组织也已逐步进入大发展时期。在社会转型期,民众政治参与热情日增,利益冲突频现。非政府组织作为维护社会秩序、促进社会公平的重要组织,在表达和协调各方利益方面起到了重要作用。因此,非政府部门正在承担着越来越多的社会职能。政府在解决社会问题的过程中也越来越强调与第三部门的合作伙伴关系。

(三)社区角色的变迁

在全球范围内,特别是西方发达国家的实践已经充分表明了社区在国家治理过程中的重要性。在中国,随着政治体制改革的不断深化,社区的重要性也日益凸显。从党的十九届四中全会提出"建设人人有责、人人尽责、人人享有的社会治理共同体",到党的十九届五中全会进一步提出"推动社会治理重心向基层下移,向基层放权赋能",再到党的二十大报告中提出"健全城乡社区治理体系,及时把矛盾纠纷化解在基层、化解在萌芽状态",这都意味着社区在社会治理中所扮演的角色已经发生了本质变化,从从前的被行政支配到现在的治理主体地位转变。

核心概念

社会问题(social problem)　社会福利(social welfare)　效率(efficiency)
公平(equity)　政府失灵(government failure)　市场失灵(market failure)
志愿失灵(voluntary failure)　政府角色(government role)　社区角色(community role)

思考题

1. 什么是社会问题？其认定标准是什么？
2. 社会问题的解决途径有哪些？
3. 政府、市场、第三部门和社区在解决社会问题时，各自的优缺点是什么？
4. 政府的角色定位应遵循什么样的逻辑？它和其他部门的关系类型有哪些？

案例分析与思考

广州最牛钉子户

放眼全国，"最牛钉子户"案例不在少数，坚持了几年甚至十几年都钉在原地。2020年8月3日，广州市环岛路海珠涌大桥正式建成通车，大桥东西车道的夹缝中一栋仅40多平方米的老宅意外走红。有人将大桥上的缝隙戏称为"海珠之眼"，也有人将那栋夹在道路中间的房子称为"广州最牛钉子户"。

相比起车流还未彻底兴旺的大桥，缝隙中的房子却引来人群的注目和围观。每天，人流从四面八方而来，为了这场特别的"打卡"——有人惊诧于这特别的景观，有人则不吝自己的讽刺……这栋老房子已然变成了"网红打卡点"。

通过网络的传播，"广州最牛钉子户"成为舆论焦点，各种猜测和指责的声音出现。比如，"到底为什么不搬走，住得下去吗？""听说1000多万元都不搬，太贪心了！"……而事实上，屋主梁女士表示，"我们不是钉子户，网上传的都是假的，他们根本不了解实情，不知道他们为什么要跑来我家指责我"。梁女士说自己不搬走不是为了钱，"我们要的是房子，但是政府没有房源给我们"。据梁女士介绍，十年前，政府带她看过一次房子，在海珠区革新路的凤安花园，但她称，屋子给人的感觉就是"三尖八角"。在广东，"三尖八角"的房子是大忌讳。后来，政府要她搬到宝岗大道，梁女士没同意。她说："屋子对着医院的太平间，我宁愿住在这里，也不愿意对着死人。十年前和十年后就看了两间房而已。"

梁女士坦言，自己是一个知足常乐的人。她说："如果我是贪图富贵，早就走了，政府来，我也愿意去协商。要是合适的话，我们就走吧。如果政府不征，我也没问题。"面对网络热议，梁女士称这压不倒自己，"那么多人围观讨论，这不是一般人能承受得了的，不是每个人都有十年的毅力"。

据悉，广州海珠区相关部门工作人员表示，目前仍与屋主在进行沟通。

材料来源：广州"最牛钉子户"回应：不搬走不是为了钱，中国新闻网。

思考并讨论：

(1) "钉子户"是不是社会问题？它是如何产生的？
(2) 如何从社会福利、效率、公平的角度去评价"钉子户"现象？
(3) 如果你是政府官员，如何应对"钉子户"问题？

(4)如果你是"钉子户",你会怎么做?

小组讨论

请观看武汉多闻社区在重大突发公共卫生事件期间发起的社区自治。

请分小组讨论以下问题:
(1)重大突发公共卫生事件下是否存在政府失灵、市场失灵和志愿失灵?
(2)重大突发公共卫生事件下的社会问题是什么?如何界定它?
(3)通过哪些途径可以有效解决重大突发公共卫生事件所带来的社会问题?

第三章 公共政策系统分析

本章主要运用系统的观点对公共政策分析进行介绍。第一节主要探讨公共政策主体的含义及构成，对各类政策主体在公共政策过程中的作用进行分析，并对比中西方差异。第二节着重分析公共政策客体的含义及构成，对社会问题、公共问题及公共政策问题进行概念辨析，并对政策对象（目标群体）进行介绍。第三节重点介绍信息、咨询、决策、实施和监控这五个政策子系统的含义、构成与作用。第四节详细讨论经济环境、政治环境、社会文化环境和国际环境对公共政策系统的影响。第五重点介绍自愿性工具、混合性工具和强制性工具三类政策工具，并对其中所包含的政策工具的含义、作用和优缺点进行详细探讨。

第一节 公共政策主体

公共政策主体是政策系统的核心组成部分。一般而言，公共政策主体可以被界定为直接或间接地参与公共政策全过程的个人、团体和组织。它不仅参与和影响公共政策的制定，而且还在公共政策的执行、评估和监测等环节发挥着关键效能，是公共政策落地和实施的主要推动力量。

由于各国在政治体制、经济发展以及文化传统等方面均存在差异，因此不同国家公共政策主体的构成要素和作用方式也有所不同。在公共政策主体的分类上，比较具有代表性的分类方法是将公共政策主体按官方决策者和非官方决策者来划分，也有学者从体制内与体制外、国家权威与社会权威、直接参与和间接参与等角度对政策主体进行分类。詹姆斯·安德森认为，官方决策者主要是指那些拥有法定权威的公共政策制定者，主要包括立法机构、行政机构、政党以及司法机构。而非官方参与者包括那些参与政策过程的利益集团、民主党派、现代政策研究组织、大众传媒和公民个人。这些非官方参与者通常不具有制定公共政策的法定权威，其主要作用是在公共政策制定的过程中提供信息、施加压力并游说官方决策者。值得注意的是，上述分类方式均以西方社会为背景，体现了西方国家政策运行的基本特征。由于政治体制的差异，我国的公共政策主体与西方国家不尽相同。图3-1展示了我国公共政策主体的主要构成部分。本书将结合我国的实际情况对公共政策主体进行详细讨论。

一、官方决策者

一般而言，官方决策者是指政治体制内的、具有合法权威行使公共权力的政策过程的参与者，即广义上的政府，主要包括立法机关、行政机关和司法机关。在现代西方政治体制中，这三大机构分别掌握着立法、行政和司法三种权力，各司其职、彼此独立、相互制约，依靠国家宪法所赋予的权力在相应的职能领域行使公共政策职能，制定不同类型的公共政策。不同官方活动者在政策活动中发挥作用的程度在不同国家体现出很大差别。例如，中国共产党作为执政党在政治、思想以及组织等方面对我国进行全方位的领导，凡是涉及国家和社会发展的根本原

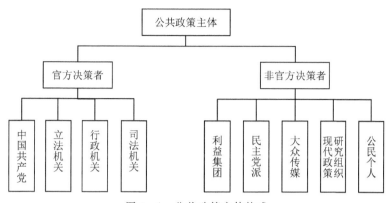

图 3-1 公共政策主体构成

则、路线方针的重要决策均由党首先提出,然后由国家立法机关、行政机关以及司法机关制定国家政策,使党的意志通过法定权威转变为国家意志。因此,不同于西方国家,中国共产党在我国的公共政策制定中有着极为重要的作用,在公共政策的权力结构中处于核心地位。

(一)中国共产党

政党尤其是执政党是政策主体中的一种核心力量。政党虽独立于政府之外,但是执政党一般都对政策的制定发挥着一定的作用,公共政策在很大程度上可以视为执政党的政策。

由于政治体制差异,中西方政党在公共政策过程中的地位和作用大不相同。西方国家一般采用多党制,政党需先在大选中获取政权成为执政党,才有资格成为政策制定者,其政治纲领与政治主张才会转变为公共政策。

中国共产党领导的多党合作和政治协商制度是中国独具特色的政党制度。中国共产党是执政党,在公共决策的权力结构中处于核心地位。中国共产党在公共决策中的作用,首先体现在它对国家的政治领导上。党的政治领导包括政治原则、政治方向和重大政策的领导。凡是涉及有关国家和社会发展的根本原则、基本路线、重大方针和各个领域的重要决策,都是首先由党制定和提出的。党在提出各项方针政策之后,要由国家立法机关和行政机关据此制定国家的法律和政策,使党的意志通过法定程序转变为国家意志。其次是组织领导,为了保障党的路线、方针和政策能够切实通过法定程序变成国家意志并得到贯彻执行,党还决定和影响各级政权机关的人事任免,推举共产党员执掌国家各级机关的重要权力,以实现组织上的领导。最后是思想领导,党确立了自己的指导思想在国家意识形态中的主导地位,并通过宣传、教育和思想政治工作,宣传自己的路线、方针、政策,努力把党的主张变成群众的自觉行动。

(二)立法机关

立法机关是公共政策主体最重要的构成要素之一,是行使国家立法权的机关,是国家机关的重要组成部分,在国家权力机构中一般居于主导地位。其主要职责是立法,即制定法律和监督法律执行。在西方,立法机关主要指国会、议会、代表会议一类的国家权力机构;在我国,立法机关是指全国及地方各级的人民代表大会及常务委员会。

由于政治体制的不同,各国立法机关在公共政策过程中的角色和作用也不尽相同。如图 3-2 所示,在西方尤其是美国,立法机关通常能够在独立决策的意义上行使立法权。在国会中,常设委员会对提交的法案常常拥有决定权,甚至可以不顾所在议会的大多数成员的反对而行事。通常,关于税收、人权、福利和劳动关系等方面的政策一般都是由国会制定的。而在国防和外交政策的制定方面,总统拥有比国会更大的权力,国会要服从总统的领导。

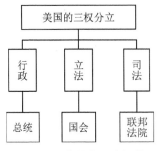

图 3-2 美国的立法机构

我国实行"议行合一"的政治体制,各级人民代表大会及常务委员会是我国的权力机关和立法机构。《中华人民共和国宪法》第二条规定,中华人民共和国的一切权力属于人民,人民行使国家权力的机关是全国人民代表大会和地方各级人民代表大会。人民依照法律规定,通过各种途径和形式,管理国家事务,管理经济和文化事业,管理社会事务。《中华人民共和国宪法》第三条规定,中华人民共和国的国家机构实行民主集中制的原则。全国人民代表大会和地方各级人民代表大会都由民主选举产生,对人民负责,受人民监督。国家行政机关、审判机关、检察机关都由人民代表大会产生,对它负责,受它监督。作为国家权力机关,人民代表大会具有两个重要的职能:一是把执政党即中国共产党对国家和社会的政治领导及其政治路线、政治纲领、政治意志以国家法律的形式体现出来,使其成为国家的意志;二是建立政府权力体系,即国家行政机关、司法机关等。全国人民代表大会具有最高立法权、最高任免权、最高决策权和最高监督权,因此在国家公共政策过程中发挥着至关重要的作用。

(三)行政机关

行政机关及官员是政策主体的重要组成部分。行政机关是贯彻执行国家法律和政策、管理国家内政、外交等行政事务的机关。它掌握国家行政权力,运用公共政策对社会公共事务进行管理,是立法机构所确立的国家意志的执行者。

在西方国家三权分立的政治原则下,行政机关在宪法规定的权限内行使行政权力,制定和执行公共政策,同时也受到国会和最高法院的制约。然而,随着行政权力的不断扩张,出现了行政国家或以行政为中心的趋势,行政机关在政策过程中的地位和作用越来越突出。就美国而言,在罗斯福总统在任期间,总统权力急剧膨胀,其后总统在美国的政治权力体系中逐渐居于主导地位。在公共政策领域主要体现为:公共政策的效能在很大程度上取决于行政领导尤其是总统。总统在进行立法和政策决策方面的权威大大加强,国会立法往往将重大决策权授予总统,特别是在决策权难以分散的国防和外交领域,总统往往拥有更大的合法权力和行动自由。

我国的行政机关是指国务院及其构成机构和地方各级人民政府,它们是国家权力机关的执行机关,行使国家行政权,享有行政立法权、提案权、监督权及人大及其常委会授予的其他职权。我国宪法规定,中华人民共和国国务院即中央人民政府,是最高权力机关的执行机关,是最高国家行政执行机关;地方各级人民政府是地方各级权力机关的执行机关。国务院作为中央政府,其权力主要包括行政立法权、法律提案权、授权立法权、行政管理权、经济管理权、社会管理权、外交管理权等。各级地方政府在国务院的统一领导下,负责管理地方的政治、经济、社会、文化等各个方面的工作。政府机关不仅是政策执行的主要机构,而且有权根据基本国策制定具体的政策法规。

案例 3-1

中国的大部制改革

改革开放以来,中国政府机构已经历 8 次较大调整,分别是 1982 年、1988 年、1993 年、1998 年、2003 年、2008 年、2013 年和 2018 年,目前正在经历第九次调整。通过回顾我国大部制改革的历史,可以对我国重要的公共政策主体——官方决策者的产生、构成、运作方式、现实发展以及历史变迁有一个更为现实和深入的理解。

1982 年,政府机构改革主要是为了提高政府工作效率,实现干部年轻化,其历史性的进步可用三句话来概括:一是开始废除领导干部职务终身制;二是精简了各级领导班子;三是加快了干部队伍年轻化建设步伐。

1988 年,国务院开始了第二轮的机构改革。改革提出的总要求是转变职能、下放权力、调整内部结构和精简人员。改革后国务院职能部门分为国务院办公厅、国务院部委机构、国务院办公机构、国务院直属机构和国务院部委管理的国家局。这次改革最为重要的便是提出了转变政府职能的方针,从而使大部制改革明确了发展的方向,也进一步推动了改革由量变向质变的转化。

1993 年,政府机构改革的核心任务是推进经济体制改革,建立有中国特色的市场经济体制。建立社会主义市场经济体制的一个重要改革任务就是减少、压缩甚至撤销工业专业经济部门。然而改革收效甚微,从 1993 年机构设置来看,这类部门合并、撤销的少,保留、增加的多。

1998 年,中央人民政府推行了一次涉及面较广、改革力度较大的政府机构改革,政府职能转变有了重大进展,其突出体现是撤销了几乎所有的工业专业经济部门,不再保留 15 个部委,新组建 4 个部委,3 个部委更名。改革后除国务院办公厅外,国务院组成部门由原有的 40 个减少到 29 个。自此,国务院组成机构的数量趋于稳定,奠定了如今国务院组成部门规模的基础。

2003 年,政府机构改革是在加入世贸组织的大背景之下进行的。改革提出要进一步转变政府职能,改进管理方式,推进电子政务,提高行政效率,降低行政成本。自 2003 年改革后,国务院机构设置情况为:国务院办公厅 1 个、国务院特设机构 1 个、部委 28 个、办公机构 4 个、直属机构 18 个、部委管理的国家局 10 个,共计 62 个。

2008 年,政府机构改革是 2003 年改革的延续,其基本原则是精简统一效能;基本要求是决策权、执行权、监督权既相互制约又相互协调,着力优化组织结构,规范机构设置,完善运行体制,为全面建设小康社会提供组织保障。此次改革涉及调整变动的机构共 15 个,正部级机构减少 4 个。

2013 年,政府机构改革是十八大召开后新一届领导班子的首次改革。此次重点围绕转变职能和理顺职责关系,稳步推进大部门制改革。此次改革正部级机构减少 4 个,副部级机构增减相抵保持不变,改革后除国务院办公厅外,国务院组成部门共计 25 个。

2018 年,政府机构改革着眼于转变政府职能。改革提出要坚决破除制约使市场在资源配置中起决定性作用、更好发挥政府作用的体制机制弊端,不断加强和完善政府经济调节、市场监管、社会管理、公共服务、生态环境保护等职能。结合时代发展需求,此次改革重新组建了自然资源部、生态环境部、农业农村部、文化和旅游部、国家卫生健康委员会、退役军人事务部、应急管理部,同时一些领域职能相近、联系紧密的党政部门采取统筹设置。

2024年,党的二十届二中全会通过了《党和国家机构改革方案》,本次改革为适应构建新发展格局、推动高质量发展的需要,加强了科学技术、金融监管、数据管理、乡村振兴、知识产权、老龄工作等重点领域的机构职责优化和调整。具体举措包括:重新组建科学技术部、国家金融监督管理总局和国家数据局,深化地方金融监管体制改革,将中国证券监督管理委员会调整为国务院直属机构,统筹推进中国人民银行分支机构改革,完善国有金融资本管理体制,加强金融管理部门工作人员统一规范管理,等等。如表3-1所示,改革后,除国务院办公厅外,国务院组成部门共计26个。

如表3-1所示,改革后,除国务院办公厅外,国务院组成部门共计26个。

表3-1 国务院组成部门

改革后,除国务院办公厅外,国务院设置组成部门26个	
1.外交部	2.国防部
3.国家发展和改革委员会	4.教育部
5.科学技术部	6.工业和信息化部
7.国家民族事务委员会	8.公安部
9.国家安全部	10.民政部
11.司法部	12.财政部
13.人力资源和社会保障部	14.自然资源部
15.生态环境部	16.住房和城乡建设部
17.交通运输部	18.水利部
19.农业农村部	20.商务部
21.文化和旅游部	22.国家卫生健康委员会
23.退役军人事务部	24.应急管理部
25.中国人民银行	26.审计署

(四)司法机关

司法机关是行使司法权的国家机关,是国家机构的基本组成部分,是依法成立的行使相关国家职权的司法组织。司法机关在公共决策过程中占有重要的地位,也是政策主体的构成要素之一。

在美国,司法机关影响公共政策制定的途径有两条:一是通过独立的司法审查权和司法解释权对公共政策的性质和内容产生影响;二是通过判例对经济政策(如财产所有权、劳动关系等)和社会政策(如福利政策、基础设施建设等)产生影响。在参与政策制定的同时,司法机关还通过规定政府、法院应该采取何种行动以符合宪法和法律的要求来影响政策的执行。

我国的司法机关在狭义上专指人民法院,在广义上还包括人民检察院。按照宪法规定,人民法院是司法审判机关,独立行使审判权。人民检察院是司法监督机关,独立行使检察权。行政机关、社会团体和个人无权干涉。从我国目前实际情况来看,司法机关的作用更多地表现在政策执行和监督,较少参与政策的制定环节。

二、非官方决策者

非官方决策者主要包括利益集团、民主党派、大众传媒、现代政策研究组织以及公民个人。它们作为体制外的力量不直接参与政策过程,而是通过游说官方决策者、施加压力等间接方式影响公共政策过程。不管它们在各种政策场合多么重要或处于何种主导地位,它们自身通常没有合法的权力去做出具有强制力的政策决定。

(一)利益集团

戴维·杜鲁门认为利益集团"是在社会中提出特定要求,具有共同态度的集团"。加布里埃尔·阿尔蒙德认为利益集团"是指因兴趣或利益而联系在一起,并意识到这些共同利益的人的组合"。我国学者李景鹏认为利益集团应该从以下四个方面来界定:第一,利益集团是一个群体;第二,这个群体必须形成一定的组织;第三,这个有组织的群体必须有明确而具体的利益要求,但所有的利益要求都不能以寻求掌握政权为目标;第四,利益集团的表达对象是政府。因此,我们将利益集团界定为是基于某种共同价值、共同利益、共同态度或者是某种职业和行业而形成的正式、非正式团体和群体等社会组织。利益集团的目的主要有两个:一是向国家公共权力机构施加影响以维护自身利益,干涉立法与政策是利益集团的重要活动。二是利益集团经常为达到自己的目的,采用合法手段对立法和政策进行抵制、阻挠、拖延,甚至否定。

在西方,利益集团影响公共政策的方式是多种多样的,如游说、宣传、捐款、抗议等。游说是一种很重要的方式。所谓游说就是代表利益集团的说客向立法者(政治家)、政府官员进言,希望他们支持利益集团希望执行的政策。利益集团通过制造舆论,进行民意调查,或向政府提供有关的信息来影响政府的决策。

我国传统的利益集团有"工、青、妇"等,不同的是,它们多为带有半官方性质的群众团体,不能算作真正意义上的利益集团。随着市场经济体制的建立和完善以及利益多元化格局的出现,我国的利益团体也将进一步形成或发展,成为一种重要的社会力量,并将对政府的公共决策产生重要的影响。

(二)民主党派

西方国家一般采用两党制或多党制,它们与中国共产党领导下的多党合作制有着根本的区别。在西方两党制或多党制下,民主党派的中心任务是争取在竞争性选举中获胜,竞选获胜的政党或政党联盟有权分配政府的主要职位,组建政府,从而才有可能把自己的政治纲领和政策主张转换为真正意义上的公共政策。在我国,民主党派作为参政党,与中国共产党长期共存,互相监督,肝胆相照,荣辱与共,在坚持中国共产党的领导和四项基本原则的前提下进行政治合作。作为参政党,民主党派在公共政策过程中的作用主要体现在政治协商与民主监督,通过全国以及地方各级政治协商会议、协商座谈会等多种方式参与到国家公共政策的制定中来。

(三)大众传媒

大众传媒是指在传播路线上用机器作媒介以传达信息的报纸、书籍、杂志、电影、广播、电视、互联网等诸形式。决策中的信息总要借助于一定的媒体才能传播,大众传媒是现代社会最为普遍的信息传播载体。在当今信息社会,大众传媒对政治、经济、文化等产生的影响越来越大,是与立法权、行政权、司法权并列的"第四种权力",是实现政治社会化的主要手段。在公共政策过程中,大众传媒对政府的公共决策有着重要的影响,有时甚至是决定性的影响。它们的主要作用是传播信息、引导舆论、交流思想和传播知识,是政府、政党和其他利益团体的宣传工具。

大众传媒对公共政策制定的影响与作用主要体现在以下几个方面:第一,公开信息,及时反映社会所发生的公共问题;第二,传播公共政策信息,实现政府与社会公众的双向沟通;第三,引导社会舆论,影响公共政策议程设置,大众传媒的"焦点效应"可以形成强烈的政策压力,促使决策者接受公众的愿望和要求;第四,通过对政策信息和政策问题的选择、整理、淘汰、处理,然后再提供给公众,它建构"第二现实"影响受众对问题的认识程度和态度,从而影响着政策议程的建立。

(四)现代政策研究组织

现代政策研究组织又叫"思想库""脑库",是由各种专家、学者组成的跨学科、综合性政策研究、政策规划和政策咨询的组织,它的出现对改善政策系统和环境、促进决策质量提高都有积极的影响,是政策主体的重要构成要素之一。在现代社会中,公共问题的日益复杂以及公共决策的难度不断增大对公共政策的质量提出了越来越高的要求。现代科学决策离不开政策咨询,政策研究机构的日益崛起,代表了未来决策的发展趋势。

通常来讲,现代政策研究组织主要包括以下几个类型:

(1)官方思想库。例如我国各级政府部门的政策研究室、国务院发展研究中心等机构。这类思想库隶属政府及其职能部门,带有明确的官方色彩,直接反映了政府的态度、立场和感兴趣的问题。

(2)半官方思想库。这类思想库处于民间,但与政府有着非常密切的关系。政府可以通过投资或资助重点研究领域和方向,使其为政府服务,或者与思想库签订合同,建立相互依存的关系。思想库还可以与政府部门直接对口挂钩,直接为对口部门提供咨询服务。美国的非官方思想库主要包括兰德公司(规模最大、人数最多)、布鲁金斯学会、斯坦福国际咨询研究所、巴特尔纪念研究所、企业公共政策研究所以及对外关系委员会;日本的非官方思想库主要包括野村综合研究所、三菱综合研究所、富士综合研究所、三和综合研究所以及日本综合研究所。

(3)民间思想库。它是由民间发起并得到基金会或企业资助的社会性政策研究机构,具有选题自由、研究范围广、社会联系多、政治约束少、独立性强、灵活性大等特点。表3-2展示了一些中国民间思想库的名称、成立时间以及工作方向。

表3-2 中国民间主要思想库

名称	成立时间	工作方向
上海华夏经济发展研究院	2018年	全球城市治理和政策设计;长三角城市群经济社会发展
紫金传媒智库	2015年	媒体深度融合发展、县级融媒体中心建设、大数据分析与计算、舆论与社会心态、媒体与国家治理、国际传播
澎湃研究所	2014年	协作网络,推动城市治理、区域发展、产业创新、城市文化、思想交流合作,为城市可持续发展提供"澎湃方案"
重庆智库	2013年	中国特色新型智库建设、重庆治理体系、五大功能区立法、长江经济带建设、丝绸之路经济带建设
盘古智库	2013年	"一带一路"沿线国别研究与民间外交、区域高质量发展、老龄社会、数字经济与社会治理、宏观经济与金融等领域
阿里研究院	2007年	电子商务、数字经济和数字治理

(4)跨国思想库。它是由不同国家的各学科专家学者组成的、以研究全球人类问题为主的政策研究机构,研究范围包括环境保护、战争与和平、资源利用、人口控制等。近些年来,与海外机构共建思想库成为我国思想库的主要发展趋势之一,如清华-卡内基全球政策研究中心、清华-布鲁金斯公共政策研究中心等。这些智库汇集了来自中国、美国以及国际社会的资深专家和学者,合作研究全球所面临的共同挑战。

现代政策研究组织主要有以下特征:①以改进政策制定为目标,促进决策科学化、民主化。②研究人员构成的多学科性。例如,兰德公司的研究人员涵盖了工程技术、物理学、计算机、数学、统计学、经济学、医学、教育、法律、社会学、心理学和政策分析等学科领域的专家。③从事政策研究和咨询的相对独立性。④运用现代科学理论和先进技术手段,主要包括系统论、信息论、控制论、耗散结构论等。例如,乔治城大学战略和国际问题研究中心提出估计世界各国实力的"战略发展趋势理论";斯坦福国际咨询研究所的"趋势估计与监视计划"借以跟踪不断发展的形势;兰德公司创造的系统分析、德尔菲法等。

(五)公民个人

公民是指具有某国国籍并依照该国宪章享有权利和义务的个人。公民是一种最广泛的非官方政策主体,享有参与政府管理并影响公共政策的权利,具体表现为知情权、参与权、表达权、监督权。

在现代社会,公民参与公共政策过程的途径主要有六种:一是以国家主人或主权者身份对某些重大政策问题直接行使主权,例如直接投票、公民听证会等;二是以间接的方式,选出代表来制定或修改、执行公共政策;三是使用各种威胁性方式(如请愿反对某些政策、示威游行、罢工罢课等),迫使政府将问题提上议事日程;四是通过参加利益集团,借助团体的力量去影响政策,或通过制造舆论或游说的方式影响政策;五是对政府通过并实施的政策采取合作或不合作的态度,以影响政策结果;六是以个人的知识活动为政策制定提供实证依据或理论指导。在西方代议制民主的政治体制下,公共政策大都体现执政党及相关利益集团的意志,公民的政治参与以及对公共政策的影响是有限的。

我国是人民民主专政的社会主义国家,人民群众是国家的主人,人民在政策过程中起着重要作用并扮演关键角色。党和政府坚持群众路线,坚持"从群众中来,到群众中去",让人民群众参与公共事务的管理以及公共决策活动,参与政策的制定、执行、评估和监控。党和国家的各项政策实质上反映了广大人民群众的根本利益,是人民群众的意志和要求的集中体现。

第二节 公共政策客体

政策客体是指公共政策所发生作用的对象及其影响范围,主要包括公共政策所要解决的社会问题(事)和公共政策所发生作用的社会成员(人/目标群体)两方面。从事的角度看,公共政策的直接客体是社会问题。公共政策的制定是围绕着公共问题、社会问题和政策问题展开的,只有先界定好社会问题和政策问题,才有可能制定良好的公共政策。从人的角度看,公共政策是通过调整和规范社会成员的行为来达成政策目标,目标群体构成了公共政策的间接客体。

一、公共政策的直接客体:社会问题

所谓问题,通常是指实际状态与期望状态之间的差距,以此类推,个体的期望与实际状态之间的差距即是私人问题。当许多人的期望与实际状态出现差距,超出私人界限,影响少数群体或特定群体时,问题就演变成为社会问题。当问题超出了当事人范围,影响波及整个社会,对整个社会的集体福利产生威胁时,问题就转换成为公共问题。而只有那些能够进入政府部门议事日程并加以处理的问题才是公共政策问题。因此,公共政策的制定是沿着"问题—社会问题—公共问题—公共政策问题"这条路线发展演变的。

这里需要注意的是,社会问题中的"社会"是一个广义概念,包含政治、经济、文化等各个领域。以此为基础,社会问题通常分为以下四类:一是政治问题,即政治领域中的公共政策问题,如服务型政府建设等;二是经济问题,即政治领域中的公共政策问题,如贸易政策调整等;三是文化问题,是指涉及文化领域的公共政策问题,如建设文化强国、树立文化自信等;四是狭义的社会问题,特指社会病态或失调现象,如人口老龄化问题等。

社会问题具有如下特征:

(1)社会问题具有客观性。社会问题是社会生活中确实存在的某种具体的客观事实。社会问题具有客观意义,这种客观事实必然有其外在的表现形式,即一种现象、一个事件、一种行为,而且是十分具体的,如低生育率问题以及失业问题。

(2)社会问题受到目标群体价值判断的影响。研究社会问题不仅要研究其产生的客观条件,还要研究身处其中的人们的价值判断。这些价值判断使这些人以不同的方式或不同的角度看待同一问题及其解决方法。社会问题之所以能够出现并得以持续存在,就是由于人们具有不同的价值选择和目标取向。

(3)社会问题是涉及大多数人的公共问题。如果一个问题只涉及少数人的利益,无法引起社会上大多数人的普遍重视,便无法构成社会问题。

(4)社会问题的形成具有一个发展的过程。社会问题往往不是突然产生的,而是一个不断累积的过程。它往往从小到大、从里及表、从一般到突出、从小范围到大范围,如我国的人口老龄化、生育率持续走低等问题。

(5)社会问题具有系统性。任何一个社会问题都不是孤立存在的,它往往是整个社会问题系统中的一个有机组成部分。一个小范围的社会问题往往是一个更大范围的社会问题的局部,且这个小范围的社会问题的内部还有可能包含几个更小范围的社会问题。

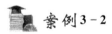
案例3-2

美国的枪支泛滥是社会问题吗?

长久以来,枪支泛滥及相关暴力犯罪一直是美国社会的痼疾。而枪支暴力愈演愈烈、社会治安不断恶化,又进一步引发普通民众的恐慌,让人们觉得只有"买枪防身"才能安全。这样的恶性循环,导致整个社会人人自危,而枪支也越来越多。

截至2017年底,美国拥有民用枪支约3.93亿支,位居世界首位,远超美国约3.3亿的人口数量。美国人口不足世界总人口的5%,而美国人却拥有世界约40%的枪支。2020年,受新冠疫情和族群分裂的影响,美国枪支销量创下新纪录,接近2300万支,较2019年猛增65%。2021年,全美因枪支暴力造成的非自杀性死亡人数已经超过1万人。

枪支暴力事件不断上演,要求解决枪支泛滥问题的呼声在美国一直也不曾停止。然而,这似乎是一个无解的问题。纵观美国枪支管制的历史,每当严重的枪击事件发生后,都会促使"控枪"的社会舆论高涨,推动枪支管制法律出台。然而,反对声浪应声而起,反对控枪的首要理由是这侵犯了美国宪法赋予公民的拥枪权利。除非修宪或者最高法院宣判持枪违宪才有可能带来改变。同时,美国两党之争造成的社会撕裂,也使得控枪只能是纸上谈兵。

真正的社会问题得不到解决,让美国人越来越倾向于用枪支来保护自己。大规模枪击事件将美国的"枪支文化"变为"杀人文化"。枪支暴力泛滥,和其他很多社会问题一样,是由美国社会的制度弊端造成的,而为此买单的却是越来越多死于枪下的无辜百姓。

二、公共政策的间接客体:目标群体

公共政策的目标群体指的是公共政策直接作用与影响的公众群体或那些受公共政策规范、管制、调节和制约的社会成员,即政策对象。例如,国家助学贷款政策的目标群体是普通高等学校全日制本专科生(含高职生)、第二学士学位学生和研究生。

目标群体是公共政策实施的重要环节,也是公共政策是否产生成效的重要决定变量,目标群体的特征在一定程度上决定了公共政策实施的成败。在公共政策的制定与执行中,政策对象的态度对于公共政策能否达到预期目标具有重要的影响,目标群体能够接受、理解和遵从公共政策是政策顺利执行的关键性因素之一。一般而言,目标群体对于公共政策的态度有两种形式:一种是倾向于接受政策;另一种是反对抵制政策。

目标群体认同或抗拒政策通常有以下几个方面的原因:

(1)政治社会化的影响。政治社会化是指个人获取政治定向以及行为模式的发展过程;一般指个人在政治体系中获得社会基本的价值观、基本的态度倾向的过程。个人只要生活在政治体系内,便是一个终身的过程。任何国家都会设法通过社区、学校、家庭、传媒等渠道促成人们的政治社会化。在一个政治社会化较为成功的国家,社会成员对公共政策的接受度和理解度往往较高。

(2)传统思想观念和行为习惯的制约。政策对象的思想文化观念往往会影响其对公共政策的接受度以及公共政策的执行力度。例如,我国一些地区"重男轻女""传宗接代""多子多福"的思想观念根深蒂固,长久以来的熏陶和历史的塑造在一定程度上固化了人们的行为模式,从而导致"独生子女"政策刚开始实施时,在一些地区遇到较大的阻力。

(3)对政策形式合理与实质合理的看法。根据社会心理学的公平过程理论,当人们确认程序的公正性之后,他们甚至能够接受这个程序带给自己的不利结果。因此,保障政策形式合理以及过程公平,有利于提高目标群体的政策认同。

(4)对成本收益的权衡。目标群体对某项政策的态度在一定程度上取决于其对利益得失的判断。如果他们认为接受此项政策比不接受此项政策所受的损失要大,就会采取抵制的态度;反之,如果他们认为接受此项政策的收益更大,则更有可能采取接受的态度。

(5)对大局或整体的考虑。政策对象既是经济人,也是社会人。他们不仅会从成本收益的角度考虑公共政策,还会从大局和整体上考虑。尤其是在我国这种奉行集体主义理念的国家,经过良好政治社会化的政策对象的大局意识可能更强。

(6)避免受到惩罚。公共政策具有一定的强制性,如果没有强制力作为依托,公共政策就难以贯彻执行。因此,公共政策的执行往往伴随着一定的惩罚措施,政策对象有时会因畏惧惩罚而接受政策。例如，违反计划生育政策可能会给政策对象带来经济损失，尤其是体制内的工作人员可能面临失去工作的风险，因此公职人员对计划生育政策的执行度更高。

(7) 环境条件的变化。政策对象对于公共政策的认同或是反对并不是一成不变的。随着时间的推移和客观条件的改变，人们的主观认知不断变化，一项最初不受欢迎的政策可能逐渐被人们理解并接受；一项最初深受拥护的政策也可能逐渐被人们抵制。

第三节　公共政策系统

政策系统是指政策制定过程中所包含的一整套相互联系的要素，包括公共机构、政治制度、政府官僚机构以及社会总体的法律和价值观等。政策系统是公共政策运行的平台，公共政策就是在各种密切相关的要素互动过程中发挥社会功能的。公共政策系统主要由五个子系统构成：政策信息子系统、政策咨询子系统、政策决策子系统、政策执行子系统和政策监控子系统。

一、政策信息子系统

信息是政策制定和执行的基础与依据。信息符号是政策内容传输的载体，是连接政策主体与政策客体、决策者与决策对象之间的桥梁。从某种意义上说，公共政策过程就是信息的获取、加工、传递、流动、转换与利用过程。正确的决策来源于正确的判断，而正确的判断则取决于高质量的信息。因此，信息子系统是公共政策系统中的一个基础子系统，也是公共政策系统的"神经"系统，其在公共政策活动中的主要作用有三个：一是信息收集，主要指收集信息并建立信息库；二是信息加工，关键在于"去粗取精，去伪存真"；三是信息传输，重点在于信息开发、渠道顺畅。信息子系统主要由掌握信息的专门人才组成，他们从事信息的收集、整理、存储和传递活动，为决策提供信息资料。

信息子系统存在的形式一般有集中收集、加工处理、储存传递的信息中心，以及与信息中心相联结的分布在各个职能部门管理层次以及相关单位的信息网点。

信息子系统的目标和任务是根据决策需要，对原始信息进行采集、储存和检查，对信息的传输加以计划，将原始信息数据转化为价值更高、更有效的信息，并将这些信息提供给决策子系统和其他子系统，以实现决策的科学化。

政策信息子系统在公共决策过程中具有重要的地位和作用，可为政策制定、执行、评估和监控提供及时、准确、有效的信息。

案例 3-3

构建"五基"协同体系，打好蓝天保卫战

2023 年 8 月 17 日，由生态环境部卫星环境应用中心主办的"五基"协同大气环境监测监管技术研讨会在内蒙古鄂托克旗召开。会上宣布成立"五基"协同创新联盟，"五基"体系集天基卫星、空基遥感、航空无人机、移动监测车和地面观测五种手段于一体，形成"天基卫星—空基遥感—低空无人机—走航巡护—定位观测"全覆盖技术链条，创新实现对重点区域、重点目标的高精度、短周期协同监测，可全方位、全天候守护自然边界。

自建设以来，"五基"协同监测体系基本摸清了棋盘井蒙西地区气态污染物和颗粒物的排放热点区域,同时开展了颗粒物高空垂直传输监测,为污染成因提供了强大的数据支撑。通过不断用好"五基"协同大气环境立体监测平台,"五基"协同监测体系持续推进监测能力现代化,深入打好污染防治攻坚战,打赢蓝天保卫战。

二、政策咨询子系统

政策咨询子系统又称参谋子系统或智囊子系统,主要由一些专家、学者和专业人士组成,运用他们的专业知识和才能对政策信息进行加工处理,制定各种供决策者选择的政策方案。

政策咨询子系统是现代化公共决策系统的一个重要组成部分。它参与公共决策活动,在其中发挥着参谋咨询的重要作用。充分发挥政策咨询子系统的作用,是保障公共决策科学化、民主化的重要条件。具体而言,政策咨询子系统在政策制定活动中的主要作用有五个:一是政策问题分析;二是政策未来预测;三是方案设计及论证;四是其他政策相关问题的咨询;五是参与政策评估并反馈信息。

三、政策决策子系统

政策决策子系统是公共政策系统的中枢系统,它由拥有决策权的组织机构或个人组成,这些机构或个人不仅是决策活动的组织者,更是政策的最终决定者。

权威性和主导性是决策子系统的两个基本特征。决策子系统在公共决策活动中享有最终决策权,因而具有权威性。决策子系统作为政策系统的中枢系统,在整个系统中处于核心地位,主导并参与公共决策活动的全过程,因而具有主导性。

决策子系统在公共政策系统中的功能和作用是:第一,提出有关的政策议题,即确认政策问题;第二,确定政策目标;第三,组织政策方案设计;第四,负责备选方案的选择和最终确定。

四、政策执行子系统

政策执行子系统是由政策执行组织及其人员,特别是政府行政机关和行政人员构成的。执行子系统是公共政策系统与环境直接作用的实践环节,也是将观念形态的政策内容转化为现实形态的政策效果、把法权的规定性转化为可供观察与比较的实际结果的系统。执行子系统在公共政策系统中的功能是:第一,对公共政策进行细化,为政策方案的顺利实施做好准备;第二,科学配置资源,保障政策方案的有效实施;第三,加强执行沟通;第四,总结执行情况,进行总结分析。

执行子系统具有现实性、综合性、具体性和灵活性的特点。其中,现实性是指执行子系统能够将政策方案转变为政策产出。综合性是指政策执行是一个复杂的活动过程,牵涉许多动态的因素,必须采取各种措施和行动以应对复杂多变的政策环境。具体性是指执行子系统必须将政策目标加以分解,使其具体化,从而把执行任务落实到具体的单位和个人。灵活性是指执行子系统所遇到的是复杂多变的实际情况,新问题、新矛盾随时会发生,因此,执行子系统必须具有灵活性。

五、政策监控子系统

政策监控子系统是整个政策系统的一个有机组成部分,它是体制内和体制外的有关部门、单位和个人所组成的一个子系统。监控子系统在政策系统中的地位较为特殊,相对独立于信息、咨询、决策、执行等子系统。它的作用贯穿于整个公共决策过程,尤其是政策执行的过程之中,目的是使政策方案得以顺利实施,避免政策执行异化,保持政策的权威性和严肃性,提高公共政策的科学化、民主化与法制化程度。

它的基本功能和作用是:第一,根据公共政策的目标,确立具体的监控标准或指标,并作为实施监控的依据;第二,对执行子系统的政策执行情况进行监控,包括执行子系统是否执行政策、执行情况如何,以便及时纠正执行偏差并惩罚执行不力;第三,反馈执行情况。

总而言之,从政策系统的构成来看,现代化、科学化的公共决策系统是由信息、咨询、决策、实施和监控等子系统所构成的大系统。政策过程及其各项功能活动是由这些子系统共同完成的,这些子系统各有分工、相互独立,又密切配合、协同一致,促使政策大系统的运行得以顺利展开。案例3-4展示了各系统在地震救援当中的具体表现和作用。

案例3-4

甘肃积石山地震救援

2023年12月18日23时59分,甘肃临夏州积石山县发生6.2级地震,震源深度10公里。截至12月20日,地震已致甘肃113人、青海22人遇难。

12月19日,在甘肃省临夏回族自治州积石山保安族东乡族撒拉族自治县大河家镇大河村,多方力量开展救援。

鉴于甘肃临夏州积石山县地震灾情严重,国务院抗震救灾指挥部、应急管理部将国家地震应急响应提升至二级,国家防灾减灾救灾委员会、应急管理部将国家救灾应急响应提升至三级。地震发生后,国家综合性消防救援队伍共出动1440名消防救援人员赶赴灾区救援。

国家卫生健康委紧急调派医疗应急工作负责同志和北京协和医院、四川大学华西医院重症、骨科、神经外科和普外科国家级专家赶赴甘肃灾区;组织四川、陕西和宁夏等邻近甘肃省的3支国家紧急医学救援队伍赶赴甘肃省、青海省支援。

中国气象局19日启动了地震灾害气象服务二级应急响应。天气预报显示,未来10天,积石山无降水过程。其中,12月19日,积石山震区及周边地区以晴为主,后半夜至凌晨的最低气温较低,在零下15℃到零下9℃之间,体感寒冷,着装指数为7级,适宜穿着冬大衣、羽绒服,戴手套等;紫外线为3到4级,强度强,建议采取有效的防护措施。

灾情发生后,甘肃省从兰州中央救灾物资库、省粮食和物资储备库、州级应急物资储备库及时调运第一批救灾物资运往灾区,保障群众基本生活。

第四节 公共政策环境

公共政策环境是指影响公共政策产生、存在和发展的一切外部因素的总和。这一概念包含了三层意思:第一,公共政策环境包含大量的庞大而复杂的系统,几乎涵盖了公共政策面临的一切外部条件,涉及从人到物、从自然到社会、从历史到文化等各个方面;第二,公共政策环境对于公共政策的制定及运行有十分重大的影响,决定着公共政策的必要性以及公共政策执行的效果;第三,公共政策环境与公共政策之间不断进行各种资源和信息的交流,构成了一个循环系统。

公共政策系统与政策环境处于一种相互关联、相互作用、相互依存的关系模式之中。就其关系而言,政策环境在一定程度上决定和制约着公共政策系统,对公共政策的制定、执行、监控等过程产生影响;公共政策系统也会反过来影响政策环境,具有一定的反作用。由此可以从两个角度来认识公共政策环境:一方面是将公共政策环境视为因变量,即公共政策系统会对政策环境产生作用;另一方面是将公共政策环境视为一个自变量,也就是说公共政策环境是公共政策赖以存在的前提和基础,政策环境制约着公共政策的发展水平。

一般而言,对公共政策系统产生影响的环境主要包括以下几种。

一、自然环境

自然环境是指一个国家所处的地理位置和自然状况,包括山川、土壤、河流等自然构成。自然环境是公共政策系统赖以存在的基石,它不仅为社会发展提供了各种可能性,同时也为政策的制定与执行提供了一些必要条件。

案例 3-5

以改善生态环境和扶贫为目标的易地扶贫搬迁政策

易地扶贫搬迁是行之有效的扶贫措施之一。1983 年,中国政府针对"三西"地区严重干旱缺水和当地群众生存困难的情况,探索实施"三西吊庄移民"扶贫,帮助当地群众摆脱贫困,取得了良好的经济、社会和生态效益,开启了搬迁扶贫的先河。之后,易地扶贫搬迁成为中国开发式扶贫的重要措施,受到重视并逐步推广。2001 年,我国在内蒙古、贵州、云南、宁夏 4 省(自治区)开展易地扶贫搬迁试点,随后又陆续扩大到全国 17 个省(自治区、直辖市)。国家发展改革委设立了中央预算内投资专项支持易地扶贫搬迁,形成了稳定的投入渠道,资金支持总量和户均补助标准逐步增加。多年实践证明,由于生产生活条件极其恶劣,就地扶贫措施成效不显著,易地扶贫搬迁成为"一方水土养不起一方人"地区摆脱贫困的最有效途径。在易地扶贫搬迁工程的示范带动下,陕西、重庆等省市结合当地实际,统筹各方资源,实施生态移民、避灾搬迁等搬迁工程。2001 年至 2015 年,全国累计安排易地扶贫搬迁中央补助投资 363 亿元,支持地方搬迁贫困群众 680 多万人。2016 年至 2018 年,全国约 869 万人的易地扶贫搬迁建设任务顺利完成。通过实施易地扶贫搬迁,迁出地生态环境逐步好转,生活在"一方水土养不起一方人"地区的贫困群众实现稳定脱贫,他们脸上洋溢的笑容展现出实实在在的幸福感和获得感。

二、经济环境

经济环境是影响公共政策的各种经济因素的总称。它是影响公共政策的最基本因素,主要有经济体制、经济实力、经济结构、经济利益等。历史唯物主义指出,经济基础决定上层建筑,同时上层建筑也会反过来对经济基础产生影响,因此经济环境对公共政策的制定具有决定性的影响。无论什么性质的国家和地区,其政府决策体制、目标、职能、行为都会受到经济环境的影响。一方面,经济环境是社会生活中最基础的环境,公共政策系统的存在必须依赖于经济环境所提供的条件;另一方面,公共政策系统也促进了生产力的发展进步与生产关系的健全完善。只有正确地认识经济环境,公共政策系统才能够正常运行并发挥作用。具体而言,经济环境对公共政策的影响主要体现在以下几个方面:

(1)经济环境是制定和实施公共政策的基本出发点。公共政策系统不可能脱离经济环境而存在,必须依赖经济环境所提供的物质基础。与此同时,经济水平的提高促进了公共政策主客体有效健康的政策参与,在一定程度上促进了公共政策质量的提高。

(2)经济环境、经济实力是公共政策制定和实施的基本物质条件。公共政策的制定、执行、监控等全过程均需要耗费大量的人力、物力和财力。在资源约束的情况下,公共政策的制定和实施总要受到经济能力的限制。

(3)经济环境会影响公共政策的目标和方向。公共政策主体不可能仅凭自己的主观意愿来制定和推行某项政策,必须将特定时期的经济状况、经济利益矛盾、经济资源分配等因素作为制定和实施经济政策的基本依据和主要内容。也因此,每项公共政策的经济目标取向并不相同。

案例3-6

惠企政策延续!1%失业保险费率延至2025年底

人力资源和社会保障部明确推出一揽子阶段性、组合式失业保险援企稳岗政策举措,将降低失业保险费率至1%的政策延续至2025年底,对不裁员少裁员的参保企业继续实施稳岗返还政策延续至2024年底。

人力资源和社会保障部失业保险司相关负责人表示,出台这些政策主要是为了充分发挥失业保险保生活、防失业、促就业的作用,支持企业稳定岗位,兜住、兜准、兜牢民生底线。

实施稳岗返还政策方面,中小微企业按不超过企业及其职工上年度实际缴纳失业保险费的60%返还,大型企业返还比例不超过30%;资金用途由现行四项稳定就业岗位支出扩大至降低生产经营成本支出;社会团体、基金会、社会服务机构、律师事务所、会计师事务所、以单位形式参保的个体工商户参照实施。

此外,人力资源和社会保障部将延续实施技能提升补贴政策至2024年底。参加失业保险1年以上的企业在职职工或领取失业保险金人员取得技能人员职业资格证书或职业技能等级证书的,可按照初级(五级)不超过1000元、中级(四级)不超过1500元、高级(三级)不超过2000元的标准申请技能提升补贴。

三、政治环境

政治环境是指对公共政策有重要影响的各种政治要素的总和,主要包括政治制度、政治体制、政治关系、政治文化等。政治环境是公共政策最直接的影响因素,从某种程度上讲,公共政策过程实际上是一个政治过程。政治环境对公共政策系统的影响表现为以下几个方面:

(1)政治制度和政治体制影响政策系统的性质。政治制度和政治体制决定了立法机关、行政机关、司法机关、政党、利益团体、公民等公共政策主体的权力地位以及相互关系,而公共权力在各政策主体之间的分配方式和运行机制又决定了公共政策系统的性质。例如,西方发达国家的"三权分立"原则决定了立法、行政和司法机关在公共政策系统中扮演同等重要的角色,而在我国则是执政党在政策系统中发挥核心作用。

(2)政治环境影响政策的民主化和合法化程度。就民主化而言,政治环境在一定程度上决定了非官方决策者是否有合法途径参与公共政策过程。如果没有这些体制外的政策主体参与,公共政策过程就会成为一个封闭的、带有专制色彩的系统。就合法化而言,只有在一个法律制度健全、司法独立的社会环境中,公共政策的制定和执行才能实现合法化。

(3)政治体制和制度影响公共政策的实施。正如前文所言,政治体制和政治制度在一定程度上决定了各政策主体之间的权力关系,而各政策主体之间的权力关系又影响着公共政策的实施情况。中国共产党领导的特色社会主义制度有利于集中力量办大事,只要执政党认可并下定决心推行的政策,必将被快速有效地实施。

林改政策

2000年12月,国家林业局林业主管部门选择福建以省级名义进行林改试点。福建省谨慎地选择了以武平县作为实施"集体林地林木产权改革"的试点县,再实行各县(市)跟进参与。此次改革以"林业三定"时农户承包经营的山林为基础,确权颁证,并发证到户。这一阶段的林改政策既没有中央文件,也没有中央领导的批示,只得到了国家林业局的授权操作,所以福建省内的市、县地方政府并未予以高度重视和配合,使得此时林改政策的执行力度不够,执行效果不佳。由于省林业厅相对而言是一个弱势部门,而林改却承载经济、社会、生态等多项任务,涉及不同利益主体,需要多个部门配合。试点县武平的林改执行也只有在该县万安镇捷文村才比较成功,其余各乡镇的政策执行普遍存在走过场的问题。

2003年后,党中央明确了科学发展观指导下的重要目标之一是建立资源可持续和环境友好型国家。在这一背景下,同年,中共中央、国务院发布了《关于加快林业发展的决定》。根据这个决定,确定福建、江西两省作为林改主要试点省份,并分别于2003年、2004年实施农村集体林改。该决定从宏观角度对两省实行林改的基本格调和路径进行了清晰的说明。两省的省委都分别成立"林改工作领导小组",以协调一定的财政资源、人力资源和行政权力来推动地方政府执行政策。在激励机制层面的经费保障部分,此次林改国家的配套经费并不够,而是采取两省自筹、国家补充的措施。由于林改是要将"集体山林"分出去,这会影响到村集体财产收入。为补偿这部分损失,国家理应下拨相应的补偿经费,但实际执行过程中,中央财政只安排了林改的工作经费,这些补偿经费并没有落实到位。地方政府选择性地执行,加上只在两省试点,因而政策变现在一定程度上打了折扣。

2008年,在两省林改试点的基础上,党中央决定将改革政策在全国范围内全面推广实施,主要是围绕"明晰产权,确权发证"来实施和落地。经过4年时间的主体改革,到2012年底基本确立了农村集体林业产权制度,这一改革为盘活原有的"僵化型"农村集体林业资源,并为构建健康有序的林业发展环境提供了先决条件。党的十八大后,各项公共政策普遍都附有各种资金保障。在党的十八大提出"生态文明建设""美丽中国""绿水青山就是金山银山"和"绿色发展理念"的背景下,各省党委都先后召开省委常委会比照研究落实;林改政策虽然仍在政府的条块结构中运行,但已经高度嵌入到执政党政治体系内。党的二十大报告继续指出"推动绿色发展,促进人与自然和谐共生"和"坚持绿水青山就是金山银山的理念,坚持山水林田湖草沙一体化保护和系统治理,全方位、全地域、全过程加强生态环境保护"。

截至目前,林改政策已经取得了很好的绩效,基本实现了"林农增收、资源增长、生态良好及林区和谐"的目标。

四、社会文化环境

公共政策的文化环境是指制定与实施具体政策时面临的总的文化状况。它是一国或一个地区教育、科技、道德的总和,主要包括人口素质与人力资源状况、科技普及程度、人口规模及分布、社会道德风尚等。社会文化环境对公共政策系统的影响主要有以下两方面:

(1)文化环境决定公共政策运行的智力支持和智力条件。一个科技、教育、文化比较发达的社会能够为公共政策系统提供高素质、专业化的科技人才和现代化的科技手段,从而保障了公共系统的高效运行。

(2)社会文化环境影响公共政策系统运行的伦理和心理素质。在一个伦理规范和道德良好的社会,公共政策主体具有责任感和正义感,政策客体(目标群体)具有良好的心理素质,这会使得公共政策系统运行顺畅、阻力较少。

案例3-8

"限塑令"

《国务院办公厅关于限制生产销售使用塑料购物袋的通知》发布于2007年12月31日,该通知的目的是为了限制和减少塑料袋的使用,遏制"白色污染"。该通知明确规定:"从2008年6月1日起,在全国范围内禁止生产、销售、使用厚度小于0.025毫米的塑料购物袋。""自2008年6月1日起,在所有超市、商场、集贸市场等商品零售场所实行塑料购物袋有偿使用制度,一律不得免费提供塑料购物袋。"

"限塑令"政策的执行时间日久,不少地区出现了反弹现象。作为"限塑令"这一公共政策的主要决策客体,消费者的环境意识很大程度上影响了其实施效果。环境意识与经济发展水平直接相关,在经济较发达地区,"限塑令"的接受程度较高,但是由于环保布袋携带不便,且无法满足部分商品(主要是不干燥商品)的需要,在人们已经习惯了塑料袋的便利的情况下,放弃塑料袋、选用环保袋实施环境行为的可能性也较低。在偏远地区,人们环境意识普遍不高的前提下,"限塑令"在塑料袋流通的各个环节的影响甚微。

五、国际环境

国际环境既包括全球范围内的政治、经济、文化演变发展的一般趋势、规则和秩序等,还包括了由国家间、国际组织间的竞争、合作与冲突而形成的一种稳定的政治、经济、文化关系,这种关系通常对于一个国家或地区的生存与发展产生重大影响,具体表现在以下方面:

(1)国际环境影响公共政策系统的价值选择。在当前的世界体系中,经济发展水平在一定程度上决定了一个国家的外交地位,也决定其在世界体系中的话语权及获益。这样的国际环境要求公共政策系统将重点放在经济建设上,尤其对于发展中国家而言,推动经济发展与现代化进程是当前的重中之重。

(2)国际环境影响公共政策系统的参照系选择。经济全球化使得每个国家都置身于国际大背景中,把公共政策置于国际背景中,不仅可以比较公共政策的优劣和效能高低,同时也是每个国家制定和实施公共政策,尤其是外交政策的基本需要。

(3)国际环境影响公共政策系统的性质。在经济全球化的背景下,一个国家的公共政策越来越受到国际组织、跨国公司的制约,有些国家甚至在某些政策领域丧失了部分决策权。同时,跨国公司对一个国家或地区的政策,特别是经济政策具有一定的影响力。

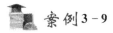

案例 3-9

"一带一路"倡议

"一带一路"是指丝绸之路经济带和21世纪海上丝绸之路。"一带一路"倡议不是一个新的机制,而是合作发展的理念,依靠中国与有关国家既有的双多边机制,陆续推出基建、交通的互联互通及贸易投资的便利化等措施;依赖"丝绸之路"经济、人文、商贸的千年传承,并赋予其新的合作意义。

2100多年前,张骞两次出使西域,开辟了一条横贯东西、连接欧亚的陆上"丝绸之路"。同样,从2000多年前的秦汉时期起,连接我国与欧亚国家的海上丝绸之路也逐步兴起。陆上和海上丝绸之路共同构成了我国古代与欧亚国家交通、贸易和文化交往的大通道,促进了东西方文明交流和人民友好交往。在新的历史时期,沿着陆上和海上"古丝绸之路"构建经济大走廊,将给中国以及沿线国家和地区带来共同的发展机会,拓展更加广阔的发展空间。

在当前全球经济缓慢复苏的大背景下,加强区域合作是推动世界经济发展的重要动力,并且已经成为一种趋势。2013年9月和10月,国家主席习近平在出访中亚和东南亚国家期间,先后提出共建"丝绸之路经济带"和"21世纪海上丝绸之路"的战略构想,得到国际社会的高度关注和有关国家的积极响应。共建"一带一路",是中国政府根据国际和地区形势深刻变化,以及中国发展面临的新形势、新任务,致力于维护全球自由贸易体系和开放型经济体系,促进沿线各国加强合作、共克时艰、共谋发展提出的战略构想,具有深刻的时代背景。

第五节 公共政策工具

自20世纪80年代以来,政策工具研究逐渐引起西方政策科学的重视。政策工具研究在政策科学中兴起的原因是多方面的:一是政策执行的复杂性以及政策的失败引发人们对政策执行工具或手段的反思,实际的政策执行对工具方面知识需求的增长;二是福利国家的失败以及政府工作的低效率,导致人们对工具途径的政治及意识形态上的支持;三是当代社会科学实践性的增强,特别是应用性社会科学领域日益介入政府的政策和管理实践,导致这些学科的学者对包括工具性知识的更多的追求;四是政策科学的研究领域扩展导致了政策工具被纳入学科的视野之中。

关于政策工具的含义大致存在三种观点:①因果论。这种观点认为政策工具是寻找问题与解决方案之间因果关系的过程。然而,公共政策本身就是一个探讨问题症结、寻找解决方案的过程,因此因果论对于政策工具的定义过于宽泛。②目的论。这种观点将政策工具理解为实现政策目标的活动,认为政策工具是目的导向的。这种观点虽然表明了政策工具的作用,但在一定程度上将政策工具等同于政策方案,没有突出政策工具的特色。③机制论。这种观点认为政策工具是实现政府行为的机制,认为政策工具是将政策目标转换为具体的政策行动机制。政府在不同的情境下使用不同政策工具组合来实现政策目标。

本书认为,政策工具是实现公共政策目标的手段和机制。政策工具是连接政策目标和结果之间的桥梁,只有通过合适的政策工具才能保障公共政策的有效执行。

关于政策工具的分类问题,目前学界并未有统一结论。最早试图对政策工具加以分类的学者是荷兰经济学家科臣。他整理出了64种一般化的工具,但并未进行系统化的分类,也没有对这些工具的起源、影响以及作用等进行深入探讨。美国政治学家罗伯特·罗威、罗伯特·达尔和查尔斯·林德布洛姆等人也做过类似的研究,但他们倾向于将这些工具归入一个宽泛的分类框架中,如将工具分为规制性工具和非规制性工具两类。莱斯特·M.萨拉蒙推进了他们的讨论,增加了开支性工具和非开支性工具两种类型。

克里斯托弗·胡德提出了一种更为系统化的分类框架。他认为,政策工具是指利用政府所拥有的信息、权威、财力和可利用的正式组织来处理公共问题。洛伦·麦克唐纳和理查德·艾莫尔则根据政策工具目标将政策工具分为四类,即命令型工具、激励型工具、能力建设型工具和系统变迁型工具。安·施耐德和海伦·英格拉姆等人做了类似的分类,将政策工具分为激励型工具、能力建设型工具、符号与规劝型工具、学习型工具四类。

加拿大公共政策学者迈克尔·霍莱特和拉梅什的分类最具有代表性,其主要根据政策工具的强制性程度来分类,将政策工具分为自愿性工具(非强制性工具)、强制性工具和混合性工具三类。与其他分类方法相比,他们的分类框架更具解释力、更合理。本书将根据这一分类标准对不同类型的公共政策工具进行介绍。

一、自愿性政策工具

自愿性政策工具又称为非强制性政策工具。其核心特征是较少甚至没有政府的干预,在自愿的基础上完成任务。自愿性政策工具主要有家庭和社区、自愿性组织以及市场。在西方,随着私有化的不断扩展以及主张自由主义的社会氛围,加之自愿性工具在成本效益以及维系家庭社区关系上的优势,自愿性政策工具在许多西方国家被广泛使用。在我国,随着市场经济以及民主政治的发展,自愿性工具在政策执行过程中的作用也逐渐凸显。

(一)家庭和社区

家庭和社区是最常见的自愿性工具。政府可以通过职能转移直接或间接地将本属于政府的服务职能转交给家庭和社区,从而有效发挥其在实现政策目标上的作用。近些年来,我国在政府职能转变时期重点关注社区治理,说明社区这一自愿性政策工具将在我国的政策过程中发挥重要作用。

将家庭和社区作为一种政策工具的最大好处是,除了政府对家庭和社区的一些行动进行授权和补贴外,一般不需要太多的政府财政支出。与此同时,在一些服务领域,如照顾残疾人、老年群体,家庭和社区比其他工具更合适。

不过,家庭和社区作为一种政策工具也有很多缺点。例如,在解决公共问题时可能导致不公平;在解决比较复杂的经济问题时会显得比较乏力,它们所提供的服务缺乏规模效应,因此往往被作为一种辅助工具。

(二)自愿性组织

自愿性组织又称志愿者组织,是指不在政府的强迫下成立,也不以营利为目的的社会组织形式。它既可以免受国家的强制力,又能排除经济利益分配的干扰。

自愿性组织作为政策工具的优点有:一是可以节约公共服务成本;二是具有较高的灵活性和回应性,它的服务对象通常是特定的目标群体,在救济行动中往往比政府更快捷、更有针对性;三是具有较高的公平性,它们通常将需要帮助的弱势群体当作政策对象,起到扶危救难的作用;四是它能够推动社会团结,平等有序地扩大政治参与。

然而,自愿性组织同家庭和社区一样,不适用于解决较为复杂的社会经济问题,应用范围有限。同时在实践中,自愿性组织比较容易蜕变成准官僚组织,致使其效用大打折扣,丧失优势。

(三)市场

市场是最重要也是最富有争议的自愿性工具。从优势上来看,市场可以通过公开、公平、自由竞争的方式让公共服务管理达成最大效益。作为一种应用广泛的工具,市场在提供私人物品上最有效益和效率,是资源配置的有效工具。

然而,市场不是万能的。首先,市场不能提供足够的公共物品,不能提供类似于国防、警察之类的公共物品与服务;其次,市场会造成不公平,拉大贫富差距;最后,市场不能解决外部性的问题,因此往往需要其他政策工具(如管制)来配合。

二、强制性政策工具

强制性工具也称为指导性工具,主要借助政府的权威及强制力对目标群体的活动进行规范、控制和指导。政府可以采取管制、公共事业以及直接提供等手段来实现公共政策目标。这些手段是政府权威以及强制力的高度体现,给目标群体留下的自由裁量权较小。

(一)管制

管制是政府利用公共权威和权力对个人或组织的行为进行规范的活动。它以国家权力作为基础,通常由特定的管制机构对个人和组织的行为做出要求和规定。对于这些规定,个人和组织必须遵守,否则将会受到惩罚。

从性质来看,政府的管制可以分为经济管制和社会管制两种基本类型。经济管制的目的是减轻由市场运行所带来的不平衡问题,主要控制产品的价格和数量、某一行业中公司的进入和退出等事项;社会管制主要针对诸如健康、安全、职业歧视、环境污染等社会事项,是一种新型的政府管制类型。

管制作为一种政策工具主要的优点有:第一,建立管制所需要的信息较少;第二,相较于补贴和税收这类的政策工具,管制的成本更低;第三,由于政府权威以及强制力的存在,管制实施起来较为容易,在运行过程中的不确定性较低;第四,由于政府的管制更具有规模效应,可以处理更为复杂的经济社会问题,因此它更适用于危机管理。

管制也有缺点:第一,管制较为刻板,缺乏灵活性,可能会抑制科技创新和技术进步;第二,管制所引起的社会服从成本可能较高;第三,管制会扭曲私人活动,从而导致经济上的无效率。

(二)公共事业

公共事业是指负责维持公共基础设施服务的体系或机构,包括电力、供水、废物处理、污水处理、燃气供应、交通、通信等。一般情形下,公用事业是由政府机关、国有企业或政府特许的公司机构来经营的,但也会视情形开放民营企业自由经营。公用事业的强制性比管制更强,被看作是管制的一种极端形式。一般认为公共事业具有三个特征:第一,具有一定程度的公共所有权;第二,受到政府不同程度的控制和管理;第三,所生产的产品是用来销售的公共物品。

公共事业具有的优点有:第一,在某些社会需要但私人企业无法或不愿提供的领域,公共事业是一种有效的工具;第二,公共事业所需的信息成本比使用自愿性工具和管制低得多;第三,公共事业所创造的公共资金可以充实公共基金,用来支付公共支出。

公共事业也有缺点:第一,政府难以有效控制公共企业;第二,公共企业面临的是"软预算约束",即使经营不善,也不会破产;第三,公共企业的运作效率较低。

(三)直接提供

直接提供是指政府为了解决公共问题、满足社会需要,直接运用公共权力,为社会提供公共物品和服务。大部分政府职能通过直接提供来完成,如国防、外交以及社会保障等。

作为一个政策工具,直接提供具有以下优点:第一,直接提供所需要的信息较少,因而容易确立;第二,能够避免间接提供所带来的问题,如谈判、讨论等;第三,由于其对大规模机构的要求,直接提供更易得到相关的资源和信息。

直接提供的缺点是:第一,政府的直接提供相对更加僵硬刻板,反应迟缓,效率低下;第二,由于缺乏竞争机制以及相应的监管措施,相关机构的成本意识较差,可能会造成资源闲置和浪费。

三、混合性政策工具

混合性政策工具结合了自愿性工具和强制性工具的特征,允许政府在一定程度上介入非政府行动者的活动,但最终的决策权属于私人部门。这类政策工具主要包括信息和规劝、补贴、产权拍卖以及税收和使用者付费。

(一)信息和规劝

信息传播是指政府向个人和公司提供信息并期待他们的行为发生预期的变化。这类政策工具假设人们一旦获得相关问题的知识或信息,就会做出明智的选择。例如,政府要求烟草公司在烟盒上印上"吸烟有害健康"的标识,以引导公民不吸烟或少吸烟。然而,信息传播并不具有强制性,公众并没有做出回应的义务。

规劝是政府试图说服人们去做或不做某事,力求改变他们的偏好和行动。其主要方式是通过发布信息来改变被说服者的行为,但没有强制性的奖惩。例如,政府规劝人们爱护环境、勤俭节约、不浪费粮食等。政府官员与企业界和劳工代表的协商也被当作一种规劝的形式。

信息和规劝的优点是:第一,信息和规劝容易实施,成本较低。第二,对于那些尚没有明确解决方案的问题,信息和规劝是一个比较好的方案。如果单靠信息和规劝就能解决问题,就不必采用其他的政策工具。第三,如果找到了更好的政策工具,改变或放弃信息和规劝相对容易。第四,信息和规劝是一种民主的手段,与重视个人价值的民主规范一致。

然而,信息和规劝的效用相对较弱,如果没有其他政策工具的配合,这类工具的政策效果往往非常有限。

(二)补贴

补贴是指政府给个人和组织的各种形式的财政转移,目的在于通过影响和改变受资助者的成本与收益判断,促使其采取政府所期望的行为。尽管最后的选择权留给受资助者自己,但其做出政府所期望的行为的可能性因补贴而增加。

补贴主要有赠款、税收激励以及票证(消费券或代购券)三种形式。其中,赠款主要是对政府所鼓励的行为给予奖励。通常提供给生产者,目的是使生产者提供更多的产品和服务。税收激励是一种相对较为隐性的政策工具,并不涉及直接的支出,而是对生产经营活动中的某些特殊情况给予减轻或免除税收负担。票证又称消费券或代购券,是政府给予某一特定物品或服务的消费者的具有一定面值的证明。消费者在购买物品或服务时将凭单交给自己选择的供给商,后者则将收到的凭单交给政府来获得相应的补偿。另外,低于市场利息的贷款也是补贴的一种形式。

补贴的优点是:第一,当政府愿望与民众一致时,易于实施;第二,对管理者而言,补贴具有灵活性,能够引导人们做出决定;第三,有助于鼓励创新;第四,易于被社会接受。

补贴的缺点包括:第一,补贴需要资金支持,但增加开支往往比较困难;第二,确定适当的补贴标准难度大,所需信息多,成本较高;第三,补贴一旦实施便难以撤销;第四,补贴作用的发挥往往需要一定的时间,因此不适用于解决危机问题。

(三)产权拍卖

产权拍卖是产权拥有者通过拍卖形式,使产权由拥有者向需要者转移的一种产权交易形式。产权拍卖假定市场是最有效率的资源配置工具。政府通过产权拍卖,在没有市场的公共物品和服务领域建立起市场,通过创造人为的稀缺,让价格机制起作用。这种政策工具在污染防治领域经常被使用。

产权拍卖的最大优点是:第一,将竞争机制引入公共物品的提供,提高了资源配置效率;第二,它容易操作,是一种灵活性较强的工具。

产权拍卖的缺点是:第一,可能助长投机行为和心理;第二,产权拍卖是一种不公平的政策工具,其依据支付能力来配置资源,因而容易遭到一部分民众抵制。

(四)税收和使用者付费

税收是指国家为了向社会提供公共产品、满足社会共同需要,按照法律所规定的标准和程序,参与国民收入分配,强制地、无偿地取得财政收入的一种方式。税收是一种非常重要的政策工具,可以用来引发政策所期望的行为或者限制不希望的行为。例如,政府可以通过对某些物品(如烟酒)、服务或活动征税,间接地限制其消费规模。

使用者付费可以看作是税收这一政策工具的创新性应用形式,是管制和市场两种政策工具的结合体。其主要方式是由政府对某种物品或服务确定"价格",由使用者支付这种费用。使用者付费通常被用来控制负外部性,比如环境污染和城市交通控制。

税收和使用者付费具有以下优点:第一,比较容易建立;第二,可以积累财政资金,具有一定的灵活性;第三,可以提供持久的财政激励,有助于企业创新;第四,将调整行为的责任留给个人和企业,避免官僚机构执行任务,提高效率。

税收和使用者付费的缺点有:第一,制定正确的税率和征税水平需要大量的信息;第二,此类政策工具发挥效用需要一定的时间,在快速处理危机方面效果不好;第三,执行起来不方便,会导致成本过高。

核心概念

公共政策主体(public policy actors)　　公共政策客体(public policy targets)

公共政策系统(public policy system)　　公共政策环境(public policy environment)

公共政策工具(public policy tools)　　立法机构(legislative institutions)
行政机构(administrative machinery)　　大众传播媒介(mass media)
智库(think tank)　　自愿性政策工具(voluntary policy instruments)
强制性政策工具(mandatory policy instruments)
混合型政策工具(hybrid policy instruments)

思考题

1. 公共政策系统的构成要素有哪些？
2. 在我国，公共政策过程中存在哪些官方决策者？
3. 大众传媒在公共政策过程中发挥着什么作用？
4. 思想库有哪些类型？它们各自具有什么特点？
5. 公共政策的直接客体与间接客体分别是什么？
6. 试分析公共政策环境的构成。
7. 试对自愿性工具、混合性工具和强制性工具三类公共政策工具进行比较。
8. 现代公共政策系统由哪些子系统构成？它们的关系如何？

案例分析与思考

案例 1　　江西抚州强化"三个聚焦"引进人才助力乡村振兴

江西省抚州市认真落实党中央、国务院决策部署，充分发挥人才在乡村振兴中的支撑作用，以引导在外人才返乡为突破口，强化"三个聚焦"，积极探索乡村人才振兴、助力乡村全面振兴的有效路径。

一、做精规划统筹，聚焦"人才哪里来"，强化人才引进新机制

将乡村人才振兴纳入党委人才工作总体部署，注重人才引进工作顶层设计，持续强化引进在外人才，不断加强政策供给，健全完善在外人才常态化联络对接和引领服务制度机制。一是畅通联络"引才"。2021年以来，通过开展集中座谈、召开人才组织生活会、征集一批发展良策、收集一批招引信息、开展对接咨询、解决一批实际问题等活动，先后联系在外人才8.6万人次，吸引超8000人返乡投身乡村振兴。二是拿出诚意"请才"。出台3大类9个层次85条优惠清单的人才政策待遇包，诚邀在外人才回乡看发展、提建议、谈感想，强化子女入学、就业等事项的政策保障。三是拓宽渠道"育才"。常态化开展"才子归巢"抚籍学子返乡实践活动，将招引触角前移至在外读书的大学生，吸引300多所国内外高校2000多名学子返乡实习，其中500多人被安排到乡村基层岗位。

二、做实政策保障，聚焦"回来做什么"，搭建干事创业新舞台

指导各地结合实际创新探索做好人才返乡"后半篇文章"，搭建各具特色的人才返乡干事创业舞台。一是推陈出新"破难题"。南丰县按照不占村"两委"班子职数、不参与日常事务管理、不领取待遇报酬"三不"原则，聘请120位返乡人才为"特聘村主任"，带动引进项目30个、投资 2.1 亿元,帮助村集体增收 383 万元。南城县选聘 144 名返乡人才任"名誉村主任",在宣传推介家乡、提供智力支持、参与村民理事会、支持公益事业、搭建致富平台、培育乡村人才等方面发挥作用,协助化解矛盾纠纷 213 起,促成村企联建项目 57 个,推广农村实用生产技术 18 项,辐射带动 2000 余名农户增收致富。二是文化传承"换新颜"。金溪县全力打造特色文化品牌,吸引 230 多名返乡人才担任"乡村规划师",协助编制 42 个中国传统村落、21 个省级传统村落保护发展规划和 150 个产业发展规划,累计修缮古建筑 2000 多栋。三是壮大集体"纳贤达"。广昌县选聘 47 名返乡人才担任村级集体经济组织"名誉董事长",分别对接 1 家镇办公司和 47 家村办企业,累计投资项目 40 余个,拉动上游产业链投资 2000 余万元,扩大水果玉米、水稻制种等特色种养殖面积 200 余公顷,帮助销售"水果莲"、蜜橘等农产品 50 余万公斤。

三、做深治理融合,聚焦"发展有实效",彰显乡村振兴新担当

坚持党建引领乡村治理,推动实施乡村振兴人才支持计划,促进"党建＋人才、产业、农村"现代化融合发展,有效助力农业强起来、农村靓起来、农民富起来。一是人才强基凸显"火车头"效应。夯实基层党建基础,回引在外人才,下派干部人才,吸收技术人才,充实乡村治理人才短板,使乡村治理力量"统起来"。2021 年以来,全市返乡人才帮助企业、种植大户等解决技术难题 140 多个,培养农村实用技术人才 2000 余名,牵线搭桥签约项目 21 个、总金额 3.7 亿元。二是产业振兴激活"造血器"功能。发挥返乡人才熟悉乡情、商情优势,提高项目本土适应性,有效弥补当地村民在适应市场和资金资源上的短板不足。资溪县返乡人才投资 1000 万元建设设施笋竹两用林 336 公顷,带动 12 个乡镇(场)500 户群众参与。三是农村发展催生"向心力"凝聚。强化治理措施,凝聚发展合力,鼓励返乡人才创新创业、参与治理、引领乡风。2022 年,抚州市各地延揽在外人才回归创办各类企业 17 家,建立 14 个产业合作社以及 7 个乡村人才促进会,带动一批乡村驶上发展"快车道";村集体经济总量突破 4 亿元,同比增长 29.4%;农村信访量较 2021 年同比下降近六成。

思考并讨论:

(1)从公共政策系统的观点看,哪些因素会导致政策成功?哪些会导致政策失败?

(2)假如你被派遣到某县担任副县长,你将如何综合运用公共政策工具帮助该县年轻人回乡创业、振兴农村?

案例 2　　　　　　**观看下面两个视频**

(1)了解中国的崛起

(2)两种制度的元叙事

思考并讨论：

用公共政策系统的概念去理解中国和中国的崛起。

小组讨论

2021年5月31日，为进一步优化生育政策，我国实施了一对夫妻可以生育三个子女政策及配套支持措施。利用公共政策系统知识，请分组讨论：我国生育政策的变迁过程。

第四章 公共政策问题的建构分析

公共政策问题的构建是政策分析人员在不同的利益相关者持有的、相互分歧的意见中连续地、反复地探究问题的阶段,是最重要的政策分析活动,决定了整个政策过程。正确地构建公共政策问题直接影响到后续的政策分析过程能否顺利进行。公共政策问题具有主观性、人为性、动态性与系统性等特征,在一定程度上可被看作是一种主观的认定。

本章从公共政策问题的本质出发,剖析政策分析中问题构建的过程,明确社会问题通过进入议程最终转化为政策问题的多种途径以及影响这个过程的诸多因素,把握政策问题分析的基本方法。

第一节 公共政策问题回顾

任何公共政策的制定都是为了解决特定的问题,因此政策制定者首先要明确问题是什么。社会发展过程中面临着各种各样的问题,究竟哪种问题才能成为公共政策问题?怎样对公共政策问题进行界定?它具备哪些特性?这些是本节所要讨论的内容。

一、公共政策分析中的"问题"

所谓问题,一般泛指实际状态与社会期望之间的差距。正因为这种差距,才导致很多紧张状态。问题可分为个人问题、团体问题和社会问题。三类问题间有着明显差别,如表4-1所示。一般说来,仅仅涉及某个人的期望与实际状态之间差距的问题被称作个人问题,这类问题仅仅涉及具有个人独享性的私人利益,往往通过市场交换机制或个人自治机制来解决。而当两个以上或很多人的期望与实际状态出现差距时,问题就超出了个人的界限,呈现出团体性或社会性,这就涉及具有组织共享性的团体利益和具有社会分享性的社会利益,就需要通过团体协商、公共选择等机制加以解决。相比之下,虽然都涉及多人的利益,但社会问题的涵盖范围更加广泛。《社会学百科辞典》中将社会问题界定为"社会中的一种综合现象,即社会环境失调、影响社会全体成员或部分成员的共同生活,破坏社会正常运行,妨碍社会协调发展的社会现象"。《美国社会问题》一书中把社会问题定义为"一个社会的大部分成员和这一社会一部分有影响的人物认为不理想、不可取,因而需要社会给予关注并设法加以改变的那些社会情况"。

表4-1 个人问题、团体问题与社会问题

问题类型	利益关系	利益载体	典型特征	实现方式
个人问题	私人利益	个人	个人独享性	市场交换机制、个人自治机制
团体问题	团体利益	组织	组织共享性	团体协商、交易、博弈、强制
社会问题	社会利益	政府	社会分享性	公共选择、公共政策

社会问题产生的原因多种多样。客观上,就公共问题的内在引发机制而言,包括以下几

类：一是各种自然灾害；二是意外的人为事件；三是科技发展；四是资源分配不平衡；五是生态变迁。公共问题外在的引发机制包括战争、国际冲突、国际关系格局变化、全球性经济危机等。主观上，社会病态、社会解组、价值冲突、偏差行为、主观认定以及社会基本矛盾运动都可能引发社会问题。其中，社会基本矛盾运动是公共问题产生的最终原因。

由此可见，社会问题的存在是任何社会中的一种普遍现象。社会问题可从四个方面去界定：①是否妨碍社会的正常运行；②是否破坏多数人的利益；③是否符合社会的主导价值标准和行为规范；④是否要依靠社会力量才能解决。

综上所述，所谓社会问题是指由于社会内部矛盾所导致的妨碍社会全体或部分成员的正常生活、影响社会的全面进步、为社会上许多的人所共识并需依靠社会力量来加以解决的社会现象。在一般情况下，只有社会问题才会被纳入公共政策研究的范围。然而，不是所有的社会问题都会进入政策制定者的考虑范围之内，更不是政策制定者意识到这些公共问题就立即去制定相应的公共政策予以解决。有些问题通过私人自治或民间组织就能够进行处理；有些问题已经成为历史，再无解决的必要；有些问题可能过于复杂，政府无力加以解决。另外，也不能排除政府出于各种利益的考虑，对某些属于自己职能范围内的社会问题采取漠视的消极态度。所以，只有一部分社会问题能够得到政府的真正重视，进入政府的政策议程，由此转化为公共政策问题，才有得到解决的可能性。那什么是公共政策问题呢？

对于政策问题的含义，学术界并没有统一的看法。美国学者安德森认为，从政策意图的角度来看，政策问题可以被定义为引起社会上某一部分人的需要或不满足的某种条件或环境，并为此寻求援助和补偿的活动。寻求援助和补偿的活动可以由那些受环境影响的人直接从事，也可以由别人以他们的名义进行。而邓恩认为政策问题是指："有待实现的需要、价值或机会，不论其是怎样确定的，都可以通过公共行为实现。"我们认为，公共政策问题本质上是一种特殊的社会问题，是指基于特定的社会问题，由政府列入政策议程并采取行动，通过公共行为希望实现或解决的问题，简单来说就是公共政策制定、执行所要解决的问题。

公共政策问题的概念可以从以下几个方面进行理解。

(1) 公共政策问题是一种社会客观现象或问题。公共政策问题在性质上是客观存在的，是已经发生或已经存在的问题。公共政策问题所表达的是社会期望与社会实际情况间的差距。尽管社会期望是一种强烈的主观意愿，但社会实际情况是可以被观察和表述的客观现象和问题情境。它们在社会中客观存在，不会以任何人的意志为转移。

(2) 对公共政策问题的察觉与认同。尽管公共政策问题客观存在，但是如果人们不能或没有认定，则这些问题只是潜在的社会问题，不属于公共政策问题的范畴。只有当现象或问题已被大多数公众察觉，潜在的社会问题才能变成现实的政策问题。要注意的是，某些社会问题可能并没有被社会大多数人发现，但它现实的影响或未来的趋势已被少数人或决策者所觉察，它也可能进入政策议程，成为公共政策问题。

(3) 公共政策问题反映了价值、利益与规范的冲突。公共政策问题会对社会上的大多数人产生不良影响，迫使人们的利益、价值观念与社会规范等发生冲突。这种冲突除了表现于个体之间，更多地表现于个体与团体、团体与团体之间，以至于上升到个体、团体与整个社会之间的矛盾与冲突。上述冲突会使人们产生某种需求或相对剥夺感，人们普遍认为有必要采取行动改变这种状况。这种冲突激烈到一定程度，就会引起决策当局的重视与行动，此时社会问题就转变为公共政策问题。

(4)公共政策问题是团体活动与力量的结果。让某些个人问题转变为社会问题,直至上升为公共政策问题,往往不是少数个人行动就能奏效的。这些问题得到了社会中与之相关的团体的认同,并通过一定途径反映到了政府有关部门。在现代社会,人们只有加入一定的团体或组织,以团体或组织的力量进行行动才有可能影响政府决策部门。即便是少数权威人物,也必须通过一定的组织行为(如说服执政党或政府职能部门)才能将自己察觉到的社会问题转变成政策问题。

(5)公共政策问题的建立需要政府的必要行动。作为公共利益的代表者和决策权力的行使者,政府认同社会问题并使其成为政策问题需要两个基本条件:一是属于政府职能权限范围内的事务。政府不是万能的,不能包揽一切社会问题的治理,有些社会问题需要靠市场交换机制或社会自治机制来解决。二是属于政府能力范围内的事务。有些社会问题虽然属于政府职能范围内的事务,但受财力、精力等治理能力的限制,政府可能会消极对待某些社会问题。政府作为社会公共权威,考虑问题的出发点理应是社会公共利益。由于各种资源的有限性,政府不可能管理所有的社会事务,不可能对存在的所有社会问题全部都给予解决。只有那些被政策制定者认为有必要加以解决,列入政府的政策议程,并为其采取具体行动的社会公共问题才是公共政策分析中的问题。不仅如此,政府对社会问题的治理,还与外部压力有关,这种外部压力帮助甚至是逼迫政府提出问题、解决问题。总之,社会问题要列入政策议程,必须是那些被认为是很重大的问题,是值得政府给予较多的注意,并依法采取政策行动加以解决的问题。

二、公共政策问题的意义与特征

(一)研究公共政策问题的意义

1. 公共政策问题决定了政策过程

构建公共政策问题是公共政策过程的逻辑起点。这是因为公共政策的特质之一就是问题导向,即"公共政策关心解决或改善社会问题"。正是在此意义上,美国学者邓恩甚至将公共政策分析直接称作"问题分析学"。

2. 公共政策问题的研究有利于解决问题

比起对问题答案的找寻,政策科学家更重视问题的分析。因为一旦找到了问题的症结,政策方案就很容易浮现。因此,要想成功地解决问题,就必须对正确的问题找出正确的答案。我们失败的原因常常是解决了错误的问题,而不是因为给正确的问题找到了错误的答案。因此,成功地解决政策问题的前提是针对正确的问题找出正确的答案。

3. 公共政策问题的研究可以大大减少政策资源的消耗

在政策分析的过程中,最致命的是第三类错误,即应该解决正确的问题时,却解决了错误的问题。政策制定者经常给错误的问题提出正确的解决方案,原本以为解决了问题,实际上却远离了问题的症结,从而导致政策方案无效果。对公共政策问题的分析研究,能够帮助决策者找到正确的问题,进而在后续制订政策方案的过程中避免对政策资源的无端消耗。

(二)公共政策问题的特征

1. 主观性

政策问题是思想作用于环境的产物。政策问题既与客观的社会现象有关,也与人们对这种现象的认识和选择有关。有些社会问题已经存在,但由于种种原因,未能被制定政策的机构和人员所认识,即公众的政策诉求没有引起相应的重视。有些社会问题在特定时空条件下并不是最带有普遍性与急迫性的问题,但却有可能被某些政策制定者确定为政策问题。此外,在对政策问题认识的正确程度和深刻程度上,也存在主观性,在很大程度上取决于政策制定者的认知能力和价值取向。虽然政策问题有其客观情势,但最主要的是人类以概念诠释问题情境的感觉产物,是人类心智的产物。

2. 人为性

只有当人们对一些改变问题情势的愿望做出判断时,政策问题才是可能的。政策问题是人们主观判断的产物,在社会上被构建、保留和改变。因此,一旦离开了界定它们的个人和群体,政策问题就不能存在。政策问题的人为性使得我们必须重视公共政策背后不同主体之间的利害关系。

3. 动态性

公共政策问题的情境不同,问题也不同。对问题的界定有多少,对既定问题的解决方案就有多少。问题和解决方案是不断变化的,因此问题不会停留在被解决了的状态。即使它们所针对的问题还存在,问题的解决方案也会过时。因此,政策问题与解决方案经常互相流动。如果问题未被正确地加以陈述,解决问题的方案就会逐渐失去其时效。

4. 系统性

公共政策问题不是松散的机械实体,它们是有明确目标的系统。在该系统中,任何两个组成部分在特征或表现上都是不同的。每一部分的特征或表现都会影响到系统的整体特征或表现,并且这些特征或表现及其影响系统整体的方式还取决于该系统中其他部分的特征和表现。同时,所有的子群都可能对系统整体具有非独立性的影响。这意味着,公共政策问题系统如果被一一分解成独立的部分,就会冒为错误的问题提出正确的解决方案的风险。

第二节 公共政策问题的分类

公共政策问题数量大,涉及范围广、层次多,需要对其进行一定的分类,这有助于更好地认识和理解公共政策问题,进而更好地分析和解决这些问题。我们可以从不同的角度,按照不同的标准对公共政策问题进行分类。

一、过失性社会问题与结构性社会问题

从一般意义上可以把公共政策问题简单划分为两类:一是过失性社会问题,二是结构性社会问题。

过失性社会问题产生于偏离社会正常生活和规范的一些过失行为,如青少年失足和社会犯罪等。一般来说,因为它与大多数人的正常生活格格不入,所以这类社会问题很容易被人们识别。不过,有两点需要注意:一是一些社会规范允许一定程度的行为偏差,即一些社会规范的边界有一定的伸缩余地,在这个空间里,有的行为并不一定被认定为是超越规范极限的过失行为;二是"偏差"这一概念具有相对性,在某种情形下被认定是偏离社会规范的过失行为,而在另一种情形下则可能被认为是可以接受的行为。

结构性社会问题是指由社会自身结构不合理所导致的一些社会现象。结构性社会问题涉及社会生活的许多方面,最为突出的就是各种各样的不平等现象,如由经济不平等所带来的贫富两极分化。两极分化的直接结果就是贫困,它是由现存的社会制度和社会结构造成的。大量的统计调查结果也证明了穷人不都是能工作却不愿意工作的,他们在社会竞争中的不利条件是社会强加给他们的。除此之外,还有由民族歧视和种族偏见所引发的民族矛盾,由政治不平等所产生的政府权力滥用,由教育不平等所导致的社会不满,等等,这些都属于结构性社会问题。

二、经济问题、政治问题、人口问题与教育问题

按照公共政策问题所属的不同领域,可以将其分为经济问题、政治问题、人口问题、教育问题等。不同领域的公共政策问题往往以不同的形式表现出来,涉及不同方面。经济问题往往涉及经济体制、经济发展、资源配置、利益分配、财政收入等方面的问题;政治问题涉及国家的权力分配、政治制度等方面的问题;人口问题是指人口增长速度、数量、结构、分布以及人口素质对社会经济发展产生的不良影响;教育问题是指教育发展过程中教育资源配置不均衡、教育质量低等问题。在一定情况下,各种公共政策问题是相互关联的,有些公共政策问题既是经济问题又是社会问题,比如社会收入分配不公平;有些则既是人口问题又是教育问题,如全民文化素养亟须提高的问题。

三、实质性问题与程序性问题

按照公共政策问题涉及的内容,可以将其分为实质性问题和程序性问题。实质性问题是指对社会有重大影响的存在争论的问题,涉及人类活动所产生的实际后果,如对经济的管制、福利改革、公民权利的立法、环境保护等方面的问题。程序性问题则是指政府组织或采取行动过程中存在的问题。

四、自然观问题、道德观问题与环境观问题

按照公共政策问题产生的原因和逻辑的差异,可以将其分为自然观问题、道德观问题、环境观问题。美国政策学家斯蒂夫·特纳提出,政策问题构建的主要内容是政策问题的概念化。所谓问题概念化,是指政策分析者使用通用的语言,将政策问题情境界定成一个具有实质内容的政策问题。问题概念化是基于政策分析家的世界观、意识形态或民间传说完成的。其原则可分为三类:一是自然观,认为社会问题的产生是历史发展的自然产物;二是道德观,将社会问题的产生归结为政策相关者道德沦丧所致;三是环境观,认为社会问题的产生是由于问题受害者的行为不当或决策不当所致。

五、分配型问题、管制型问题与再分配型问题

按照受到问题影响的人数及相互之间的关系,可以将公共政策问题分为分配型问题、管制型问题与再分配型问题。

分配型问题是指把物品和服务、成本和义务分配给社会中特定群体而引发的政策问题。从博弈论的角度分析,此类问题基本上是一种"非零和博弈"的问题,因为这类问题并不构成一方之所得建立在另一方之所失的基础上,不具备利益和义务的排他性。社会福利和公共卫生

领域是经常产生分配型问题的领域,如公费医疗问题、食品代用券问题、对多子女家庭的援助问题、退伍军人管理问题等,都是为了给那些符合标准的人分配一定的利益(如现金、服务、设施等)。

管制型问题是指政府等管制者设定明确一致的管制标准与管制规则,对目标团体从事某种活动或处理不同利益的行为加以限制所引发的政策问题。从博弈论的角度分析,此类问题属于"零和博弈"的问题,因为这类问题的处理常常使一方获得利益,而另一方失去利益,例如污染管制问题、交通管制问题、外汇管制问题、出入境管制问题等。

再分配型问题是指政府将某一标的团体的利益或义务,转移给另一标的团体享受或承担所引发的问题,如个人所得税相关的问题。这类问题存在利益上的排他性,是一种"零和博弈"的问题,所以处理起来非常困难,也容易引起争议。

六、结构优良问题、结构适中问题与结构不良问题

按照问题结构的不同,可以将公共政策问题分为结构优良问题、结构适中问题以及结构不良问题。

结构优良问题是指那些包含一个或少数几个决策者和少量政策备选方案的问题。决策者的效用与目标一致,并且按决策者的偏好进行了清楚的排序。每个备选方案的结果可以完全确定或者其可能导致的错误处于可接受的范围。结构优良问题的原型是完全计算机化了的决策问题,在这里,所有政策备选方案的结果都被事先编程。公共机构中相对较低层次的操作性问题为如何构建恰当的问题提供了范例。例如,机构车辆替换的问题是相对简单的问题,这些问题需要找到旧车辆应该被置换成新车辆的最佳时机,并考虑旧车辆的平均维修成本和新车辆的购买和折旧成本就可以解决。

结构适中问题是指那些包括一个或少数几个决策者和相对有限的备选方案的问题。目标具有清晰的排序,决策者效用与目标一致。不过,备选方案的结果既不是确定的,也不是在可接受的错误限度内可计算的。结构适中问题的原型是政策模拟或博弈,其中一个范例是所谓的"囚徒困境"。这不仅说明当结果不能确定时做出决策的困难;也表明在一定情况下,"理性的"个人选择可能导致小群体、政府机构和社会集体的非理性。

结构不良问题是指那些包含很多不同的决策者,而决策者的效用(价值)既是未知的,也不可能被以一贯的方式排序的问题,相比之下,结构优良问题和结构适中问题则反映了一致性。结构不良问题的原型是完全不具传递性的决策问题,即在该决策过程中,不可能选出一个比其他所有备选方案都更受欢迎的单一的政策备选方案。它的主要特征是对立的目标之间的冲突,政策备选方案及其结果都是未知的,对风险和不确定性的估计也是不可能的。在复杂的政治和社会背景下,结构优良与结构适度的政策问题较少,大量的政策问题都属于结构不良的问题。因此,对公共政策分析者而言,重视并能掌握结构不良的政策问题,是公共政策分析成功的关键。

第三节 公共政策问题构建的程序

政策分析包含发现和构建公共政策问题的过程,当出现可识别的问题时,需要政策分析者遵照一定的程序将其最终构建成为公共政策问题,为后续政策分析工作提供基础。公共政策

问题构建的具体流程是本节将要讨论的内容。

一、政策问题构建的程序

在公共政策分析的过程中,政策问题构建通常由问题感知、问题搜索、问题界定和问题陈述四个相互依存的过程组成;政策问题构建包括问题情境、元问题、实质问题和正式问题四种实质内涵。具体的构建程序如图4-1所示。

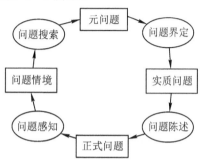

图4-1 公共政策问题构建的程序

第一阶段:以"问题感知"体悟"问题情境"。政策问题构建的整个过程有一个前提条件,即认识或"感知"到问题情境的存在。在此阶段中,我们的目标并不是发现单独存在的政策问题,而是企图发现政策问题利害关系人所共同感受到的问题情境形态。

第二阶段:以"问题搜索"认定"元问题"。此阶段是以公共政策概念诠释问题情境,使之成为政策分析家所能处理的元问题。政策分析家通常面对的是一个由各种不同意见纠集而成的问题之网,它们是动态的,具有社会性,贯穿政策制定过程的始终。由于各个利益相关人对问题的陈述差异较大,范围大到难以控制,所以它是一个结构不良的问题。因此,此阶段的中心任务是要依据政策科学的理论找出结构不良的政策问题,以形成政策分析家感兴趣的元问题。

第三阶段:以"问题界定"发现"实质问题"。此阶段是以专业知识来判断该问题究竟属于哪一个政策领域。若是经济学的范畴,则从供需法则的角度加以分析;若属于政治学范畴,则要按权力和影响在各利益集团、精英人士或其他社会等级人群中的分布加以分析。不论选择哪一种概念架构,这个阶段都反映出政策分析家的世界观与意识形态。

第四阶段:以"问题陈述"建立"正式问题"。一旦界定了实质问题,就可以进一步确立更详细、更具体的正式问题。从实质问题到正式问题的过程称为"问题陈述",即对实质问题形成一个正式的数学表达模型。对于结构不良的问题来说,此阶段的主要任务不在于得到正确的数学解决方法,而在于界定问题本身的性质。

政策问题构建的程序中,不同的阶段需要使用不同的分析方法和理论基础。在前面两个阶段,所运用的方法主要是主观的研究法或诠释的理解法,思考问题的理性则是政治与社会理性;后面的两个阶段所运用的方法主要是客观的研究方法或量化的分析方法,思考问题的理性是经济与技术理性。

二、政策问题的论证

在构建政策问题的过程中,经常会遇到对问题的争论。这种争论包括对政策问题本身性质认识的争论,以及对即将采取的实际的或可能的行动持不同意见,因此需要进行政策问题论证。公共政策问题论证的复杂性可以通过论证所在的组织层次具体表现出来。根据类别等级，政策问题的论证分为小论证、功能论证、二级论证、一级论证。

（一）小论证

政策问题的小论证是政策问题论证的最低层次，它是指将政策问题分解成若干项目，再对具体项目进行论证。政策问题小论证往往是由政策分析人员划分为专门小组来进行的。各个项目论证一般是独立进行的，这样才有利于将每个项目做好、做细。项目论证是分散的，必须通过功能论证将其综合起来。

（二）功能论证

政策问题的功能论证通常是由负责政策制定的具体组织来进行的。其任务是将构成政策问题的主要要素进行单独分析后有机综合起来，从而确定政策问题的结构类型，即是结构优良问题、结构适度问题，还是结构不良问题。同时，功能论证还需要对政策问题所分属的领域、范围层次和作用方式类别进行划分，以便为政府决策机构的论证提供前提条件。

（三）二级论证

政策问题的二级论证是由政府的决策机构做出的论证。政府是对社会提供公共服务的主要机构，其对社会进行公共管理的主要手段就是选准政策问题，制定并实施科学、合理的公共政策来解决这些问题。但是，政府从社会中提取政策资源的能力是有限的，它在一定的时间内只能利用有限的资源实施有限的政策。政府对政策问题的论证主要是集中讨论政策目标、政策计划、政策成本、政策效果等。

（四）一级论证

政策问题的一级论证是最高级的论证，是对政策问题是否进入政策议程的最终决定。政府可能同时将几个政策问题提交最高决策机构来选择，由最高决策机构最终判定哪些政策问题能够进入政府议程。

综合分析，上述论证类型具有如下特征：①小论证反映在特定的项目中；功能论证反映在具体的规划上；二级论证反映在政府机构进行规划时，是否优先考虑背景条件、目标群体的确定等；一级论证反映在最高层，以确定是否要做某件事。②政策问题的分级论证，其次序并不是刻板的。可以按上面所说的从低级论证向高级论证推移；也可以反过来，从最高级论证开始，逐步细化；还可以从其中某个层级开始向上、下层级论证扩展。③当沿着政策问题论证的层级不断向上时，政策问题会逐层表现出更大的关联性、主观性、人为性和动态性。尽管各层次的论证是相互依赖的，但立论不同，政策也不同。有需要战略政策的，也有需要操作政策的。相对来说，战略政策决定的结果是不可逆的，而操作政策的结果是可逆的。

第四节 公共政策议程的建立

公共政策问题的建立需要经历从问题到社会问题再到政策问题的过程。其中，政策议程的建立是社会问题转化为政策问题的关键一步。本节将介绍什么是政策议程，它主要通过哪些途径建立、受到哪些因素的影响，它的触发机制有哪些，建立政策议程有哪些模型，等等。

一、政策议程的含义和类型

(一)政策议程的含义

社会公众要求政府采取行动解决各种各样的社会问题,但只有少部分问题被公共决策者所关注,那些被决策者选中或决策者感到必须对之采取行动的问题构成了政策议程。政策议程是指一个公共问题成为议题,引起社会关注,进而被政府接纳,将其列入需要被解决范畴的整个过程。从本质上来说,政策议程创建是公共权威机构对特定社会问题进行考察和认定并确定优先级、进行排序的过程。政策议程创建的过程关系到哪些社会问题能够进入决策者的视线并被吸纳、转化成政策产出。而这个过程会受到特定政治生态下多种因素的影响和制约,这些因素既有技术性的,也有价值性的。

(二)政策议程的类型

1. 公众议程和正式议程

在政治系统中存在着多种政策议程。美国学者罗杰·科布和查尔斯·埃尔德区分了两种基本的议程——公众议程和正式议程。

公众议程又称为系统议程,是指某个社会问题已经引起社会公众和社会团体的普遍关注,他们向政府部门提出政策诉求,要求政府部门采取措施加以解决的一种政策议程。从本质上讲,公众议程是一个众人参与的讨论过程,是一个问题从与其具有特殊联系的群体逐渐扩展到社会普通公众的变化过程,即一个问题引起相关群体的注意,进而引起更多人的兴趣,最后受到普通公众的关注。一个问题要想成为或到达公众议程,必须具备三个条件:第一,该问题必须在社会上广泛流传并被广泛关注,或者至少必须为公众所感知;第二,大多数人都认为有采取行动的必要;第三,公众普遍认为,这个问题是某个政府职能部门权限范围内的事务,应当给予适当的关注。

正式议程又称为政府议程,是指某些社会问题已经引起决策者的深切关注,他们感到有必要对之采取一定的行动,并把这些社会问题列入政策范围的一种政策议程。从本质上讲,政府议程是政府部门按特定程序行动的过程,在程序上表现较为正式和固定,在方法上表现比较严谨和精确,在内容上表现较为具体和集中。按照建立过程中各项功能活动的先后次序,政府议程包括界定议程、规划议程、评价议程、循环议程四个阶段。

公众议程和正式议程是政策议程的两个不同阶段,二者有着本质区别。公众议程一般由一些较抽象的项目组成,其概念和范围都比较模糊,仅是发现问题、提出问题。它可以不提出政策方案或解决办法,所体现出来的往往是众说纷纭的特点。正式议程则比公众议程特定且具体,它是对政策问题进行认定或陈述的最后阶段。问题经过一定的描述,为决策系统正式接受,并采取具体方案试图解决的时候,公众议程就转入正式议程。

2. 实质性议程和象征性议程

美国学者拉雷·N.格斯顿认为议题的复杂性因其对社会不同领域的影响不同而存在很大差别,一些议题似乎比另一些议题更具有引起关注和回应的价值。据此,政策议程可区分为实质性议程与象征性议程。

实质性议程往往涉及一些社会影响非常广泛、最具潜在和爆炸性特征的公共政策问题。这些议题的重要性和复杂性使其不可避免地带有分裂的特征。它通常会在公众中、决策者中以及二者之间引起争议,从而存在导致重大冲突的可能性。一个政策问题进入实质性议程必须具备三个条件:一是公共资源的分配涉及重大的利害关系;二是议题引起公民和决策者的密切关注;三是议题包含了发生重大变化的可能性。一般情况下,实质性议程中包含的多数是经济问题。

相比之下,解决象征性问题的象征性议题注重的是价值而不是资源。比如,树立良好的公民观念就是一个典型的象征性问题,它所关注的不是权利的多少,而是社会行为的"对"与"错"。尽管在分配政策资源时,政府并不会向象征性问题倾斜大量政策资源,但象征性问题解决不好同样会给社会带来许多麻烦。

实质性议程是指政府下决心要立即解决,并试图通过具体行动来解决问题。相比之下,象征性议程则是指政府虽然表态重视某些问题,但却并不想立即采取行动解决。象征性议程与实质性议程在政策过程中有着一定的互补关系。有时,政策行动主体会对实质性问题采取象征性的答复。

3. 公开性议程和隐蔽性议程

公开性议程是指那些被公众或政府部门所公开关注和讨论的议程。实质性议程与象征性议程、公众议程与政府议程,都属于公开性议程。

如果一个社会公共问题是公众很少注意的问题,或者仅仅是少数弱势群体主张的问题,并且它还在政府部门管辖的范围之外,那么它肯定会被排除在公开辩论之外,这样的议程就是隐蔽性议程。

在公开性议程中,政府通过行动要解决的问题和实际试图解决的问题是一致的。在隐蔽性议程中,政府声明要解决的问题和实际解决的问题可能不一致。

二、社会问题进入政策议程的途径

社会问题只有在被提上政策议程的情况下,才能成为政策问题。社会问题进入政策议程的途径一般有以下几种。

(一)社会中部分团体或者个体主动,政府只是有限介入

不少团体会从自身的利益出发,力图在社会中获得期望的位置。如果这些团体的利益受到了威胁,产生了被剥夺感,他们就会千方百计地要求政府采取行动保护他们的利益,而这些团体或个人在请求政府进行确认与关注时,意见可能并不一致,甚至会发生尖锐的冲突。比如,那些要求解决汽车安全标准问题的团体与那些反对这一要求的汽车制造商之间的矛盾与冲突就是不可避免的。社会上各种利益、价值与需求的冲突会影响政府对政策问题的界定、关注程度以及行动方式。导致政府有限介入的原因主要有以下几点:

(1)政府基本不知道这些问题的存在。尽管现代政府承担的职能在不断膨胀,政府管辖的范围在扩大,政府也力图通过各种现代科学技术手段,及时获取社会的各种信息,但时间与经费等资源的限制会导致政府对有些社会问题无法发表积极的见解。

(2)政府知道问题的存在,但没有权力去处理。现代政府都是有限政府,并不是具有处理一切问题权限的万能政府。特别对一级地方政府来说,尽管个人和团体提出的政策问题很重要,但因上下、左右各种关系的制约,难于及时去处理被认为是应该解决的问题。

(3)政府知道问题的存在,也有权力处理,但无能力办理。政府的一切介入行为,都需要消耗资源。更重要的是,一旦要解决这些问题,其公共资源的消耗更大。能不能有足够的资源作保证,是政府必须考虑到的问题。

(4)政府知道问题的存在,也有权力与能力处理,但不能马上列入政府的议事日程。政府处理问题有自身期望的轻重缓急。

(二)政府主动介入并发现和解决问题,社会团体或个人只是有限介入

政府作为公共权力的主要载体和公共管理的核心主体,比其他社会组织有更多的机会了解社会各方面的动态,更有可能从社会的整体利益出发去推动社会矛盾的解决。相比之下,个体介入活动时,能力总是十分有限的,甚至是很微弱的。因此,一般都是政府主动发现并解决问题,社会团体或个人只是有限介入,从旁辅助解决问题。政府主动发现并解决问题有下列几种情况:

(1)带有全局性的问题,如保护环境,政府会从更高层次上关心并加以解决。对部分社会团体或个人来说,较多关心的是眼前与局部利益。

(2)社会上的一部分团体或个人由于缺乏资源,他们无力向政府请求帮助,而实际上他们又特别需要政府的主动关心。政府的政策制定者可能会主动发现他们,也可能会十分偶然地涉入对问题的主动关心。

(3)在社会各种利益的冲突中,有些团体或个人会凭借控制大量资源的优势,始终处于冲突的主导地位。他们或是歪曲事实,或是蓄意制造混乱。为维护社会的公正,政府需要主动干预,保护冲突中的受害者。

(4)政府会从自身利益的需求出发,主动发现问题。当政府成为问题的主要确认者时,对存在什么问题的确认可能经常变化。不同的政策制定者可能对存在何种问题的理解有所不同。但不论什么情况,在权力斗争与权力交换过程中,政府主动发现问题的行动会更突出。

(三)政府及社会团体与个人都主动

把社会问题变为政策问题,大多数情况下是政府与私人活动共同作用的结果。这种作用大致有以下三种形式:

(1)政府希望解决的问题与公众要求解决的问题完全一致或基本一致。这时能相当迅速地进行政策问题的构建,并顺利地将社会问题列入政策议程。

(2)政府希望解决的问题与公众要求解决的问题完全相反或基本相反。双方的主动行为便成了尖锐的冲突行为,在对事件与环境的理解上,双方产生了差异,而这种差异又会派生出其他各种相关的问题,进一步加深矛盾与冲突。

(3)政府希望解决的问题与公众要求解决的问题,在多数情况下既有共同的一面,又有差异的一面。认识上的差异性也会导致一定的冲突,但这种冲突与第二种情况不一样。它可以通过协调,逐步取得认识上的一致性。随着政治参与主体在数量上的不断增加,对问题的理解和确定的多样化将逐渐成为政策问题构建过程中的重要特征。

(四)政府与个人、团体都不主动介入

这种类型从理论上讲似乎是存在的,但在实践中几乎不多见。它的出现可能是由于受某一事件影响的人没有可利用的办法,也可能由于缺乏能向政府提出请求的组织,或者是因为和其他公共问题相比较,缺乏引起政府注意的竞争力;或者私人团体或政策制定者都尽力回避这种问题。

三、影响社会问题进入政策议程的因素

特定的社会问题能否顺利进入政策议程,被政府决策者加以关注和解决,与下列各因素有

着直接或间接的关系。

(一)公民个人的作用

从某种意义上讲,很多具有公共性质的问题都是由私人问题引发的。比如,一个人对车辆管理法规给自己带来的负担感到强烈不满,他有可能忍气吞声、自认倒霉,或偶尔在亲朋好友间发发牢骚。这时,无论是对他还是对其他人而言,都只是一个私人性质的问题。但是,他如果可以采取另一种方法,比如将自己的问题告知公众和媒体,或将与之有类似看法的人组织起来,向政府有关部门提出抗议,或以正当形式展开对话并提交政策议案。上述的行动很可能会导致反对意见的出现,从而形成讨论的局面,许多人就这样直接或间接地卷入到了这一事务中。需要强调的一点是,非正式关系在政策议程建立过程中所起的作用也不容忽视。所谓非正式关系,是指超出法定组织制度和工作程序的人际关系,如老乡、亲属、同学、朋友等。通过这类关系,个人所提出的问题很有可能被决策者列入政策议程。这是因为非正式关系的突出特点就是相互的亲近与信任,有很强的互动作用。尽管利用非正式关系建立政策议程并非正常现象,但这种现象在现实生活中并不少见。

(二)利益团体的作用

利益团体是基于某种共同价值、共同利益、共同态度或者共同职业等形成的正式或非正式的社会组织。利益团体的基本职责是维护并增进本团体成员的共同利益。在社会政治生活中,当既定的社会利益结构发生变化时,出于维护自身利益的考虑,利益团体会单独或联合其他团体向政府提出种种问题与要求。利益集团在问题构建和政策制定过程中发挥着重要的作用,他们通过游说、宣传、助选、抗议等手段,迫使政府将其提出的问题列入政策议程,并采纳有利于自己的政策建议;或者通过各种手段阻止对自己利益产生损害的政策,最大限度地维护本团体成员的利益。

(三)政治领袖的作用

迄今为止,在任何国家和地区,政治领袖都是影响政策议程建立的一个重要因素。他们无论是出于公众价值观和政治使命感,还是出于个人需要和团体利益的考虑,都会密切关注社会中出现的这样或那样的问题,提出对特定问题的解决方案,并在可能的条件下将其告知公众,以引起必要的回应。需要注意的是,政治领袖对社会问题的关注和认定往往受个人因素的制约,如个性特征、成长经历、受教育状况等。在构建政策问题、建立政策议程的过程中,这些个人因素往往会与公共问题交织在一起,以国家和公众的名义体现。

(四)政府体制的作用

一个国家的政府体制,特别是其民主程度和开放程度,从制度上规定了信息的沟通渠道和利益的表达方式,从而对社会问题进入政府议程产生重要的影响。如果政府的产生方式是民主选举,执政理念合乎民主潮流,组织程序符合民主要求,政务信息向民众开放,决策过程吸收民众参与,倾听民众意见,接受民众监督,那么大量的社会问题就会正常而顺利地进入政策议程。相反,专制、封闭的政府则会将大量社会问题阻止在政策议程之外。

(五)大众传媒的作用

大众传媒在西方国家被视作"第四种权力",具有信息量大、涉及面广、影响力强和传播迅速等特点,能形成强大的社会舆论压力,促使政策议程的建立。在政策议程建立的过程中,一方面,大众传媒反映民众的偏好、利益和需求,把少数人发现的问题广泛传播,以形成强大的舆论压力,促使政府决策系统关注并接受特定的政策问题;另一方面,大众传媒也可以借助政府的观点和自己的见解,影响和改变民众的意愿与要求,重塑社会公共问题。这种双向的互动过程使得大众传媒日益成为政策问题的重要提出者。

(六)专家学者的作用

在科研机构、高等院校中工作的专家学者凭借自己的专业优势和技术特长,既能及时捕捉到社会运行中的现实问题,又能科学预见到社会发展中的潜在问题,并能够凭借自己的特殊地位和重要影响,进行问题分析和政策发动,从而为社会问题进入政策议程创造条件。需要说明的是,与政治领袖的作用相比,专家学者对社会问题的察觉对政策议程的建立影响较小。专家学者提出的社会问题只有同时得到政治权威的认同和支持才能进入政策议程。

(七)问题自身的作用

社会问题自身的特征对政策议程的建立具有非常重要的影响。这些特征包括特殊性程度、社会重要性程度、关键期的长短、问题的复杂程度、先例的明确程度等。一个问题的特殊性越强,被赋予的社会意义越大,长期的关联性越大,越不具有技术性,越缺少明确的先例,这个问题受到公众广泛关注的可能性就越大。同时,明朗化的社会问题最容易引起社会公众的普遍关注和政府决策系统的政策反应。一般来讲,问题明朗化的程度是问题严重与否的一个重要标志,从而是促成政策议程建立的基础条件。当然,如果只有明朗化事件才能导致政策议程建立的话,政府决策系统就只能做到"头痛医头、脚痛医脚",始终处于被动状态。政府不是救火队,"有事则忙、无事则闲"绝非好的运行模式。所以需要政治领袖以积极的姿态,立足现实,预测未来,及时洞察潜在的问题。

四、社会问题进入政策议程的触发机制

许多社会问题经过各种渠道提请社会和有关部门注意后,希望能够挤进政府机关忙碌的处理议程内。但政府面临的社会问题非常多,有些社会问题能够顺利进入政策议程,而另一些则难以进入,甚至被排除在政策议程之外。那么,社会问题究竟如何才能进入政策议程呢?社会问题进入政策议程的触发机制是什么呢?

社会问题要进入政策议程,既要有能够发现问题的观察机制,又要有公众与政府、上级与下级间的良好沟通机制。表 4-2 列出了不同学者总结出来的社会问题进入政策议程的触发机制。

表 4-2 社会问题进入政策议程的触发机制

安德森	科布		琼斯
	内部	外部	
1. 政治领导人	1. 自然灾难	1. 战争行为	1. 政治运动
2. 危机/引人注目的事件	2. 人为事件	2. 武器技术革新	2. 对大量人员造成威胁的事件
3. 抗议活动	3. 技术变革	3. 国际冲突	3. 大规模的宣传
4. 传媒曝光	4. 民权抗议	4. 世界联盟变化	4. 个人的努力
	5. 工会罢工		5. 先前政策的应用
	6. 生态变化		

安德森认为社会问题是通过如下途径或方式进入政府议事日程的。

(1)政治领导人。政治领导者可能是决定政策议程的一个重要因素。不管政治领导者是出于某种政治优先权的考虑,还是因为对公众利益的关注,或者是两者兼有,他们都会密切关注公共领域的一些特定问题,并将它们公之于众,提出解决问题的方案。在美国,总统扮演着政策议程主要决定者的角色。国会中也有部分议员,他们怀着推动社会变革的愿望和渴望获得改革者的荣誉而热衷于社会问题。在我国,对整个社会主义现代化建设事业具有重大而深远意义的"南方谈话"也体现了政治领导人的重要性:1992年1月18日至2月21日,邓小平先后到武昌、深圳、珠海、上海等地视察,并发表了一系列重要讲话,明确回答了长期困扰和束缚人们思想的许多重大认识问题,重申了深化改革、加快发展的必要性和重要性,并从中国实际出发,站在时代的高度,科学总结了党的十一届三中全会以来的实践探索和基本经验,在一系列重大的理论和实践问题上,提出了新观点,讲出了新思路,开创了新视野,有了重大新突破,将建设有中国特色的社会主义理论与实践,大大地向前推进了一步。

(2)危机或者引人注目的事件,例如煤矿事故、自然灾害等。很多时候,人们可能已经对某些问题有所察觉,并提出了政策诉求,希望能够对之采取必要的行动;但这些问题没能引起普遍性的重视,政府也处于左右为难之中。在这种情况下,某种突发性事件的发生会立即将问题推上政策议程。突发性的重大事件往往会使形势发生戏剧性的变化,从而成为社会各界关注的焦点,引起政府的高度重视。如1957年,苏联发射了第一颗人造地球卫星,尽管当时艾森豪威尔政府的有关官员表面上并没有过分地在意,但这一突发事件的确将探索太空的问题提上了美国政府的政策议程。

(3)抗议活动。抗议活动一般包括暴力事件,它是使问题引起决策者重视,并使问题提到议事日程的又一手段。抗议活动是一种激烈的利益表达形式,往往带有某些反常规的行动特征。其形式有示威游行、静坐斗争、绝食抗议、暴力冲突、武装对抗等。社会中出现大规模的抗议活动通常说明社会问题已经发展到非常严重的地步,政府的现行政策已经难以调和这种矛盾,只有做出新的政策选择才能平息由抗议所引发的混乱局面。例如,20世纪60年代美国的不少城市中都出现了大规模的黑人抗议活动,促使美国政府将人权问题提上了议事日程。

(4)大众传媒。特别的问题会吸引大众传媒的注意,通过大众传媒的报道,这些问题很可能会成为政策议程里的内容。如果没有大众传媒的介入,那么这些问题就很可能即使长期存在,也引起不了社会公众的注意,政府自然也就不会去考虑这些问题。而对于那些已经被提上议程的问题,大众传媒的渲染也能够使其获得更多的关注。大众传媒作为重要的社会舆论机器对政策议程的整个过程及其结构都有重要的影响。当然,大众传媒报道问题往往出于各种不同的动机,或为了"制造"新闻,或为了增加发行量,或为了公众的利益,或出于其他不可告人的目的,所以不可避免地会出现不真实的报道,对政策议程的建立会产生一些负面的影响。

科布则认为,建立政策议程的途径可以分为内部途径和外部途径,其中内部途径如下:

(1)自然灾害。自然灾害的发生不以个人或政府的主观意志为转移。虽然在自然界里不存在政治,但自然事件及其结果却可以极大地影响政治,如政治价值观的改变、政治优先顺序的改变等。一般来说,自然灾害难以在现代社会起触发机制的作用,因为环境的一般性破坏并不需要政府做出公共政策方面的迅速反应。许多灾害,如火山爆发、地震、洪灾、火灾、旱灾、虫灾、飓风、泥石流、山体滑坡等,发生的频率很高,但就其影响范围和持续时间而言,都不足以构成政策议程。然而,1994年发生在美国洛杉矶的大地震,却促使联邦政府迅速做出反应。该地震发生在人口密集区,强度为里氏6.4级,社会经济受到空前的破坏。美国国会迅速通过了一项80亿美元的"一揽子"救济计划,用以帮助灾区摆脱困境。再比如,2023年12月18日23时59分,我国甘肃临夏州积石山县发生6.2级地震,震源深度10千米,针对此次灾害,我国政府采取了多项积极的抢险救灾和公共财政举措来应对。

(2)不可预测的人为事件。随着新媒体的普及,信息传播越来越快,在公共安全领域,任何一件事件都有可能爆发成为一件重大的突发事件。为了妥善处理突发事件,避免类似事件的再次发生、发酵,给老百姓一个交代,政府部门往往会在突发事件之后修订相关法律法规或出台有关公共政策。然而,这类公共政策的制定过程并非通过常规途径与传统流程,既有其偶然性,也有其必然性。例如,2018年7月,长春A公司生产的一批次百白破疫苗效价不合格被行政处罚,25万余支产品已被销售,库存仅剩186支。同期,长春A公司被国家药监局飞行检查,发现在狂犬疫苗生产过程中存在记录造假等严重违反药品生产质量管理规范(GMP)的行为,引起了公众的广泛关注和愤怒。随后,各大新闻媒体对此事件开展高热度的跟踪报道,公众对违法企业的愤怒不断增长,很快,愤怒情绪转移到政府管理上,出现了大量对政府监管部门查控不力、处罚太轻的质疑和问责。一时间问题源流大爆发,一部分问题源流冲击带动了政策源流中专家学者的研究和政策建议,一部分问题源流引起了国民情绪的爆发,进一步引起了政府高层领导的重视,从而带动政治源流增长流动。最终,经2018年12月全国人大常委会一审、2019年4月全国人大常委会二审,在2019年6月29日,全国人大常委会十一次会议上表决通过了《中华人民共和国疫苗管理法》。

(3)技术变革。技术创新为社会带来了源源不断的发展动力,它可以实实在在地改变人们的日常生活和社会关系。汽车的发明及批量生产引发了对能源的巨大需求,促进公路的大规模建设,产生了环境污染和交通事故等问题,对社会政治领域发起进攻;电视、电话技术的应用使信息能够得到迅速传播,党和国家领导人的讲话、时事新闻等,能够快速地传播到老百姓身边;计算机的激增和互联网技术的出现开创了历史的新纪元,不仅改变了普通人的生活方式,而且也改变了政府的管理方式,"全时政府"的概念得到越来越清晰的表现,网络安全和隐私保护等问题也随之进入公共政策议程需要考虑的范围。

(4)民权抗议。民权抗议与安德森提到的"抗议活动"相似,是为了争取某种权利,由民间团体自发形成的各种形式的抗议活动。值得注意的是,抗议活动是建立政策议程的有效方法,但不是最佳的途径。它多以极端方式向政府施压,表达某些利益群体的政策诉求,往往形式过激、发生突然、超乎常规、始料不及,给政府带来"超负荷压力"。在政府能够有效控制和疏导这种压力时,政府可能会采取一定程度的妥协,建立相应的政策议程。然而,这种激烈的表达方式也有可能造成社会失序,对既成的社会秩序构成威胁,产生一些悲剧性的后果。例如,2020年,美国明尼苏达州明尼阿波利斯市一名非裔惨遭白人警官用膝盖跪压锁脖至少7分钟,并最终致死的消息广为流传。这一事件引发了美国多地的抗议示威活动,引发全美舆论哗然。民众在抗议暴力执法的过程中洗劫了全美最大的连锁超市之一塔吉特(Target),同时砸了美国银行的自动取款机等,严重损害了公共安全,造成社会恐慌。

(5)工会罢工。罢工指是工人为了表示抗议而集体拒绝工作的行为。在以集体劳动为重的行业,如工厂、煤矿等,罢工往往能够迅速得到雇主、政府和公众的注意,工人所提出的要求就可能获得保证。比如,1922年,刘少奇、李立三、蒋先云等同志通过工人俱乐部,领导江西萍乡安源全路矿17000多名工人举行大罢工,并最终与路矿两局代表正式签订了《十三条协议》,保障工人权利、增加工资、改善待遇、发清欠饷等要求全部被满足,大罢工取得全面胜利。

(6)生态变化。水污染、臭氧层破坏、沙漠化等生态问题一旦形成,就可能造成极大的影响,引发公众的迅速反应,产生过去从未考虑过的政策问题。例如,在长江三峡地区,由于人多地少、资源贫瘠、经济落后、水土流失严重等问题,造成三峡库区流域生态环境日趋恶化。为了保护三峡流域生态环境,确保三峡水库水资源环境和流域水土环境安全,国家决定实施生态移民措施,帮助长江三峡库区20个县区市库周区域淹没线上至第一道分水岭脊线以下的村民进行转移。

社会问题进入政策议程的外部途径如下:

(1)战争行为。受到他国的武力侵犯是外在触发机制最为典型的例子。即使本国并没有直接卷入冲突,也会受到冲突的间接影响,可能会成为与冲突有关的参与者。例如,俄乌战争期间,英国因为切实感受到了俄乌战争带来的能源成本骤涨压力,其首相约翰逊宣布推出了"核增长"计划,通过发展核能来减少对石油和天然气的依赖。他还将重启水力压裂法的可能性包括在发展核能计划中,这种天然气和石油开采方法极具争议,2019年曾因安全问题被英国政府叫停。

(2)武器技术革新。虽然几十年前美国独占了核技术,但现在已经有十多个国家拥有了这项技术。此外,还有许多国家已经掌握了生产大规模杀伤性武器(如生物和化学武器)的方法。新型武器的出现不仅对国家间的关系具有显著影响,而且对整个国际政治体系也会带来冲击。美国作为新式武器的"超级大国",企图在21世纪继续其霸主地位,推行单边政治,充任世界警察,国防部为此还拟订了一个"防止新对手再度出现的战略",采取一切办法限制他国扩充或拥有大规模杀伤性武器。

(3)国际冲突。除了战争这种国家间的大规模冲突之外,全世界多个地方还有小规模冲突。比如,印度和巴基斯坦两个国家之间的摩擦、以色列和巴勒斯坦之间持续不断的流血冲突、爆发在波黑地区的局部战争、朝韩半岛的潜在危机、令俄罗斯政府倍感头疼的车臣问题、"基地"组织(极端宗教主义分子建立的恐怖组织)的恐怖活动等。这类冲突同样会对政策议程的建立产生重要的影响。

(4)世界联盟变化。当今世界面临着百年未有之大变局,政治多极化、经济全球化、文化多样化和社会信息化潮流不可逆转,各国间的联系和依存日益加深,但也面临诸多共同挑战。为了应对这些变局,习近平总书记提出了"人类命运共同体"的全球价值观,并据此制定了后续一系列的外交政策。

美国学者布莱恩·琼斯认为社会问题进入政策议程的途径分为以下五种:

(1)政治运动。政治运动是由政党或政治集团为了实现某种政治目的所发动和领导的具有明确目的的计划性和组织性活动。政治运动有两重目的:其一,关注和解决社会问题;其二,直接参与和影响政治过程。例如,俄国的"十月革命"、苏联和中东地区发生的"颜色革命"以及中国一系列工农革命运动。

(2)对大量人员造成威胁的事件。这类事件可以对应上文所提到的危机或者引人注目的事件。这些事件可以是由不可抗力引起的自然灾害,也可以是人为的大型事故,甚至是战争等。这类事件一般具有偶然性,且难以预测,但是造成的危害很大。而当受到这类事件影响的人足够多时,就可能被当作进入政策议程的触发机制。

(3)大规模的宣传。大规模的宣传在推动政策议程建立的过程中起着非常关键的作用。首先,它能把少数人发现的问题广泛传播,以争取多数人的理解与支持,从而为建立公众议程创造条件。其次,它能制造强大的舆论压力,促使政府决策系统接受来自公众的愿望和要求。再次,它是连接公众与政府决策系统的桥梁,使公众参与决策成为可能,扩大了政策问题的来源。最后,它能发挥政府决策系统外脑的作用,是政府决策系统了解和掌握社会信息的重要工具。

(4) 个人的努力。从某种意义上讲,很多具有公共性质的问题都是由私人问题引发的。公众在生产和日常生活中,对于某些影响或损害其权益的问题不满,一般通过各种渠道,向政府反映,以求得到解决。在某些情况下,如果问题得不到解决,公众还会采取一些威胁性的方式(如游行、示威、抗议、罢工、暴乱等)向政府施加压力,迫使政府采取行动解决问题。

(5) 先前政策的应用。政策实施后会产生不同程度的效果。这个效果可能符合预期,甚至超出预期;也可能并未达成预期目标,此时需要启动政策议程,对先前的政策进行调整和修改。或者因为时代变化造成现实需求改变,为了解决新的问题,需要重新进入政策议程,制定出新的政策来应对已经产生的变化。例如,为了控制人口数量,我国在20世纪90年代实行了"一孩半"的计划生育政策。计划生育这一基本国策自制定以来,对中国的人口问题和发展问题的积极作用不可忽视,但是也产生了性别失衡、老龄化进程加快等问题。为了应对新问题,我国政府先后进行了多次调整,比如2021年8月20日,全国人大常委会会议表决通过了关于修改《中华人民共和国人口与计划生育法》的决定,修改后规定,国家提倡适龄婚育、优生优育,一对夫妻可以生育三个子女。

五、政策议程建立模型

政策议程的建立既是公共政策过程的逻辑起点,又是政府决策的重要环节。不进入政策议程,社会问题就无法通过公共政策加以解决。政策问题的构建和政策议程的建立一直是公共政策的研究重点。目前已经发展出多种关于政策议程建立的模型。

(一)科布的政策议程建立模型

科布在区分公众议程与政府议程的基础上,以政策诉求的主体为标准,提出了建立政策议程的三种模型。

1. 外在创始型

政策诉求由政府系统以外的公民个人或社会团体提出,经阐释(对政策诉求进行解释和说明)和扩散(通过一定方式把政策诉求传递给相关群体),首先进入公众议程,然后通过对政府施加压力,使之进入政府议程。该模型通常在民主和平等的社会中比较常见。通过该模型创建的政策议程只是让政策问题列入政府的议事日程,并不意味着政府会不折不扣地按创始者的意愿做最后决定。通常情况是,通过该模型创建的政策议程,最终不是被彻底否决,就是被修改得面目全非。

2. 政治动员型

具有权威作用的政治领导人主动提出政策意向,并使其进入政府议程。一般情况下,政治领导人的政策意向往往能够成为政府的最终决策,因此似乎没有必要建立相应的政策议程。之所以仍要这样做,主要是为了寻求社会公众的理解和支持,以便更好地贯彻和实施这项政策。政治动员型以政府议程为基点,以公众议程为对象,其目标在于政策方案的顺利执行。该模型通常出现在不太民主的社会中,政府及其核心决策者具有超强的权威,在建立政策议程的过程中,权力精英的"内输入"现象相对明显。

3. 内在创始型

政府系统内部的人员或部门为解决纯粹的内部事务而提出政策问题,且问题扩散的对象仅限于"体制内"的相关团体和个人。显然,在该模型下,仅限于政府内部的组织或接近于决策者的团体才能提出政策问题。该模型企图排除普通公众参与的可能性,此类问题的确认远离公众议程,普通公众没有参与的机会和希望。问题最多会扩散到一些认同性团体中,以争取更多的支持力量,向决策者施加足够的压力,促使决策者将此类问题列入正式议程。该模型在财富和权力相对集中的社会较为流行。

需要指出的是,任何政策议程的建立都是公众议程与政府议程交互作用和影响的结果,其过程表现为不同政治力量的不断组合与分化,既涉及"体制内",又涉及"体制外"。再加上,现实情况不会像上述模型归纳的那样抽象和简单。因而,对一个社会或国家来说,仅仅采用一种模型来构建其政策议程是不够的,需要同时采用多种模型。

(二)约翰·W.金登的多源流分析模型

到目前为止,对政策议程确立过程描述最全面的是金登的多源流分析模型。该模型建立在问题源流、政策源流、政治源流三种信息源流的基础上。

问题源流关注的是社会中诸多需要加以解决的问题、被政府决策部门感知的原因以及最终进入政府政策议程的过程。金登将识别社会问题的推动力量分为三种:第一种,通过各种系统性的数据指标(如公路死亡人数、发病率、免疫率、物价水平等)来反映社会问题存在与否及其重要程度;第二种,一些重大事件或危机事件的发生;第三种,现有项目运行情况的反馈。

政策源流阐述的是由政策共同体中的专家提出的政策建议和政策方案的产生、讨论、重新设计以及受到重视的过程。共同体成员包含官僚、专家、学者、国会人员、规划评估和预算人员。各种备选方案和政策建议持续互动、相互碰撞,只有少数符合一定标准的才可能幸存下来,比如满足技术可行、与主导价值观相适、预算可行性较大等。

政治源流指的是影响政策问题上升为政策议程的政治活动或事件,包括国民情绪的变化、压力集团的行动、行政或立法机构的换届以及执政党的执政理念等。潜在的议程项目如果和目前的民族情绪相一致,能够得到利益集团的支持或者没有遭受有组织的反对,符合立法机构或行政机构的一贯主张,那么它就容易获得议程上的优势地位。

三种源流沿着不同的路径流动,并在某一特定时间点汇合到一起,这一特定时间点成为"政策之窗"。政策之窗开启,表明政策问题被识别,政策建议被采纳,政策议程发生了变化。多源流理论对分析现实的公共政策过程的确具有极强的解释力,但在实际应用中也存在一些问题。首先,该理论认为问题、政策以及政治这三种源流的发展和运行是彼此独立的,只在关键的时刻交汇,但在现实的政策实践中,这三种源流并不是独立的,而是联系紧密、相互影响的。其次,多源流理论更多是从微观的层面揭示了影响政策过程的因素,但实际上公共政策是社会环境和社会制度的共同产物,经济、文化及社会制度等宏观层面的变量对公共政策过程的影响不容忽视。再次,多源流理论解释了一部分政策形成或变迁过程,形式具有单一性,但现实中不是所有政策形成和变迁的过程都合乎多源流理论的解释。有些政策形成只是对既往政策的改进,是从过去政策实践中获得的经验,而不是政策企业家抓住时机推动的结果。最后,该理论认为问题、政策和政治三源流中,问题被提上议程、备选方案与问题的结合以及政策的制定都具有一定的偶然性。或者说,现有政策与下一个被提上议程的政策建议之间没有什么联系,不同时间形成的政策之间也没有联系。可见,该理论对未来政策的预测性较差,因而将来仍需要一个权威、成熟的理论分析框架。

核心概念

过失性问题(negligent problem)　　结构性问题(structural problem)
政治问题(political problem)　　　经济问题(economic problem)
社会问题(social problem)　　　　文化问题(cultural problem)
实质性问题(substantive problem)　程序性问题(procedural problem)
分配型问题(distributive problem)　管制型问题(regulatory problem)
再分配型问题(redistributive problem)
结构优良的政策问题(well-structured policy problem)
结构适中的政策问题(moderately structured policy problem)
结构不良的政策问题(ill-structured policy problem)
问题情境(problem scenario)　元问题(meta problem)　正式问题(formal problem)
小论证(minor validation)　功能论证(functional validation)
二级论证(second-level validation)　一级论证(first-level validation)
政策议程(policy agenda)　实质性议程(substantive agenda)
象征性议程(symbolic agenda)

思考题

1. 在公共政策过程中,正确地构建政策问题有何意义?
2. 什么是政策问题?政策问题有哪些特征?
3. 如何才能正确地构建政策问题?
4. 公众议程与正式议程有哪些区别?
5. 试简述社会问题进入政策议程的途径。
6. 试分析社会问题进入政策议程的触发机制。

案例分析与思考

案例1　　　　　　　《中华人民共和国精神卫生法》修订

《中华人民共和国精神卫生法》是我国为了发展精神卫生事业,规范精神卫生服务,维护精神障碍患者的合法权益而制定的法律。中国红十字会会长陈竺曾在向全国人大常委会做精神卫生法草案说明时指出,精神卫生既是全球性的重大公共卫生问题,也是较为严重的社会问题。精神卫生问题的严重性在中国十分突出。精神疾病在中国疾病总负担中排名居首位,约占疾病总负担的20%。同时中国强制收治精神障碍患者程序缺失,个别地方发生的强制收治案例引起患者及其亲属的强烈质疑,"被精神病"不时成为舆论热点。

2012年10月26日,《中华人民共和国精神卫生法》经中华人民共和国第十一届全国人民代表大会常务委员会第二十九次会议通过,自2013年5月1日起施行。最新版本是根据2018年4月27日第十三届全国人民代表大会常务委员会第二次会议《关于修改〈中华人民共和国国境卫生检疫法〉等六部法律的决定》修正,自公布之日起施行。

——以上材料来自中国人大网《陈竺做关于精神卫生法草案的说明》和《中华人民共和国精神卫生法》

思考并讨论:

政策的设计缺陷如何导致个人问题的发生?个人问题转变为社会问题和政策问题,进而成为政策议程的关键因素是什么?

案例 2   **"奔驰女车主"事件**

2019年3月27日,小磊(化名)来奔驰4S店开车时,发现车辆发动机漏油,要求退款或换车。随后几日,店内销售人员一直表态会解决。2019年4月8日,销售人员告知小磊,"按照全国三包,只能换一台发动机"。2019年4月9日,小磊情绪激动地坐上奔驰车顶和销售人员理论,被他人拍下视频上传网络。2019年4月13日,奔驰4S店回应女车主维权:正协商解决,不方便透露太多。涉事车辆已被封存待检。从网络流传的录音当中,我们还发现奔驰4S店除了违反国家"三包"规定之外,还涉嫌乱收金融服务费。

最终,女车主小磊和奔驰达成共识,取得和解。2019年4月16日,奔驰首席执行官公开道歉。当地消费者协会支持在不知情的情况下被收取金融服务费的消费者进行投诉和维权。

此事件之后,银监会要求对奔驰金融开展调查,与此相关的其他一些问题也开始进入到政府政策考虑的范畴。例如:如何规范汽车交易市场,保护消费者的权益?如何避免汽车交易市场的恶性竞争?

——以上材料来自《西安"哭诉维权"事件》

思考并讨论:

在奔驰女车主事件中,从消费者个人问题进入到政策议程,需要经过哪些环节?哪些因素起到了决定性作用?

小组讨论

从2003年开始,国家人口计生委启动了"关爱女孩"行动试点工作,逐步建立有利于女孩及其家庭的社会经济政策和保障机制,切实维护妇女儿童合法权益,积极探索综合治理出生人口性别比偏高问题的有关途径。请分小组讨论:"关爱女孩"行动是如何从学术研究上升为国家战略的?其中的主要推动力量和影响因素是什么?

第五章 公共政策方案的制订

公共政策制定过程中最重要的环节之一就是公共政策方案的制订,也称政策方案规划。政策方案规划具有目的性、前瞻性、可行性、过程性、整体性等特征。政策方案制订者与决策者在遵守信息原则、系统原则、预测原则、客观原则、民主参与和智囊原则、优化原则以及效益原则等前提下,经过问题界定、目标确立、方案拟订、后果预测与评估以及方案抉择等程序,进行方案的制订与选择。在制订出政策方案后,还需要实现政策的合法化,以保证政策执行时的合法性。

第一节 政策方案规划概述

政策过程理论认为政策制定过程主要包括议程设定、方案规划、方案选择三个阶段。政策方案规划起源于政策问题,政策问题依靠政策方案获得解决。政策问题在被界定清晰、提上政策议程后,公共政策便进入了分析研究并提出解决方案的阶段,即政策方案规划阶段。换言之,从界定"政策问题,找准定位,了解现实情况"进展到了"应该如何解决,制订解决方案"的阶段。

一、政策方案规划的定义

政策方案规划也称政策规划或方案规划,是政策制定过程中一个最重要的环节,是指公共权力机关针对特定的政策问题,依据一定的程序和原则,确定政策目标、设计政策方案并进行评估优选的过程。决策者围绕特定的政策问题,对希望达到的目标、各种利益要求、未来的发展趋势、可能调动的资源、时间与空间的限制等因素进行统筹考虑、全盘规划,提出一系列可接受的方案或计划,进而制定出政策。

学者们从不同的侧重点对"方案规划"这一概念进行了界定。美国学者安德森认为,政策方案规划是指"涉及与解决公共问题有关的,并能被接受的各种行为方案的提出",强调解决方案的提出。我国学者陈振明将政策方案规划界定为"对政策问题的分析研究并提出相应的解决办法或方案的活动过程,包括问题界定、目标确立、方案设计、后果预测、方案抉择五个环节",突出方案制定与决策的过程性。王骚认为"政策规划不仅包括政策方案制定过程这一动态的含义,也包括静态的政策方案内容,即政策目标、规划原则与规划标准、实现目标的行动方式、实现目标的行动步骤、政策方案付诸实施的综合影响分析、政策效果预测、多种备选方案的优选等",全面总结了政策方案应当包含的具体内容。

二、政策方案规划的特性

(一)目的性

政策规划的目的是为了解决既定的问题。政策方案的目的指向性应该清晰合理,主要表现在以下两个方面：

(1)清楚明确地表述政策问题，因为政策问题贯穿公共政策的各个运行环节，涉及各级政府与各方主体。在不同时期与背景下，同一政策问题的关注重点也可能不同。以案例5-1为例，自新中国成立初期就备受关注的教育"减负"问题，其政策问题的内涵与政策目标随着时代的变化，始终处于更新的状态，被清晰明了地界定。

(2)清楚地设定目标或目标系统。按照不同的标准，政策目标可以划分成不同的类型。根据目标的地位，政策目标有基本目标和具体目标之分，基本政策目标也称元目标，一般包括公平、效率、自由、安全等；根据政策作用的时间，政策目标有长期目标、中期目标和短期目标之分；按照影响范围，政策目标则可以分为国内政策目标和对外政策目标，全国性政策目标和地方性政策目标，全局性政策目标和局部性政策目标；按照服务主体（普通社会公众或少数人群），政策目标则可以划分为公益性政策目标和特殊性政策目标。

案例5-1

与时俱进的教育"减负"目标

2021年7月，中共中央办公厅、国务院办公厅印发了《关于进一步减轻义务教育阶段学生作业负担和校外培训负担的意见》（以下简称《意见》），以切实提升学校育人水平，持续规范校外培训（包括线上培训和线下培训），有效减轻义务教育阶段学生过重作业负担和校外培训负担（简称"双减"）。从《意见》可以看出，"双减"政策界定了两个政策问题：一是义务教育阶段学生过重作业负担，二是学生校外培训负担。

自新中国成立以来，对于我国基础教育阶段中小学负担过重的问题，国家先后针对性地开展过六次"减负"工作。例如，1955年，我国第一个"减负令"《关于减轻中小学生过重负担的指示》，实施的教育方针是"健康第一，学习第二"，重点关注学生的身体健康；2000年，《关于教育问题的谈话》指出，要缓解青少年学生心理压力，将关注焦点扩展到了学生的心理健康。

2021年，"双减"政策方案所面临的政策问题呈现出新的特征，诸如：升学率驱动下学校频繁考试、私设课后自习、实施题海战术，变相"加负"；学校减负，家长却增负，家庭教育功能发生僭越，被赋予繁重的教育教学任务，比如家长批改作业；资本大量介入校外培训市场形成"影子教育"。线上培训教育乱象丛生，加剧了教育不公平。

面对新的政策问题，《意见》也明确提出了与之对应的工作目标：学校教育教学质量和服务水平进一步提升，作业布置更加科学合理，学校课后服务基本满足学生需要，学生学习更好回归校园，校外培训机构培训行为全面规范。学生过重作业负担和校外培训负担、家庭教育支出和家长相应精力负担1年内有效减轻、3年内成效显著，人民群众教育满意度明显提升。

（二）前瞻性

政策方案规划的期望结果是得到更有效的政策，那么政策方案规划应该符合良好决策的特征。决策是前瞻性的，通过制定延伸到未来的备选行动路线，并根据对事情结果的预期，在备选方案中进行选择。一项好的政策，包含对各种可能性的预测，经济、政治、社会等领域可能发生的变动都应该作为政策规划的参照信息，决策者利用这些知识、经验与证据来提高政策方案的有效性。以案例5-2为例，人口老龄化现象不仅为老年人所关心，也是青年人在未来要面临的现实问题，是一个关系全局的重大社会问题，需要政策制定者从国家的高度动员全民做好迎接长寿生活的准备，围绕"健康""参与""保障"的核心内容，积极地做好老龄工作、应对人口老龄化的阶段性持续深化。

前瞻性也要求政策规划者把握动态变动的规律,在高瞻远瞩地制定短期、中期和长期的规划以及充实和完善相应的制度设计时,也需要针对不同阶段的不同特征,提出动态、务实的公共政策,才能真正做到对症下药。

 **案例 5-2**

积极应对人口老龄化上升为国家战略

人口老龄化是 21 世纪重要的人口现象。第七次人口普查数据显示,我国老年人口的数量和比重持续攀升,65 岁及以上人口总数已达 1.91 亿,占总人口的比重为 13.50%,中国即将进入中度老龄化社会。人口老龄化呈现加速增长的态势已成为我国老龄社会新形态的鲜明特征之一,有研究预测老年人口规模将于 2053 年左右达到峰值。

老龄问题作为关系国计民生和国家长治久安的一个重大社会问题,涉及政治、经济、文化和社会生活的方方面面。首先,人口老龄化表现为一定的人口后果。其首要特征是人口的高龄化和老年人口女多男少问题持续凸显。其次,人口老龄化引致了诸多的经济后果,包括对劳动力供给与需求、劳动力价格、技术进步、社会劳动生产率、经济增长速度、产业结构、消费需求、储蓄和投资、社会负担、公共支出和财政政策、代际经济关系等多方面的影响。老龄化进程虽然蕴含着消费市场,但老龄产业的发展还有待提高。另外,人口老龄化还引发诸多社会后果,诸如家庭结构趋于小型化、社会结构和文化氛围变化、社会活力受到影响、社会与家庭再分配向老年人倾斜等,还为社会保障体系、养老保障体制、公共医保体制带来挑战。

我国人口老龄化进程的长期性、特殊性以及紧迫性,使得人口与经济、社会全面协调可持续发展面临严峻挑战。人口老龄化是百年未有之大变局,十九届五中全会将积极应对人口老龄化上升为国家战略的地位,以便起到提纲挈领的统筹作用,开启了积极应对人口老龄化的前瞻且长期的顶层制度设计。党的二十大报告继续强调要"实施积极应对人口老龄化国家战略"。

(三)可行性

政策方案本身的可行性影响政策实施的效果,政策方案的可行性论证逐渐被纳入政策分析的视野,"未做可行性分析,不做政策决定"已经成为现代政策科学的基本观点。在选定的政策方案实施前,要从目标设立、资源投入到运行的各个环节进行充分的可行性论证,讨论和评价既定方案在法律、政治、经济、技术、伦理、环境上的可行性,分析其潜在的政策效果,包括积极影响与消极影响,并要为消极作用找到合理的解释与应对措施。具体而言,政治可行性是指被决策机构及政策相关群体支持和接受的可能性;经济可行性是指政策资源获取的可能性;技术可行性是指决策者和执行者掌握的相关技术资源水平达标的可能性。以案例 5-3 为例,建设大型粒子对撞机项目在经济、技术以及政治层面的可行性被一一质疑,从而被否决。

案例 5-3

中国建设大型粒子对撞机项目被否决

2012 年,欧洲大型质子对撞机(LHC)设备以光速发射粒子进行对撞发现了希格斯玻色子。受这一成就的影响,我国展开了关于建设环形正负电子对撞机的讨论,并提出了中国新型超大粒子对撞机的建造方案,采用与 LHC 同样的环形设计,将总长度延长至 70 公里,几近欧洲 LHC 的 4 倍,而建造成本只有 LHC 的一半,按计划于 2022 年开建。如果这个项目建成,基于加速管道长度的优势,将产生更多的希格斯玻色子,对于寻找暗物质将起到极大的推动作用。

但我国科学界针对大型粒子对撞机建设项目方案的可行性产生了两种截然不同的声音。支持者认为,建造该项目有利于提升我国微观物理学和高能物理领域的研究水平、吸引国际顶尖科学家。反对者则认为,耗费过于巨大,想要获得突破性的概率微小,性价比不高,美国等国家的这类项目也已经中止。

项目方案抉择过程发生在 2016 年,时任我国高能物理研究所所长王贻芳力挺大型粒子对撞机建设,认为如果不建设该项目,中国在该领域将会落后 30 年,于是召集了 11 名知名科学家进行投票。在投票 5∶5 之际,我国诺贝尔物理学奖获得者杨振宁投出了关键反对票,这一决策是从经济、技术和政治可行性维度上做出的对项目方案的综合考量。杨振宁的观点是,虽然建设资金能够筹集,但这一个项目将会挤占很多其他科研项目的经费,大型粒子对撞机是昂贵且低回报率的投资,而且目前国内高能物理人才缺乏,即使建成也少有人可以使用,相当于给外国作嫁衣。

(四)过程性

政策规划是一个政策方案形成的过程,讲求过程的开放性,把政策方案的制订视为一种信息沟通、激发创意、协调立场和利益、引导社会风气和公众行为的过程。政策规划也是一个政策动态发展的过程,即要求根据客观形势的变化及时修正政策方案的某些规定性,使政策方案保持导向性和适应性。以案例 5-4 为例,我国网约车监管政策的成型就经历了利益协调、信息沟通、修正调整等一系列过程。

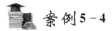

案例 5-4

网约车监管政策的制定过程

2010 年,以"优步"为代表的网约车基于互联网技术,整合供需信息、提供非巡游的预约出租汽车服务,在全球范围迅速发展。2012 年起,我国以"滴滴出行"为代表的网约车"野蛮"生长,引发了诸多社会问题与监管层面的争议。网约车监管的政策制定过程经历了以下几个阶段。

第一阶段,网约车市场浮现出诸多社会问题。第一,网约车冲击了现有传统出租车监管政策,网约车平台公司、劳务派遣公司、司机和车辆租赁公司签订"四方协议"规避了既有法律对单一运营主体的严格准入条件,冲击了出租车司机的利益,引发了出租车司机罢运的集体抗议,加大了政府对"黑车"监管的难度;第二,因部分网约车司机资质不够、个别网约车司机对乘客性骚扰甚至产生刑事犯罪等,网约车市场逐渐暴露出社会安全隐患。

第二阶段,网约车政策问题得到确定。随着"黑车"问题的激化,现有监管政策受到冲击,传统出租车定价生态被打乱,媒体发表时论引发公众热议,舆论哗然下网约车的合法性与监管问题被推到了政策制定者的面前,我国各省市政府不得不出面对网约车的非法问题进行表态。

第三阶段,网约车政策议程建立。网约车问题的出现迫使政府建立政策议程,主要体现在不同层级政府的表态上。在中央层面,面对各种言论的争锋,交通运输部新闻发言人在 2014 年一场例行新闻会上提出鼓励并规范汽车租赁服务模式创新,为网约车服务定下了一个包容的基调,发出了支持网约车发展的政策信号,并初步提出了网约车有序发展的原则。在十二届人大三次会议上,时任交通运输部部长表示专车是有发展空间的,但也要考虑安全问题。地方层面政策要与中央趋同,并结合本地情况做出调整。

第四阶段,网约车政策备选方案的提出。在网约车政策备选方案的设计中,政策制定者做了深入调研。2014年,交通运输部党组成员、运输司司长多次到滴滴网约车公司总部实地调研,以便于制定指导意见。在网约车准入条件、办理程序及政策内容制定过程中,邀请专家客观地提出意见。2015年,交通运输部起草了《关于深化改革进一步推进出租汽车行业健康发展的指导意见(征求意见稿)》和《网络预约出租汽车经营服务管理暂行办法(征求意见稿)》(以下简称《网约车征求意见稿》)。

第五阶段,《网约车征求意见稿》的评估。为了全面、真实地了解人们对网约车政策的意见,在网约车征求意见稿发布的同时,宣布在国务院法制办和交通运输部政府网站向社会公开征求意见,最终分别共收到5008件、6832条意见和建议。此外,各地纷纷举办《网约车征求意见稿》的专题研讨会,汲取专家意见,并在公开征求意见结束后采用系统分析、对比等科学方法,对所有意见进行分析,总结出评估意见。

第六阶段,网约车政策方案的择优。政策方案的选择要基于公共政策所追求的科学化与民主化目标。2016年,《网络预约出租汽车经营服务管理暂行办法》出台。在吸收了很多意见后,相较于《网约车征求意见稿》,《网约车管理暂行办法》在行业地位、定价方法、车辆登记性质、投放数量、平台与司机关系以及从业者驾驶资格等六个方面都进行了择优调整。

(五)整体性

政策规划关注的是系统性的政策问题在未来的情形及其相应的解决办法。这类政策问题具有相当的结构性,常以一群、一片、一团或一类的形式出现。政策规划的主要任务也就是对整体问题进行原则性的规定,减少规划层次、整合规划内容,而对某一项单一的政策问题一般不做出政策规定,甚至不予理会。以案例5-5为例,自然资源部和生态环境部的组建便是基于陆海统筹发展理念下的整体性规划。

在保证政策整体性规划的同时,也需要各级政府因地制宜地出台针对性的细化政策,避免整体性的政策在执行阶段出现适应性低而推行受阻;同时还需要保证政府体系内各部门之间的协同合作,以保证整体性政策的有效实施。

案例5-5

自然资源部、生态环境部的组建与陆海统筹发展

2018年中共中央印发《深化党和国家机构改革方案》,不再保留国土资源部、国家海洋局、国家测绘地理信息局和环境保护部。改革方案将国土资源部的职责,国家海洋局的职责,国家测绘地理信息局的职责,国家发展和改革委员会的组织编制主体功能区规划职责,农业部的草原资源调查和确认登记管理职责,国家林业局的森林、湿地等资源调查和确权登记管理职责整合,组建自然资源部;将环境保护部的职责,国家海洋局的海洋环境保护职责,国家发展和改革委员会的应对气候变化和减排职责,国土资源部的监督防止地下水污染职责,水利部的编制水功能区划、排污口设置管理、流域水环境保护职责,农业部的监督指导农业面源污染治理职责,国务院南水北调工程建设委员会办公室的南水北调工程项目区环境保护职责整合,组建生态环境部。

起源于20世纪90年代的"海路一体化"理念,2004年由中国海洋经济学家张海峰首次提出的"陆海统筹"概念,突出对海洋和陆地在资源开发、产业布局、生态环境保护和综合管理等领域的宏观调控,协调陆海的经济功能、生态功能和社会功能,实现综合效益的最大化。2010年"十二五"规划首次写入"陆海统筹","十四五"规划继续强化"陆海统筹"的战略地位。

基于"陆海统筹"理念,与2013年大部制改革中对国家海洋局进行重组的思路不同,2018年的改革不再是地理分割式的处理一片疆域或海域上的所有问题,而是将涉及海洋的各个事务分别交由相应的职能部门管理,例如海洋环境保护职责交由生态环境部,岛屿开发与保护问题交由自然资源部处理。通过将海洋行政管理视作陆域行政管理的延伸,把陆海相同的职能纳入同一个部门中,在行政管理体制层面的改革推进了"陆海统筹"战略,将陆域、海域视为一个整体进行原则性的统筹规划。

三、政策方案规划的原则

(一)信息完备原则

政策规划的过程就是信息的收集、整理、加工和处理的过程,政策规划的成效很大程度上依赖于信息的全面、具体、准确、及时。大数据时代背景下,面对海量的民众需求与社会问题,政府要能够对社会问题的信息进行收集、分析与判断,以提供令公众满意的公共物品与服务。政府部门在制订政策方案时要避免仅仅依靠决策者的经验之谈,要意识到虚假信息会直接导致政策的错误。因此,在对政策方案进行规划时,便要求论证者掌握大量的信息数据,把握各类政策方案所需的各种资源条件、实施障碍及障碍的破除方法,从而确定最优方案。

目前我国各级政府已经展开管理信息系统项目建设活动,包括机关内部办公系统、政府公文和信息无纸化传输系统、办公决策与指挥调度系统、电子政务系统以及公众电子政府服务系统等。"有限理性"的决策者会受到信息不完备的影响,而管理信息系统可以在合适的时机为政策制定者提供所需的信息,减少依靠经验决策和决策信息不对称的弊端,提高了公共政策制定的科学化水平。

(二)系统原则

我们在本书第一章就提到,公共政策分析遵循系统原则。在决策活动中,系统原则要求决策者根据客观事物所具有的系统特征,考虑所设计的整个系统、与其相关的系统以及构成各个系统的相关环节,正确处理整体与局部、战略与战术、当前利益与长远利益、主要目标与次要目标、系统内外的协调关系,以防顾此失彼、因小失大。

"系统"一词由古希腊哲学家德谟克利特在《宇宙大系统》中首次提出,意指部分组成整体,它是人们认识客观世界的一种思维形式。"系统"具有涌现性,系统各部分元素在组成整体后可以具有原来所没有的功能。因此,在制订政策方案时应以大局为着眼点,从事物的整体出发去认识、分析和处理局部性问题,达成政策规划的局部最佳或整体均衡。以案例5-6为例,中国对粮食安全问题的治理体现的就是一种系统原则,无论是政策目标、政策工具还是农作技术,都考虑到了整个系统的均衡发展。

案例5-6

如何养活14亿人口?——中国应对粮食安全问题的系统方案

根据国家统计局数据,截至2021年末中国的人口总数是14.13亿,且未来一段时期内人口总量将保持在14亿人以上。作为世界上人口最多、粮食消费量最大的国家,中国用全球

9%的耕地,生产了全球1/4的粮食,养活了全世界1/5的人口。

首先,面对14亿人口的粮食安全问题,中国取得了显著的成就并为世界做出了中国贡献,这一成绩离不开中国对粮食安全问题的系统保障。具体来看,相较于人口大国印度以及欧盟国家、美国,除了玉米产量美国最多外,无论是小麦、稻谷,还是肉类、鸡蛋、西瓜、西红柿、天然蜂蜜等,中国农作物的产量都是最高的,系统兼顾了产量与种类的均衡(见表5-1)。

其次,"中国智慧"也体现在中国传统农业的系统思想中。系统科学虽然是20世纪40年代诞生于西方的一门综合性学科,但中国传统农业早已具备着与现代系统科学类似的系统和谐、协调、整体性、动态平衡等思想,例如"桑基鱼塘"的农业生态系统、"莲藕与养鱼"式生态循环系统和"芥菜—蜜蜂—鱼虾"式生态循环系统。以"桑基鱼塘"农业生态系统为例,其代表是"浙江湖州桑基鱼塘系统",起源于春秋战国时期,至今已有2500多年的历史。"基塘"是指水塘及包围水塘的小块旱地所组成的地面景观。水塘养鱼,旱地种桑、蔗、果、花等,塘与基结合,便成为"桑基鱼塘"。在从种桑开始、经过养蚕、结束于养鱼的这一周期性过程中,每个环节都存在密切的制约关系,相互联系、互相促进,达到了循环连续生产的效用。

再次,已有政策方案也体现了系统规划的原则,以"2021年度浙江省产粮大县"浙江省湖州市南浔区为例,南浔区2021年粮食种植面积达1.75万公顷,粮食总产量12.2万吨。南浔区通过加大政策补贴投入,"三项补贴"政策对退塘还田、退林还耕区域进行补贴奖励,支持联合社的粮食生产和发展壮大,开展地方政策性水稻收入保险试点,深入开展"藏粮于技、藏粮于地"行动,并着力在强化耕地保护、加快科技应用、优化粮食产业体系等方面下功夫,系统地运用各类政策工具提升了粮食综合生产能力。

表5-1 2020年部分农作物产量的国际比较 单位:百万吨

农作物种类	中国	印度	欧盟(27)(英国脱欧)	美国
小麦	134.25	107.59	126.66	49.69
水稻	213.61	178.31	2.85	10.32
玉米	260.88	30.16	67.84	360.25
肉	77.14	7.48	44.32	48.71
鸡蛋	604.68	114.40	108.64	111.57
西瓜	60.25	2.79	3.09	1.74
土豆	78.24	51.30	53.96	18.79
天然蜂蜜/吨	466487	62132	217864	66948

(三)预测原则

政策规划是对未来事物所做的行为设计和方案抉择,是一种面向未来的活动,它引导人们关注未来将要面临的一系列公共问题。只有建立在可靠预测基础上的政策方案,才是具有现实可行性的政策方案。公共政策规划应当努力使过去、现在和未来三者不脱节,让政策方案保持足够的弹性或缓冲,从而使公共政策方案的制订能够随着环境条件的改变而调整,以实现政策方案持续性的动态发展。因此,从该意义上讲,公共政策规划在本质上是一种关于未来的科学,应遵循预测原则。以案例5-7为例,城市在发展的过程中需要对可能产生的城市病加以预测与预防。

案例 5-7

"下水道"成中国城市病的缩影：城市为何屡屡被淹？

近年来大雨、暴雨发生频率较高，一些城市排水系统无法快速泄洪排水，导致城市内涝时有发生。以陕西省为例，根据有关部门统计，陕西省主要易涝点共 306 处，其中西安市有 13 处，以立交桥隧道、城乡接合部为多。

城市内涝是指强降水或连续性降水超过城市排水能力进而导致城市地面发生积水的现象。城市内涝不仅影响人们的生活，极端强降雨导致的城市内涝还会造成人员伤亡。

城市内涝究其原因是城市防洪排涝工程建设赶不上城市化的扩张速度。城市排水系统目前应当在规划阶段顾及以下几种因素：

(1)"重地表，轻地下"，城市建设标准存在积弊。城市下水道大致可以分为两种：一是俄罗斯道，适用于降雨量少的情况，城市下水道口径小、埋藏浅；其二是西欧道，如伦敦、巴黎年均降雨量在 600～1000 毫米，下水道宽阔可以行车。中国在 1953—1957 年将"苏联模式"引入城市规划，国内各城市在这一时期开始采用一整套以苏联为标准的下水道设计，为以后的内涝埋下了伏笔。

(2)地面过度硬化导致地表径流剧增。对城市排涝起决定性作用的因素除了地下排水管网之外，还有地表径流。近年来，随着城市的迅速扩张，城市绿化植被减少，取而代之的是大面积的硬质铺装路面，这使得雨水渗透能力大大降低。

(3)城市无节制扩张，破坏区域自然肌理。城市内涝问题，不仅仅源于排水管道，许多原因还出在城市本身。近年来中国城市高速扩张，往往忽略了城市和自然的和谐之道共生。城市建设不断填埋挤占湖泊河道，改变了水系的自然格局。实际上，区域自然肌理比排水管网本身对城市内涝的影响要更大。有调查发现，一些城市在建设过程中，规划得并不充分。有的城市切断了几十公里自然状态的天然排水路线，道路两侧仅靠涵洞连通，排水由"线"变"点"，增加了排涝泄洪的压力。

(4)先修排水后修桥，立交桥地势过低。有的地方制定规划时对洪涝灾害的影响论证不够全面深入，把重要项目选在城市低洼区等洪涝灾害高风险区。还有地方在规划低洼地区交通时，未充分考虑积涝风险，盲目采用隧道方案，埋下隐患。北京许多立交桥容易积水，原因就在于管线位置太低，甚至低过了排水口和河道水平面的高度。

(四)客观原则

客观原则要求实事求是，尊重客观规律，一切从实际出发。早在《孟子》一书中就提出了客观原则的思想——"挟泰山以超北海"，一个人把泰山夹在胳膊下跳过北海，是客观上做不到的事情，而不是主观上不愿意做的事。

客观原则要求政策方案具有可行性，这是一种实践原则，即政策必须要在现实条件下可行。首先，在确定政策目标时便需要考虑到现实政治体制、经济实力、文化传统、技术能力、自然环境、社会环境等客观条件的约束，使政策方案在现有客观条件下切实可行。其次，政策方案必须考虑政策执行者的素质水平与执行能力，执行者要有在现有能力条件下或通过一定培训提高能力后具有充分担负政策执行任务的能力。再次，政策方案必须考虑到政策调适对象及社会公众的素质水平、价值观念、接受程度等主观因素的约束，使政策方案在现实主观条件下切实可行。以案例 5-8 为例，在我国现行经济实力与技术能力下，飞船的客观实用比外表美观更重要,实现飞船回收的前提是掌握相关的核心技术。

案例 5-8

中国飞船回收问题

据军事专家介绍,可重复使用的航天器是针对传统航天器而言的,传统航天器基本上都是一次性使用的,不管是卫星、飞船还是空间站,只要发射到了太空,一旦再回来就无法重复使用了。直到美国航天飞机的出现,才开始了可重复使用航天器的历史。比如,美国的"龙"飞船、"追梦者"货运飞船、X-37等航天器就能够重复完成发射、入轨、脱轨并重新进入大气层的整个过程,都属于可重复使用的航天器。可重复使用的航天器在完成试验任务后,能像普通飞机一样在机场跑道上降落。简单维护后可再次发射升空,成本低,用途广。

中国在现有经济条件下,为解决飞船回收难题,创造出了世界领先技术。2020年9月6日,中国在酒泉卫星发射中心成功发射了可重复使用的航天器,在轨飞行两天后,成功返回预定着陆场。这标志着中国在航天航空领域走出了重要一步,打破了美国的技术垄断,战略意义非凡。

中国在航天器美观与实用的选择上,根据本国的发展需要,更加注重实用性与经济效率,并进行航天器回收,这体现了一种实事求是的客观原则,是我国在当前发展阶段客观进行成本收益分析的体现。

(五)民主参与和智囊原则

判断政策正确与否的一个根本标准是看政策能否反映人民的要求,使群众获得利益。这要求政策规划者鼓励、引导民众参与政策制定,充分发挥其主人翁的作用。对于现代政策制定而言,还要特别发挥思想库的作用,让专家智囊团参与,利用专业的技术、科学的知识和方法进行"谋"与"断",促进决策的科学化与民主化。

民主体制给予了民众参与政策制定全过程的机会。一方面,在政策议程设置上,学界大多将议程分为媒体议程、公众议程和政策议程;学者王绍光进一步依据政策议程提出者的身份与民众参与的程度总结出我国议程设置的六种模式,分别是"关门模式""动员模式""内参模式""借力模式""上书模式""外压模式"。当前"关门模式""动员模式"逐渐式微,"内参模式"成为常态,"上书模式""借力模式"时有所闻,"外压模式"频繁出现。总的来说,议程设置"突出了着力解决经济社会发展中涉及全局和人民群众关注的重点问题",已变得日益"科学化"和"民主化"。另一方面,在决策过程本身,中国的决策环境日益开放,社会力量广泛地参与到决策过程中,政府下属的政策研究机构设立并提供决策咨询,科技精英、思想库的政策专家影响力日益增加。学者王绍光将中国政府的决策模式总结为"集思广益型"。以案例5-9为例,中国"十四五"规划纲要草案的编制过程包含了从中央到地方各个政府部门、有关单位、知名高校、高端智库、专家学者、企业家、一线工作者等各方主体,参与方式日益丰富,"十四五"规划经历了基本思路研究、党中央《中共中央关于制定国民经济和社会发展第十四个五年规划和二〇三五年远景目标的建议》编制、正式编制《中华人民共和国国民经济和社会发展第十四个五年规划和2035年远景目标纲要》三轮的"集思广益"过程,每一轮都包括屈群策(发散思维)、集众思(集中智慧)、广纳言(征求意见)、合决议(集体商定)、告四方(传达贯彻)五个环节,体现出我国决策模式的"民主化"与"科学化"。

案例 5-9

大智兴邦：中国"十四五"规划纲要的诞生过程

2021年3月5日，第十三届全国人民代表大会第四次会议开幕，大会审查了《中华人民共和国国民经济和社会发展第十四个五年规划和2035年远景目标纲要（草案）》。那么，"十四五"规划纲要是如何诞生的？又凝聚了怎样的集体智慧？

第一步，基本思路形成。"十四五"规划编制工作的起点是2019年2月国家发改委向国务院报送关于开展"十四五"规划编制工作的请示报告。一直到2020年3月，中华人民共和国国家发展和改革委员会在"十三五"规划中期评估的基础上，围绕"十四五"时期的发展环境、主要目标任务，组织了200多项重大课题的研究，形成了约300份研究报告，再加上实地调研，形成"十四五"规划的基本思路，按照程序报到《中共中央关于制定国民经济和社会发展第十四个五年规划和二〇三五年远景目标的建议》的起草组作为参考。

第二步，框架搭建。2020年4月至10月，国家发改委开展"十三五"规划的总结评估，同时组织各地区、各部门研究提出希望纳入"十四五"规划纲要的目标指标、重大工程项目政策等。

第三步，起草草案。根据十九届五中全会后的《中共中央关于制定国民经济和社会发展第十四个五年规划和二〇三五年远景目标的建议》的指导进行全面对标，在国务院的直接领导下，起草草案，在广泛征求社会各方面意见后，提交党中央、国务院审议，最终提交第十三届全国人大四次会议审查。

我国在实践中不断推进革新，确立了"公众参与、专家论证、政府决策"的政策制定体制，为公众、专家参与政策制定提供了制度保障，既发挥了专家在理性知识掌握与应用上的优势，也尊重了公众对价值偏好的判断与选择。这一体制也存在一定的改善空间，例如：将专家与公众纳入政策制定主体会产生成本问题，公众与专家的参与可能会增加政策制定的时间和经济成本；政策咨询中科学家的独立性也一直是理论和实践中的讨论热点，如案例5-10美国对专家社会责任的探讨；公众也并非对所有政策都有参与的兴趣和意向。因此，政策在制定过程中不能"一刀切"地、形式主义地引入公众与专家参与，在具体实践中还需要具体考虑政策类型、政策过程等的差异，对官员、专家与公众的互动模式进行细分与选择。

案例 5-10

美国 DDT 政策制定过程中的科学家角色

自二战时期，英、美等国政府出于战争的需要，开始征用大批科学技术专家研制原子弹和雷达等新型武器，解决战时医疗与医药等急迫的科学技术问题，科学家开始进入国家政策咨询领域。作为政策咨询专家的科学家不再是单纯的科学研究者，还承担着国家和社会责任，其价值观、行为与角色具有特殊性。

以美国DDT（双对氯苯基三氯乙烷）政策为例，面对DDT杀虫剂的广泛使用，美国政府期冀找到一种有效管控和检测其使用安全的方式。20世纪50年代，杜鲁门总统签署了《联邦杀虫剂法、除真菌剂法和灭鼠剂法》，在该法案的制定过程中，以经济昆虫学家为代表的科学家参与谈判。

尽管该条约涉及许多技术问题，但其本质仍然是政治条约。美国科学家积极提供相关的研究数据,但从这部法律的起草到国会的通过过程来看,化学制造商及其国会盟友一直占据主导力量,他们选择性地采纳科学家的建议,以显示决策的科学性。因此该法案并未真正起到政府监管的作用,只是强制制造商在杀虫剂标签上标出杀虫剂的可能危害,侧重的是化学品制造商的自我管理。

科学家们对DDT的监管提出了两种不同主张,体现了科学家在政策咨询领域的两种不同的角色定位。一派认为,应该进行更多的实验,多方面验证DDT的安全性,提高人们对于杀虫剂使用潜在危害的认知。这一群体多为学院派科学家,他们接受政府科学研究资助或者学校科研资金的支持,从科学知识发展和个人研究兴趣的角度出发探讨监管问题。另一派认为,还没有明确证据表明使用DDT引发人类某种疾病,现行政策和法律足以满足监管需要、保护公众健康。这一类科学家多为企业型科学家和政府科学家,在农业和工业利益集团以及政治家的支持下,他们的研究方向和社会言论被限定,更多考虑的是科学知识之外的社会因素。

科学家们之间的这种分歧,在很大程度上归因于他们的社会责任意识。在公共政策方案的咨询过程中,科学家的建议往往掺杂着经济、政治与社会文化等因素。政策制定作为政治博弈,在这一过程中,科学知识不但是政策依据的事实判断基础,同时也与其提供者——科学家的权威与号召力,一同被征用为影响政策受众的因素,提高了政策议题的可信度。

参与政策咨询的科学家,被称为"专家",当科学家转变为专家时,内心承受着社会责任和价值观的冲突,他们所做的工作不再是通常意义上的科学,而是一种结合了科学证据因素和用大量社会及政治判断进行推理的活动,他们必须考虑决策者和公众的价值观、需求和认知基础,作为知识提供者的专家有责任保证知识的可靠及其被公正和有效地使用,从而引领政策制定走向民主化和科学化。

(六)优化原则

比较和选择是政策规划最突出的特征,追求优化是政策规划的目标。政策的优化可以依托政策工具的优化组合。政策工具种类繁多,税收、产权、补贴、政府规制等,各有各的优缺点,其作用范围、作用方式、激励机制、确定性、可预测程度、成本大小、效果影响以及政治可接受性不同。在进行政策规划时,通过对不同政策工具组合的优劣进行对比分析,采用政策模拟等方式,可以对政策进行优化,提高政策方案的效力。以案例5-11为例,跨区域协同发展的政策方案,可以从政策目标、政策工具上进行科学仿真后再进行择优。

案例5-11

京津冀产业生态经济系统跨区域协同的政策优化仿真分析

跨区域协同发展战略是国家发展总体战略的重要组成部分。随着我国经济发展步入新常态阶段,一方面,产业集聚程度、劳动力与产业空间格局面临区域间发展不平衡的问题日益突出;另一方面,要素投入逐渐趋紧,生态环境恶化,各区域面临生态环境瓶颈和经济增长压力的"双重制约"。为此,中央在"十四五"明确提出"加快推动京津冀协同发展"。

从追求经济价值和生态系统高水平协同的目标出发,以效率和公平两个视角,跨区域产业生态经济协同的政策优化内涵包括以下几个方面:①引导区域间要素合理流动配置和产业合理分工。②强化高效节约的政策导向,追求区域产业发展的质量。③充分考虑区域生态资源和要素禀赋差异。④满足不同区域对自身经济增长和生态改善的需求,促进区域间均衡发展。

以产业增长率、产业生态效率为效率测度，以人均 GDP（国内生产总值）变异系数和环境基尼系数为公平测度构建政策优化目标体系，主要包括：①区域产业发展效率的水平以及质量的综合考量。其中，GDP 增长率指标体现区域产业发展的效率水平，产业生态效率则代表了区域产业发展质量。②"横向"的区域间的公平性。它包括以区域人均 GDP 指标的变异系数为度量的产业发展水平的平衡性，以区域环境基尼系数为指标的产业生态效率的平衡性，融合了产业发展水平、质量两个方面的区域间横向比较指标。

研究进一步将各区域产业生态经济系统分解为经济、资源及环境子系统，采用系统动力学模型，分析跨区域协同过程中不同类型政策对区域各子系统经济发展、资源消耗以及环境改善的作用机理，并从效率和公平两个维度，设置基准、蓝色和绿色三类目标情景；基于京津冀在跨区域协同中的政策选择，选择固定资产投资、研发经费支出、环保税税率等政策控制变量，通过政策控制变量对系统状态变量的灵敏度分析，确定京津冀在投资政策、科技政策以及环境规制政策等方面的政策偏好，形成面向蓝色、绿色情景下京津冀高投资、弱规制以及低投资、高创新等 12 个政策组合，并仿真分析各政策组合对京津冀效率以及公平的影响，识别可实现绿色情景的最优政策组合方案。

仿真结果显示，当北京形成科技投资占比 6%，交通基础设施建设投资年增速 10%；天津形成固定资产投资年均增速 6.5%，社会保障和就业支出年增速 8.5%；河北形成交通基础设施建设投资年增速 12%，环保税税率执行国家最高标准的政策组合方案时，京津冀可实现绿色目标情景。进而提出政策方案：要实现京津冀产业生态经济系统跨区域协同由基准向绿色情景转变，应发挥京津冀在财政投资、交通基础设施建设、社会保障就业、产业转移和环境规制等政策类型组合，与低投资、高创新、高规制等政策力度组合的双重组合效应。

（七）效益原则

简单来说，效益原则就是强调一项好的政策方案追求以较低的资源消耗换取较高的政策收益。政府在政策规划过程中通过对方案进行成本效益分析以及评估方案执行可能引起的社会、经济后果，保证政策资源得到最大效率的利用。

展开来说，公共政策效益可以理解为政策在运行过程中以及结束后的实际收益、效果和成果，可以从政策价值、政策功能、政策效果、政策效率四个方面衡量。公共政策效益是政策价值的外在表现。政策功能是政策在实施过程中发挥的功效与作用，一般包括制约性功能、导向性功能、管理性功能和象征性功能。政策效果是政策执行结束后政策对政策对象及环境所产生的影响或作用，有正面的、负面的、眼前的、长远的、局部的、全局的，可分为直接效果、附带效果、意外效果、潜在效果和象征性效果。政策效率是投入与收益的比率，关心一项政策是否以最小的投入得到最有效的产出。

在管理学界，效益是管理的灵魂，管理工作的目的就是实现管理目标。经济领域也经常使用经济效益一词，不仅强调经济效果，也注重经济效果之外的内容，如资源利用率、环境影响等。一项公共政策不仅要提高经济效率，也要促进社会效益。公共政策效益相较于工商管理的效益，有明显的区别。首先，公共政策效益更具社会性，各项政策活动要满足国家和社会需要，而不仅是追求行政组织本身的效益。其次，公共政策效益更具多样性，这源于公共政策涉及一系列实施条件、阶段、环节与类型不一的社会问题。另外，公共政策效益相对于工商管理效益有一定的迟效性，一般需要经过较长的周期的检验才能做出公允的评价。

第二节 政策方案规划的基本程序

从程序上讲,方案规划包含问题界定、目标确立、方案拟订、方案评估和方案抉择五个相互关联又相互区别的阶段或环节。公共政策的制定应该遵循严格的程序,重视多方利益诉求,最大程度克服随意性和不可控性,换取最大的治理效果,避免"短命政策"影响了政策的权威性、有效性和政府的公信力。本书已在第四章详细介绍公共政策问题的界定,本节主要介绍政策目标确立、政策方案拟订、政策方案后果评估和政策方案决策四个基本程序。

一、确立政策目标

政策目标就是政策规划主体希望政策所要达到的最终成果。只有在"政策目标"明确的前提下,其他政策行为才能沿着规范合理的程序发展。因此,政策方案的拟订就要以实现政策目标为核心,缺乏"目标"引导的公共政策,其作用效果往往会被分散。

政策目标与政策问题相关联。政策问题对于政策目标的确立发挥着根本性的作用,当一项"公共问题"被纳入政府议程后,便演变为公共政策要解决的对象。政策目标的内容,就是为了消除产生问题的根本原因。一个政策问题是否解决或者解决的程度可以通过政策目标和相应的指标来进行检验。

在确立政策目标时,应注意下列几个要素:

(1)政策目标是切实可行的,是从实际情况出发的,需要充分考虑到政策资源和自然、社会环境的限制。

(2)政策目标应该是明确具体的,语言表达应该准确清晰、没有歧义,目标的时间期限和实现目标的约束条件都是明确的。例如,近年来,我国近海海域因为过度捕捞出现了鱼类资源的衰减,为了解决这一问题,一些地方政府制定了相应的"增殖放流"政策。在该政策的规划过程中就需要设立相应的政策目标,即在什么时间对何种鱼类产品进行增殖放流,增殖放流的数量是多少,后期的效果要达到何种程度。只有将这些目标具体化,才能依据行动规划执行方案,并检验方案的执行效果,为后续政策的修正提供依据。

(3)政策目标应该是规范、合理的,政策目标要既符合国家宪法、法律和社会的道德规范,又体现政策规划者所代表的社会利益。

(4)政策目标之间应该是协调一致的,不能相互矛盾。在现实中各个目标之间关系复杂,有时候它们既存在一致性,也会彼此产生冲突,因此要以充足的理由解释为什么选择这样的目标,细化可以衡量目标实现的标准。任何一种目标的设定,本质上都是以一定的利益和价值观念为基础的。一个目的性清晰的政策方案,应当把某种目标与某种利益的相互关系说清楚。除了目标本身的冲突外,政策目标彼此冲突的原因还源于组织结构分散化导致政策体系碎片化。以案例5-12为例,一项公共政策产生的附带政策效果可能会造成政策目标间的冲突,破除公共政策目标冲突既要协调政策内容,也要提升决策者的整体思维,强化服务理念。

案例5-12

"地摊经济"的政策目标冲突与协调

2020年,四川省成都市出台《成都市城市管理五允许一坚持统筹疫情防控助力经济发展措施》，在保障安全、不占用盲道、消防通道，不侵害他人利益，做好疫情防控和清洁卫生等工作前提下，允许在一定区域设置临时占道摊点摊区和夜市，允许临街店铺越门经营，允许流动商贩在一定区域贩卖经营。

"流动商贩"相关政策的放松迅速拉动了就业。全国两会后，不少省市开始放松对流动摊位的管理，鼓励"地摊经济"重新回归城市。李克强同志在山东烟台考察时也点赞"地摊经济"，地摊经济、小店经济是就业岗位的重要来源，是人间的烟火，和"高大上"一样，是中国的生机。

但"地摊经济"的复兴也产生了很多如交通堵塞、市容市貌与食品安全问题。尤其是市容市貌问题，全国文明城市测评指标中要求不得有占道经营、马路市场和流动商贩，这让"地摊经济"的兴起存在政策目标间的冲突。对此，中央文明办紧接着取消了与之冲突的考核内容，加之各地精细化管理流动商贩摊点，使得就业民生与市容市貌之间的目标矛盾得以协调。

二、拟订政策方案

拟订政策方案，即政策方案设计。政策方案设计的目的，就在于提供各种可供选择的可能性方案或备选方案。方案设计是政策规划的中心环节，方案可行与否、科学与否，直接影响到政策的实施及后果。政策制定作为一种决策过程，是对各种解决问题的可能性途径和方法的选择过程。政策方案的设计一般有两步：轮廓构想和细节设计。

（一）轮廓设想

轮廓构想是方案设计的第一步，其基本方法就是运用创造性思维，从不同角度、不同途径勾勒出多种实现政策目标的思路和方案轮廓。政策规划者在设想方案轮廓时，要重视创造性的发挥，突破观念和思想的束缚，发挥自己的远见和魄力，提供新思路、新设想。在设想方案轮廓时，要尽量撇开细节。

轮廓构想主要包括两个方面的内容：一是为实现既定的政策目标，提出若干个政策方案；二是将各方案的轮廓勾画出来，包括对行动原则、指导方针、基本措施、政策的发展规划等内容进行具体描述。以案例5-13为例，南水北调工程的方案设计是从设想开始的，经过广大科技工作者持续进行了50年的调研工作，在分析比较50多种方案的基础上，形成了目前南水北调东线、中线和西线调水的特大型基础设施项目。

政策方案的轮廓构想必须遵守以下基本准则：第一，政策方案应尽可能多，方案设计应当多样化。政策方案不仅应包括各种可能实现政策目标的方案，还应包括预防方案、应变方案等。第二，方案轮廓要满足整体上的完备性和个体间的互斥性。所谓整体上的完备性，是指应把所有可能的备选方案全部构想出来，不能有任何遗漏。这是保证最后能选定最优方案的一个重要前提。所谓个体间的互斥性，是指不同的备选方案之间必须彼此独立、相互排斥，而不能相互重叠或包含。

案例5-13

中国南水北调工程的论证过程

南水北调工程是迄今为止世界上最大的水利工程，工程规模大、建设工期长，既跨流域，又跨省市，不仅总投资超过三峡工程，其复杂性和艰巨性也不亚于三峡工程。

1952年10月毛泽东同志在听取有关引江济黄的设想汇报时说："南方水多，北方水少，如有可能，借点水来也是可以的。"随后，1991年，七届全国人大四次会议将南水北调列入"八五"

计划和十年规划。1992年,中国共产党第十四次代表大会把南水北调列入中国跨世纪的骨干工程之一。1995年,南水北调工程开始全面论证。2000年,南水北调工程规划有序展开,经过数十年研究,南水北调工程总体格局定为西、中、东三条线路,分别从长江流域上、中、下游调水。2002年,《南水北调工程总体规划》以全面、深入、科学、合理的面貌进入决策程序,年末由国务院正式批复,经几代人执着追求的南水北调工程由此进入了基本建设程序。2003年中线工程也顺利开工,干旱缺水的北方看到了希望,几代中国人对南水北调的期盼,从梦想变为现实。

(二)细节设计

在政策方案的轮廓构想阶段,可以暂时忽略方案细节的考虑,以减少对创造性思维的束缚。但这时得到的只是一个方案的雏形,还未构成一个完整的方案。因此,要形成具有实用价值的具体方案,还需要进行精心的细节设计。如果说轮廓构想特别需要创新精神的话,那么细节设计阶段则更需要理性的分析、科学审慎的设计、严格的论证和反复细致的推敲。

政策方案的细节设计,就是按照所构想的方案轮廓将政策方案具体化,确定实现政策目标的各种具体途径、措施和方法,包括政策界限的规定和相关机构的设置、人员配备和物资经费的保证等。当然,不可能对轮廓构想阶段产生的所有方案设想都进行细节设计。常用的方法是,先对它们进行初步筛选,淘汰那些明显不符合实际的政策方案,然后只对剩下的有限方案设想进行细节设计。要重视理性分析,保持冷静的头脑和求实的精神,要对方案进行严格的论证、反复的计算和细致的推敲,注意运用操作性的方法和手段。以案例5-14为例,中国收入倍增计划的总目标通过进一步细化人群,进一步有针对性地确定了各人群对应的目标。

案例 5-14

中国的收入倍增计划

收入倍增计划是2012年11月中国共产党第十八次代表大会报告中提出的,"2020年实现国内生产总值和城乡居民人均收入比2010年翻一番"。有人测算,GDP年均增速达到7.1%左右,人均收入年均增速7%左右,未来8年就可以实现收入翻一番。即使从经济不景气的2012年来看,GDP年增长必然超过7.1%,人均年收入增速也必然超过7%。2010年中国城乡居民人均收入均比2000年翻了一番多,相信未来8年同样能够实现收入翻一番。这不仅是经济学界的共识,很多老百姓也坚信"翻一番"能够实现。

事实上,真正需要收入翻一番的人群是中等收入者。一个合理的社会形态应该是中等收入者占多数的"橄榄型"社会结构模式。但我国却是一个"哑铃型"的社会结构模式。只有让中等收入者收入翻一番,中国才有望变成"橄榄型"社会。这也是收入分配改革"扩中"的目的。更应该明确收入增长目标的人群是低收入者。对于低收入者,由于已经丧失了很多机会,没有公平享受经济发展成果,再加上低收入者收入相对单一,那么在确定低收入者收入增长目标时,就不能是翻一番,而应该是翻两番甚至翻四番,才有希望缩小收入差距和贫富差距。

三、后果预测与方案评估

政策方案规划完成后,还需要通过对拟订出来的政策方案进行系统分析,在充分比较的基础上判断、选择或综合出一个最佳方案,以形成政策预案,即政策方案的评估与择优过程。评估是择优的前提,择优是评估的结果。

广义的政策评估是指对政策全过程的评估,包括对政策方案的事前评估、对政策执行的事中评估以及对政策结果的事后评估。本部分的"政策评估"是指对政策方案的事前评估,是搜集相关信息,依据一定的标准对政策方案本身的价值立场、目标手段、可行性、风险和预测结果等内容进行分析与评价的行为,并对各个政策方案进行优劣排序与进一步筛选,强调解析与预测。

预测是科学决策的重要前提,可以明显降低政策执行活动的不确定性,确保政策执行的效果。预测性评估方法常见的有专家会议、德尔菲法等。德尔菲法通过选择学术研究领域和行政领域的专家,采用问卷调查的形式,经过多轮征询专家意见并进行归纳反馈,最终得出具有统计学意义的一致性指标,进而对政策方案做出预测性的评估,专家判断结果存在一定的主观性。

案例 5-15

发挥预报的"把脉"作用,为公众提供好健康指引

中国环境监测总站和各级省、市大气环境质量预测预报部门的预报结论,将直接支撑各级大气环境管理部门的决策,用于启动重污染天气预警和应对。例如,2023年元旦期间,京津冀及周边、汾渭平原地区大气污染突然加重。西北区域预报中心预报员在2022年12月27日预测到,自12月30日该区域可能出现一轮持续时间较长的区域性重污染过程,遂及时将预报结果及重污染过程提示信息报送当地大气办。大气办根据预报结果,发布重污染橙色预警,关中地区各市区30日零时前均启动了重污染橙色预警。西安市重污染天气应急指挥部要求生产过程中排放大气污染物的企事业单位、各类工地等,自觉根据应急预案调整生产工期;督导燃料种类为柴油的重型载货汽车每日 7:00—21:00 禁止上路行驶;加强高峰时段的交通疏导,减少车辆怠速时间;配合生态环境部门做好超标排放车辆查处工作。河南省各地政府也相继启动了重污染天气橙色预警,企业依法降低生产强度,减少排放,并建议广大市民做好健康防护,早晚污染较重时段减少户外运动,自觉践行绿色出行生活方式,减少交通拥堵,不集中燃放烟花爆竹。

四、政策方案择优

政策方案择优,即对政策方案的抉择,也称政策方案的优选,是决策选出最佳方案的过程,它始终围绕政策目标并广泛吸收其他方案的优点。与西方"谋、断、行"相互分离的组织结构、"中枢机构、咨询机构、监控机构、执行机构"的公共行政决策体制以及"多数决"决策规则不同,我国施行"一党领导,多党合作;一党执政,多党参政"的政党体制并坚持民主集中制原则,形成了中国式"共识型"决策体制,决策过程具有包容性、参与性、协作性、共识构建性以及合作性。

政策方案的抉择具有一定的开放性,因为备选方案可以是无限的,而政策制定者的知识背景乃至价值立场不同,对同一个政策方案的判断就会存在差异,领导者必须遵循科学的理论方法,运用严密的逻辑论证,确保政策择优过程的合法性与公开性,确保选出质量最优的政策方案。

公共政策的抉择方式十分多样,有专家评审、民意调查等。抉择方式不同,方案选择结果也会有差别。以案例 5-16 为例,公共政策方案便是通过听证会的方式协商的,听证制度应当避免"听而不证"形式主义,充分重视与利用民意,避免"精英俘获"导致政策偏离公共价值。

青岛市轨道交通票制票价听证会

2015年11月25日下午,青岛市物价局在市级机关会议中心举行青岛市轨道交通票制票价听证会。听证人青岛市物价局副局长秦青松、青岛市人大常委会财经工作室副主任刘凡、青岛市政协经济委员会副主任董福强等出席。本次听证会参加人28名,对制定轨道交通票制票价的必要性和可行性进行论证,同时还有3名消费者作为听证会消费者参加人候补人选。本次听证会的听证人由市人大常委会、市政协有关部门负责人和市物价局负责人担任。

听证会提供两套方案供讨论,两套方案的起步价均为3元。

方案一:起步价3元,起步里程8公里。8至17公里(含)票价为4元,17至27公里(含)票价为5元,27至38公里(含)票价为6元,超过38公里后,票价每增加1元,可多乘坐20公里。如3号线全程最高票价为5元,11号线全程最高票价为8元。

方案二:起步价3元,起步里程6公里。6至14公里(含)票价为4元,14至25公里(含)票价为5元,25至40公里(含)票价为6元,超过40公里后,票价每增加1元,可多乘坐20公里。如3号线全程最高票价为5元,11号线全程最高票价为7元。

为广泛听取广大市民对制定青岛市轨道交通票制票价的意见建议,从2015年11月19日至11月30日,市物价局在青岛政务网开通征求意见窗口,就制定轨道交通票制票价进一步征集社会各方面意见,并表示会进一步完善青岛轨道交通票制票价方案。这两套方案公布后,部分市民认为定价过高,与当前收入水平不符。对此,青岛市物价局相关负责人解释,目前已公布的听证方案只是提交听证会论证的方案,并不是最终决策。物价局会在认真梳理、汇总、分析研究各方意见建议后,修改完善定调价方案,及时上报市政府决策。

听证会上,各方代表进行了发言:

市人大代表参加人潘×:我们建地铁主要目的是什么?缓解地面的压力。怎么能减轻核心区地面的压力,让大量的民众能够到地下乘坐地铁,是不是在起步价上应该降低?我们采用的原则就是地远递减的办法,应该考虑本地的消费者和游客的区别,让本地居民能够享受更好的待遇,享受青岛更好的生活。

市政协委员参加人陈××:我个人觉得起步价高了,全程的价格我还能接受,但是起步价高了。建议刷青岛通卡打八折,但是买票就是按规定的票价买,主要优惠的人员就是本地的常住居民。

消费者参加人刘××:同意方案一。起步价应定为2元。可以把方案一适当延长运营里程,3元可以坐3号线北段的全程。优惠力度尽量向通行客流倾斜,建议将目前的优惠档增加一档,100元以下九折,100—150元是八折,150—300元七折,超过300元恢复九折。另外要认真考虑老年卡、爱心卡打卡的制度。

中国海洋大学法政学院教授同××提议,按照3元起步的定价,她个人认为偏高。理由有五个方面:其一,从全国总体地铁票价来看,除北京、上海以外,其他起步均为2元,应按照大部分城市标准来执行定价。其二,从经济发展情况来看,青岛不及其他一线城市,但物价却偏高,应以2元起步合适。其三,从市民选择出行工具来看,低收入者会考虑公交,中等收入者会考虑地铁,若地铁价格起步高,会导致中等收入者也选择公交出行,从而低收入者会受到影响。其四,考虑到地面交通的情况,价格偏低可以增加客流量。其五,价格合适能减少交通拥堵,提高局域经济和市民幸福度指数,有利于减少汽车的出行,有利于提高市民的公共福利。"另外,我赞同按里程来计价,并对特殊人群给予优惠。"

最终,青岛地铁票价政策采用按里程分段计价,起步价2元,起步里程5公里。5至10公里(含)票价为3元,10至17公里(含)票价为4元,17至27公里(含)票价为5元,27至38公里(含)票价为6元,38公里以上,票价每增加1元,可多乘坐20公里。

网上有言论质疑青岛市物价局地铁票价听证会造假,称"地铁票价听证会消费者参加人身份几乎都是社会精英,并有一名消费者半年内3次被抽中参加听证会"。而青岛市物价局和参与抽选过程的媒体记者都发声否认造假,称消费者3次被抽中完全是概率问题,且该消费者"观点鲜明客观";被抽中的消费者本人也在网上对自己先后3次被选取为听证代表的经历进行了证实。

第三节 政策合法化

政策方案选定之后,还需要经过政策合法化过程来获得合法地位与执行效力。有的政策还会转化为法律的形式被固定下来。政策合法化是政策方案制定与政策执行的分水岭,标志着政策执行即将开始。

一、政策合法化

政策合法化研究权力如何转化为被认可的权威,公共政策合法化分为合法学意义上的合法化和政治学意义上的合法化。德国学者尤尔根·哈贝马斯认为:"只有政治秩序才拥有或丧失着合法性,只有它们才需要合法化,而跨国公司或世界市场不会有合法化问题。"任何一项政策也都要经过合法化过程,否则就不可能成为真正意义上的政策。一项公共政策即使能够有效实现政策目标,但仍然可能因为政策合法性不足而失败。

通过政策合法化,政策方案获得合法性、权威性。学者张国庆从广义的角度认为:"公共政策的合法化是一个广义的概念,泛指制定和执行公共政策全过程的每一种政策行为——政策规划、政策认定、政策议程、政策决定、政策执行、政策修正等,至少在形式上都必须符合法律、法规或者传统规范。"陈振明从狭义的角度认为:"政策合法化是指法定主体为使政策方案获得合法地位而依照法定权限和程序所实施的一系列审查、通过、批准、签署和颁布政策的过程。"本书对政策合法化的定义是指政策方案选定之后,法定主体按照法定程序,提交有关机关讨论通过,并以公报等形式向社会发布,以取得合法地位。

政策合法化的意义首先在于政策合法是赢得公众支持的必要途径,是政治系统一贯的追求,会动员一切可以运用的资源和手段来获得合法性。例如,国务院在发布重大政策前会举行政策例行吹风会,发布重要的信息、阐释政策或预告活动。政策合法化还是决策民主化、科学化和法制化的具体体现。它既是一个吸收民主参与决策、加强政治沟通与协调的过程,也是对政策方案不断修改、完善,对不良方案过滤、淘汰的优选过程。利益相关者对政策方案存在分歧时,通过表达自身的利益主张,彼此博弈、协商、妥协,政策制定者也会重新审视和修正政策方案。

公共政策的合法化还可以区分为法理合法化和社会合法化。法理合法化是政府按照合法程序使公共政策获得执行效力的过程,社会合法化则强调获得政策目标群体对政策的认同与接受从而确保政策执行具有实践意义上的有效性。现实中存在大量"有合法化、无合法性"的困境,即"手续完备、程序合法",经过合法化程序而具备了合法地位的公共政策在执行过程中遭到公众的质疑甚至强烈反对,例如厦门市的"PX项目",原因就在于忽略了社会合法化。政策合法化需要确保以下几个方面的合法性。

(一)政策主体合法

政策主体的合法性来自合法的权威。政策主体的权力来源于政治系统的强制力与合法性,即决策组织必须是宪法和法律规定的,由决策权力机关或上级行政机关授权的组织。

现实中,政策主体的权威出现偏差会影响政策的有效执行。譬如,政策主体超越或违背法律规则与决策程序,越位、错位地行使公共权力,制定超出自身管治范围的公共政策;由于缺乏一定的政策科学知识,政策主体决策时难免会凭借个人的经验制定政策,使得政策的科学性大大降低。

长期的政策实践也可使政策经由个人权威进入合法化渠道。公共政策主体可以分为体制内主体和体制外主体。"有权限的机关""法定主体""有关机关"等是公共政策合法化的当然主体,但他们不是唯一的主体,因为"真正的民主体制必须给民众参与政策全过程的机会"。因此,要保证政策实体的合法性,走出"合法化"困境,需要解决体制外主体是否参与以及如何参与的问题。

(二)政策内容合法

政策内容不得违背有关法律规定。一项合理而规范的公共政策方案,其内容既要合乎法律法规,还要得到民众认可。公共政策内容体现着政策的价值指向,应该与受政策影响的相关人群,甚至更广泛的公众的主流意识相符。政府的政策必须以服务和增进社会公益为政策制定的出发点和进行决策的依据,以公益最大化和公平公正为政策的最高目标。以案例5-17为例,一项政策可以通过构建有意义的、获得民众支持的话语来支撑政策内容的合法性。

案例5-17

北京市"煤改气(电)"工程的政策合法性建构

2016年,习近平总书记在中央财经领导小组第14次会议上指出,推进北方地区冬季清洁取暖,关系北方地区广大群众温暖过冬,关系雾霾天能不能减少,是能源生产和消费革命、农村生活方式革命的重要内容。

"煤改气(电)"是推进冬季取暖工作的主要方式。广义的"煤改气(电)"泛指政府鼓励企业、组织和个人以天然气或者电替代煤炭作为锅炉、燃煤电厂和民用的能源,以达到减少煤炭使用、改善空气质量的政策目的。"煤改气(电)"工程中涉及民用燃煤取暖的部分,是政府针对城市和农村的散煤用户集中实施的、将散煤取暖做饭改成天然气或者电的工程项目。

"煤改气(电)"工程是一项有效性很强的环境政策,其政策结果是空气质量的明显改善。因此,从中央到北京市,提出"向雾霾宣战"式的决心和政策话语。

(1)政策优先性的提升,是构建政策绩效合法性的重要环节。2017年国务院政府工作报告不仅将"煤改气(电)"作为重点工作之一,而且提出了具体的数字目标。同年北京市政府工作报告也将"煤改气(电)"作为当年的工作重点。

(2)加大财政补贴力度、保障配套的组织机构。财政部、住房和城乡建设部、原环境保护部

(现生态环境部)于2017年联合发布政策规定对"煤改气(电)"进行大规模财政补贴,为地方政府实施该工程提供了极大的经济激励。组织机构层面,北京农村地区的"煤改气(电)"工程由市"社会主义新农村建设领导小组"统一领导,克服了政策执行中可能存在的跨部门合作障碍。

(3)构建多元化的政策合法性支持。北京市还通过"同呼吸、共命运""展示首都形象"的话语构建了本地公众对于蓝天的需求及其"北京蓝"的意义,作为该政策执行中的政策合法性支撑。

(三)程序合法

公共政策程序合法遵守程序正义的原则。政策制定程序保证了决策的质量,避免政策在执行后朝令夕改,维持了政策的稳定性与连续性。

政策合法化程序根据主体的不同,分为行政机关政策合法化程序与立法机关政策合法化程序,二者在具体流程上有所区别。行政机关政策合法化程序包括政府法制部门的政策审查、行政领导决策会议讨论审议、行政首长签署颁布政策。立法机关政策合法化程序包括提出议案、审议议案、表决通过议案、签署颁布政策。以案例5-18为例,地方政府出台地方性政策时,首先需要履行更高级别行政机关规定的程序。

广义的观点还认为,程序合法不仅包括上述两种程序,情感的动员、利益相关者的参与、政策试点等也是程序合法的重要过程。

案例 5 - 18

地方政府未经公平竞争审查程序出台网约车实施细则

截至2017年,多地均出台了网约车实施细则,但均没有主动说明是否进行了公平竞争审查。《国务院关于在市场体系建设中建立公平竞争审查制度的意见》自2016年7月起在省级以上政府及所属部门实施,2017年起逐步推行到市县级政府及所属部门,规定地方政策出台前必须遵循公平竞争审查制度规定的法定程序,明确要求"没有进行公平竞争审查的,不得出台",并列举了18项审查标准,如不得设置不合理和歧视性的准入和退出条件,不得限制外地和进口商品、服务进入本地市场等。

地方网约车实施细则中有多条准入条件违背了"18不准"。例如对网约车价格进行限定,导致某些市场定位为廉价性汽车或者主打性价比的汽车品牌被"拒之门外"。再如,对车籍和驾驶员户籍的要求限制了外地商品进入本地市场,形成了地区封锁。

当然,文件还规定了例外情形,政策措施即使具有排除和限制竞争的效果,在特定情况下也是可以实施的,但例外情况只适用四种规定的情形,不能擅自扩大范围,而且地方政府必须主动承认"例外情形"并说明"例外"的理由。

二、政策法律化

政策法律化是政策合法化的一种重要而又特殊的形式,是指将原属于政策形态的有关行为准则转化为法的形态。这里的"法"作广义理解,包括宪法、基本法律和一般法律、行政法规、地方性法规和规章等。政策向法律的转化标志着政策发展成熟。

(一)政策与法律的关系

"政策"一词经常出现在我国的法律条文中,意指国家政策,是我国法律体系中一个十分重要的概念。从法律意义上来说，政策划分为法律指导性政策、法律性政策和法律之下的政策，其含义如表5-2所示。

表5-2 不同法律意义的政策内涵及举例

分类	内涵	举例
法律指导性政策	1.指导和影响立法与司法 2.由具体的立法、行政及司法活动实现 3.在一定情况下，政策可能会影响法律的制定或者实施	1.全国人大通过的"十四五"规划纲要 2.国务院新闻办发布的《中国人权行动纲领》 3."一国两制"指导《澳门特别行政区基本法》立法
法律性政策	1.立法机关在考虑国家根本性问题时必须坚持的基本准则或者原则 2.实质是法律，习惯称呼为政策	和平共处五项原则既是中国对外政策，也是宪法规定的基本外交准则
法律之下的政策	《中华人民共和国民法典》规定国家政策不作为民法渊源，但国家政策在调整民事关系和民事司法裁判中仍发挥作用，可以作为裁判说理的依据	1.小产权房、房屋限购、《民事诉讼法解释》第28条规定的政策性房屋等政策 2.作为诚信原则、公序良俗原则的内涵，平衡当事人的利益以及个人利益与社会利益

政策与法律的区别在于：一是政策主要提供纲领性、原则性和方向性的价值规范或准则，缺乏对具体行为的可操作性指导，政策目标与手段具有模糊性，政策的规范性不及法律。二是政策缺乏对法律后果要素的设定，难以追究法律责任。三是法律具有稳定性、不能随意废止或修改，政策具有灵活性、易于变动。四是有的政策不以公告的形式告之于全体国民，只以内部文件的形式下达给各有关机关。

（二）政策法律化的内涵

政策法律化即享有立法权的国家机关按照立法权限和程序，将成熟、稳定且有立法必要的政策转化为法律；同时还涉及法案的起草、审议、修改、废止、补充等一系列活动。它实际上是一种立法活动，所以又称政策立法，以法律的形式对政策加以认可。政策法律化主要是将部分成熟、稳定、必要的政策进行法律化的处理，而不是对所有具体的步骤都进行法律化处理。立法政策学认为，政策法律化为社会发展过程中的行为导向增加了安定与稳定。

政策法律化包括两方面内容：一是政党政策的法律化。在西方表现为，资产阶级执政党把自己的政策主张以提案的形式交议会通过，完成法律化的过程。在我国，中国共产党的许多重大主张经过法定程序写进宪法和法律的有关条文中，变成国家意志。二是国家政策的法律化。国家政策主要是指由政府颁布的政策。

政策法律化是有条件的，并不是所有政策都会转化为法律，大部分政策仍"滞留"于政策系统之中。国家政策经过一段时间实施以后，大部分政策由于政策目标的实现或政策的过时、失效而废止，少部分政策需要长期继续发挥作用，就要用更加规范、稳定、权威与强制力的法律形式固定下来。以案例5-19为例，政策的法律化并不是一蹴而就的，需要提炼现行政策的不足并经过充分的论证、满足一定的条件后方可实现政策向法律的转化。

案例 5-19

我国学前教育政策如何法律化？

近年来,我国学前教育规模迅速扩张。截至 2021 年,全国幼儿园数达到 29.5 万所,比 2011 年增加 12.8 万所,增长了 76.8%,"入园难"问题得到有效缓解;幼儿园园长和专任教师总数超过 350 万人,比 2011 年增加 200 万人,增长了 1.3 倍,师生比从 2011 年的 26∶1 下降到 2021 年的 15∶1,基本达到"两教一保"的配备标准。

尽管如此,学前教育仍然是整个教育体系的薄弱环节。学前教育实践中的行政管理体制不健全、缺乏必要的财政保障、师资力量参差不齐以及幼儿教师权益无法得到保障等问题依然存在且日益凸显,出台学前教育法迫在眉睫。对此,2017 年 12 月十二届全国人大常委会第 31 次会议做出回应,我国正在加快推动学前教育立法进程,促进学前教育合理有序发展。

以学前教育的办学体制问题为例,2003 年教育部等部委联合发布的《关于幼儿教育改革与发展的指导意见》的表述是"以社会力量兴办幼儿园为主体,公办与民办、正规与非正规教育相结合的发展格局",强调的是社会力量而非政府在幼儿园兴办中的"主体"作用,而 2010 年党中央与国务院共同发布的《国家中长期教育改革和发展规划纲要(2010—2020)》及配套的《关于当前发展学前教育的若干意见》则规定"建立政府主导、社会参与、公办民办并举的办园体制",强调政府在幼儿园兴办中的"主导"作用,社会力量参与其中,两次政策的变化明显。

政策因时因势可能随时被调整,如果过于强调政策要求导向,各级地方政府可能会采取观望的态度而不对其予以严格落实。但另一方面,政策的不一致可以被认为是政策制定者认识上的转变,即由过去重视社会力量到对当下强调政府责任的一种"试验",具有发展性与调试性。

现代社会本应由政策与法律共同治理,但是我国学前教育领域却长期处于"一条腿走路"的状态,仅有学前教育政策。2020 年 5 月 6 日,全国人大常委会将学前教育法列入 2020 年度立法工作计划,初次审议。2020 年 9 月 7 日,教育部就关于《中华人民共和国学前教育法草案(征求意见稿)》公开征求意见,我国学前教育政策步入法律化进程。

(三)政策法律化的条件

政策往往需要具备某些必要的条件才能转化为法律。

1. 政策影响的全局性

对全局有重大影响且有立法必要的政策才能上升为法律,这种政策对国家经济、社会发展和国民生活具有重要影响力,既反映民众诉求、解决特定问题,又具备解决问题所需的资源;而位阶较低的行政机关出台的政策往往缺乏普遍适用性,不适合转化为法律。例如,2021 年 6 月 1 日起施行的《中华人民共和国乡村振兴促进法》把党中央关于实施乡村振兴的重大决策部署转化为了法律规范,将实践中行之有效、可复制推广的三农改革政策经验上升为了法律规范,为我国三农工作向全面推进乡村振兴、加快农业农村现代化的重心转变提供了法治保障。

2. 政策内容的稳定性

具有长期稳定性的政策才能上升为法律。政策一旦上升为法律就不能朝令夕改,其功能体现在规范稳定的政治、经济、社会与文化等关系。政策相比法律灵活性更强,特别是在涉及个人情感与信仰的领域,如民族、宗教领域,不适宜用硬性的法律加以约束。只有经过长期试行检验,能够较为稳定地调整社会关系,在一定时间内不会随意变更废止的政策,才适合通过法律化更好地贯彻执行。

3. 政策转化的成熟性

僵化或落后的法律法规无法适应改革的需要时,灵活具体的政策往往先于法律对出现的新问题加以规范,政策再通过实践积累为丰富成功的政策经验后进入立法环节。只有成功的政策才能上升为法律。尚不成熟的政策一旦定型化,取得了法律的硬性约束力,可能会带来不利的后果。以《文化产业促进法》为例,自 2003 年《文化部关于支持和促进文化产业发展的若干意见》第一次提出"文化产业"的概念以来,历经了 2004 年国家统计局《文化及相关产业分类》对"文化及相关产业"的概念界定、范围明确与分类表制定并陆续于 2012 年、2018 年更新,2018 年《十三届全国人大常委会立法规划》将其列入"第一类项目:条件比较成熟、任期内拟提请审议的法律草案",2019 年《中华人民共和国文化产业促进法(草案送审稿)》面向社会征求意见,但至今仍未正式出台。

核心概念

政策方案规划(policy scheme planning)
政治可行性(political feasibility)　　经济可行性(economic feasibility)
技术可行性(technical feasibility)　　信息原则(information principle)
系统原则(system principle)　　预测原则(predictive principle)
客观原则(objective principle)　　智囊原则(think-tank principle)
优化原则(optimization principle)　　效益原则(benefit principle)
确立政策目标(setting policy objectives)　　拟定政策方案(drafting policy plans)
轮廓设想(envisioning the outlines)　　细节设计(designing the details)
政策方案的评估与择优(evaluation and selection of policy proposals)
公共政策合法化(legalization of public policy)
政策合法性(policy legality)

思考题

1. 政策方案规划的特征是什么?应该遵循什么样的原则?
2. 政策方案规划的基本程序是什么?
3. 什么是公共政策合法化?什么是公共政策法律化?二者之间的关系是什么?
4. 一项政策如果法律化,应该具备哪些条件?

案例分析与思考

2021 年 5 月 31 日,中共中央政治局召开会议,审议了《关于优化生育政策促进人口长期均衡发展的决定》,指出我国实施一对夫妻可以生育三个子女的政策及配套支持措施,响应了第七次全国人口普查数据所显示的我国总和生育率下降到 1.3 的极低水平以及两孩政策效应消退的背景。

从人口学角度讲，从一孩政策到二孩政策再到三孩政策是应对我国人口形势不断变化，从人口缩减到稳定再到增长的政策取向的转变，有利于改善我国人口结构、落实积极应对人口老龄化国家战略、保持我国人力资源禀赋优势。

思考并讨论：

请从政策规划角度分析我国进一步放开生育政策的主要目标与重大意义，并思考如何落实三孩政策的配套支持措施。

小组讨论

2022年10月16日，"建立生育支持政策体系"被写入党的二十大报告，如果你是国家相关部门领导，打算进一步制定生育支持政策、建立生育支持政策体系，你会怎么做？请采用政策规划方法对此进行分组讨论。

第六章　公共政策的执行

本章着重讨论了公共政策执行的相关内容。第一节主要介绍了政策执行研究的三种取向，即自上而下的研究取向、自下而上的研究取向和整合型的研究取向。第二节着重分析影响政策有效执行的因素，介绍政策执行模型，包括过程模型、互动模型、循环模型、系统模型和综合模型，以及政策执行理论，包括行动理论、组织理论、因果理论、管理理论和博弈理论。第三节重点分析具有中国特色的政策执行，总结中国政策执行的经验，分析"上有政策，下有对策"的原因，并提出治理策略。

第一节　公共政策执行的基本理论

政策执行是政策执行者通过建立组织机构，运用各种政策资源，采取解释、宣传、实验、实施、协调与监控等手段，将政策观念形态的内容转化为实际效果，从而实现既定政策目标的活动过程。它是政策过程的中介环节，是政策目标（理想）转化为政策现实的唯一途径。20世纪70年代中期以来，西方尤其是美国公共政策研究领域出现了一场研究政策执行的热潮，形成了声势浩大的"执行研究运动"，其兴起以1973年加州大学的杰弗里·L.普雷斯曼和亚伦·韦达夫斯基的专著《执行——华盛顿的美好期待是如何在奥克兰破灭的》的出版为标志。自此开始，西方国家在政策执行的研究方面逐渐形成三个重要的发展时期。

一、第一代研究：自上而下的研究取向

20世纪70年代，以普雷斯曼和韦达夫斯基为代表的研究者侧重于政策执行实务及个案研究，着重探讨政策制定者做什么以及如何做才能够使一项权威性政策被付诸实践且生效。因此，"自上而下"的研究取向也被称为"以政策为中心的途径"或"政策制定者视角途径"。

自上而下的研究取向强调政策制定与政策执行的分立性，政策制定者决定政策目标，政策执行者实现目标，两者形成上令下行的指挥命令关系。这种研究取向的前提是：政策是由上层制定的，然后被具体化为各种指示，以便由下层的行政官员执行。在这种途径下，政策过程被看作是一种指挥链条。政治领导人形成政策偏好，这种偏好随行政层次的降低而不断被具体化，为下层行政官员所执行。这种取向从政策制定者的角度研究执行问题，考察他们做什么以及如何将政策付诸实践。

第一代研究的主要贡献在于强调政策执行与政策目标的实现是一种非线性关系，其研究具有开拓性意义，也大大拓宽了政策研究的视野。第一代研究的缺点在于其囿于个案分析，很难从经验分析中概括出普遍性的命题；同时其自上而下的研究路径过多地关注中央行动者的目标和策略，忽视了基层官员的适应策略，也忽视了政府行动的意外结果。

二、第二代研究:自下而上的研究取向

20世纪70年代末以来,以范·米特、范·霍恩和米歇尔·利普斯基为代表的学者们强调从基层的实际情况或问题出发来研究政策的执行过程,这一点对从事政策执行研究的许多学者都有很大的吸引力。他们在研究所依据的理论资源和对问题的关注角度和结论上,显现出了极大的差异性,从而形成了许多研究分支。

米特和霍恩在《政策执行过程:一个概念性构架》中提出:在政策决定和效果发展过程中出现众多影响双方的因素,包含系统自身及外部环境。在他们看来,由于政策涉及的各种组织分别掌握了实现政策目标所需要的各种资源,因此,它们之间通过公共政策的纽带发展出了一种相互依赖的结构性联系。公共政策正是通过这些多元组织(行动者)间一系列的复杂互动得以实现。因此,在理论上以此为出发点研究政策执行,在实践中以此为着眼点来预防和纠正政策执行的变形也就成为必然。以爱尔默为代表的另一个分支则强调基层官员在政策执行中的自由裁量权。他们认为,复杂组织解决问题的能力不是依赖于对官僚层级的控制,而是依赖于处理问题最恰当的地方之自由裁量权的最大化。即必须使基层官员或地方执行机关能采取适当的权宜措施,重新建构一个更能适应执行环境的政策执行过程。

自下而上的研究以组织中的个人(即参与政策过程的所有行动者)为出发点,政策链条中的较低及最低层次被当作政策执行的基础;强调政策或项目的成功依赖于执行者的承诺与技巧。

自下而上的政策执行研究取向以对自上而下研究取向的批判为起点,以克服和修正其内在缺陷为导向,通过政策制定者与政策执行者平行互动的合作关系的建构,在动态意义上推进政策执行的研究;通过强调为基层官僚或地方执行机构提供一个自主的政策执行空间,重新建构更为有效的政策执行过程;通过对政策执行过程中各种利害关系人的研究来了解他们对政策执行的影响。

三、第三代研究:整合型研究取向

20世纪90年代以来,一些学者开始理性地分析和对待先前的研究,努力对这两种不同的研究取向进行整合,以期在政策执行的研究领域有所突破。至此,政策执行的研究进入了第三代,即整合型研究阶段。

整合型研究至今尚未形成较为统一的体系,有许多分支。但整合已成为一种趋势或潮流,通过对以往理论成果的总结和审视,即对自上而下和自下而上的研究成果达成了共识,在肯定其成果的同时也清楚地认识到了两者的局限。研究方法和研究工具更加丰富,大规模研究、政府间关系研究、制度分析、治理理论、政策网络、理性选择、统计和计量方法等被广泛运用,有助于对政策执行问题的综合考量。第三代研究扩大了研究的范围,将政策执行扩展到府际关系的范围和分析层面。

与第一代和第二代的研究途径不同,第三代研究途径主张建立动态的执行图景,主张运用混合方法建立一个整合模式来研究复杂的多层次的、多变量的执行问题,特别是府际关系问题。

第二节 影响政策有效执行的因素

政策执行是公共政策目标得以实现的根本途径,美国学者格雷厄姆·艾利森曾提及"在实现政策目标的过程中,方案确定的功能只有10%,而其余90%取决于有效的执行"。本节将首先介绍影响政策有效执行的各项因素,然后介绍与政策执行相关的研究模型和理论,进一步深化对政策执行的本质认识。

一、政策有效执行的影响因素

(一)高质量的公共政策

在影响政策执行有效性的诸多因素中,最重要的就是政策方案本身。因为如果政策方案本身存在问题,必然会给政策执行带来困难。政策的合法性、合理性和可执行性等都会对政策执行的有效性产生影响。高质量的公共政策可以为人们提供良好的行为准则和行为规范,引导人们前进,指导人们行动;可以协调活动,减少冲突,促进积极合作;可以实现资源的合理使用、高效配置,从而实现社会福利的最大化。

(二)必要的公共政策资源

无论政策制定得多么具体明确,如果负责执行政策的机构和人员缺乏必要的、充足的支撑政策执行的资源,那么执行的结果也不能达到预期的政策目标。因此,政策方案要涉及政策资源的具体规定。一般来说,政策资源包括财务资源、人力资源、信息资源和权威资源。财务资源由两部分构成:经费和物质资源。物质资源是指维持组织内部日常运转、为实现组织职能目标的各项物质要素总和,包括固定资产、材料和低值易耗品。充足的经费和优良的物质资源是公共政策有效执行的重要条件。人力资源是指负责执行政策的人员要具备相关的专业知识和能力,人员之间互相协调。信息资源包括执行组织内部的信息传递,同时还包括组织与外部之间的信息传递和交流。其中,政策宣传是信息传递的重要手段。执行主体获得的信息越充足,也就越有利于政策的执行。权威来源于法律授权和个人权威,只有权威才能实现对社会资源的权威性分配。

(三)高效的执行机构和高素质的执行人员

作为政策执行的一部分,从执行机构到执行人员,乃至整个政策执行体制,都有可能对政策执行的有效性产生影响。合理的结构设置包含明晰的责任链、公平透明的人事制度和干部政绩的评估体系。这些因素的改善将大大缩短决策者和执行者之间相互适应与合议的过程,使政策得以准确执行。执行人员本身的思想素质和业务素质也会对政策执行产生直接影响。绝大多数公共政策最终都要靠执行者来实施,因此,政策执行人员的价值取向、利益倾向会直接作用到他们对政策的认同和对执行行为的投入上,而这些又恰恰是政策得以有效执行的必要条件。执行者的业务素质能够影响到执行机关的运作效率、运作成本等方面,其良好的工作能力、高尚的职业道德有利于政策目标群体接受政策。

(四)顺从的目标群体

政策目标群体泛指由于特定的公共政策决定而必须调整行为的个人或群体,是公共政策的直接作用对象。公共政策目标群体对公共政策有效执行的影响体现的是公共政策目标群体与公共政策制定者和执行者之间的利益矛盾与冲突。

公共政策目标群体虽然是公共政策作用和影响的对象，但其在公共政策制定者和执行者面前并不是无能为力的，而是通过公民的政治参与和以压力集团的身份反作用于公共政策制定者和执行者，使他们在压力下不敢为所欲为，从而保证公共政策的有效制定和执行。

目标群体对待既定的公共政策在态度和行为上是否服从和接受，是政策能否得以有效执行的关键。一般而言，目标群体在公共政策实施中，有两种选择：接受政策或不接受政策。当目标群体服从和接受公共政策时，政策执行就会顺利进行，取得预期的政策效果。反之，该项政策的执行就会遭遇极大的阻力，执行过程困难重重，执行的有效性必然降低。

(五)正确的执行策略

1. 有效的制度安排

公共政策能否得到有效执行，离不开一个国家政治制度、法律制度的保障，尤其需要民主政治体制以及完善的法律体系。而根植于一个社会的价值观念、道德伦理、习俗等非正式制度对公共政策能否有效执行也有着不可忽视的影响。

2. 原则性与灵活性相结合

在政策执行中坚持原则性与灵活性相结合，就是要把政策的精神和实际情况相结合，既要创造性地实施政策，又要正确地把握政策的界限。灵活是要在原则允许的范围内，而不是违反政策的随心所欲，灵活性的临界点是原则性。

3. 利用各种执行手段

充分利用行政、经济、法律、思想教育等手段，为公共政策执行的有效性提供保障。其中，行政手段是依靠行政组织的权威性，采用行政命令、指示、规定及规章制度等方式，按照行政系统、行政层次和行政区划来执行政策的方法。它的特点是具有权威性、强制性、直接性、无偿性、时效性。经济手段是指根据客观经济规律和物质利益原则，利用各种经济杠杆，调节政策执行过程中的各种不同经济利益之间的关系，以促进政策顺利执行的方法。其特点是具有间接性、有偿性、关联性。法律手段是指通过各种法律、法令、法规、司法、仲裁工作，特别是通过行政立法和司法方式来调整政策执行活动中的各种关系的方法。该执行手段的特点是具有权威性、强制性、稳定性、规范性。思想教育手段是指通过制造舆论、说服教育、协商对话、批评表扬等方式引导人们执行政策。其特点具有是引导性和人本性。

4. 适宜的执行环境

良好的制度环境、完善的公共政策组织环境，可以为公共政策制定的科学性和执行的有效性提供保障。适宜的政策执行环境一般涉及民众参与的民主观念、专家论证的咨询决策观念和反复研究的集体决策观念。

(六)有效的监督控制

公共政策合法化为政策的有效执行奠定了基础，但"徒法不足以自行"，合法化的公共政策并不能自动得到有效执行，所以在政策执行过程中，必须建立行之有效的监督机制和责任机制。

公共政策之所以难以执行，执行者本身是重要的原因。"上有政策，下有对策"的发生主要是因为公共政策执行者对自身利益的考量。正如布坎南在公共选择理论中所论述的，政府也是"经济人",有追求利益最大化的倾向。当公共政策对政策执行者的利益既没有益处又没有损害时,公共政策执行者就会只传达政策而不具体操作,使政策的执行形式化、流于表面。当公共政策只能给执行者带来部分利益,无法完全满足其利益要求时,执行者就会想方设法把政策扩大化,乃至向上级"伸手"要政策。当公共政策使执行者受益较少时,他们就会肢解政策,局部执行。当公共政策可能对执行者的利益有损害时,执行者就会千方百计地曲解政策,或寻找"对策",与上级政策貌合神离。由此可见,加强对公共政策执行者的监督和控制十分重要。

二、政策执行模型

(一)过程模型

托马斯·史密斯是最早建构影响政策执行因素及其过程模型的学者,他在1973年《政策执行过程》一文中提出了政策执行过程模型。他提出用独特模型来解释和研究政策执行过程,这就为影响政策执行中相关因素之间作用机理的探索提供了科学的框架。他在这个框架中明确给出影响执行的四个因素,即政策本身、执行主体、目标群体与政策环境。

1. 政策本身

政策制定者往往通过理想化的政策工具来实现他们的政治意图和治理目标,理想化的政策包含其形式(法令或规范)、类型(一次与二次分配)、范围(溯源与覆盖度)、科学合理性及社会形象等。政策制定者在设计政策时的目标是形成理想化的政策方案,并希望在执行中不出现偏差,使政策顺利进行。理想化的政策是政策执行的前提,是科学实施政策的重要保证。

2. 执行机构

执行机构指负责执行活动的具体组织,它的影响因素主要包括执行机构的人员编制是否合理、领导者的管理技巧和方法是否科学、政策执行者是否有足够的能力和信心、执行人员素质的高低对执行效果的影响等。执行机构担负着执行政策的主要职责,其行为活动会直接影响到政策实施的效果。

3. 目标群体

目标群体是制定政策时针对的客观目标群体,即政策直接作用的对象,其会对政策本身、政策执行机构和执行人员等做出相应的反应。目标群体包括目标群体组织化程度、遵从组织规范情况和现有的政策经验等三个角度的因素。他们是政策执行过程中联系最紧密的群体,是实现目标效果的最主要推动者。

4. 环境因素

环境因素是指影响政策执行效果的各种外部制约要素,包括政治、经济、文化、社会、生态等因素。政策的制定和执行总是处在一定的环境中,既受到客观环境的影响,也会对环境产生影响。良好的政策执行环境对政策执行效果起到积极的推进作用,相反,不良的政策执行环境将制约政策目标的实现,因此在政策实施过程中要重视并加强对良好政策执行环境的构建。

政策执行过程模型如图 6-1 所示。

(二)互动模型

这一理论模式是米尔布雷·沃林·麦克劳克林于1976年在其代表作《互相调适的政策执行》一文中提出的。该模型认为,政策执行过程本质上是政策执行者与受政策影响者之间就目

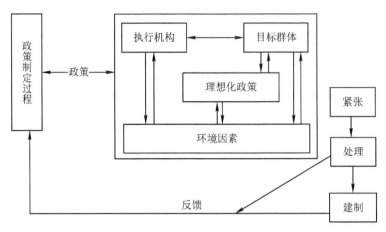

图 6-1 政策执行过程模型

标或手段进行相互调适的互动过程,政策执行的有效与否从根本上取决于政策执行者与受政策影响者之间行为调适的程度。该模型如图 6-2 所示,模型说明:①尽管政策执行者与政策接受者之间在需求与观点上可能存在不一致,但是基于双方在政策上的利益关系,所以双方必须做出让步和妥协,寻求一个都能接受的政策执行方式;②鉴于政策执行者的目标与手段均富有弹性,它们可以依据环境因素和政策接受者的需求与观点的改变而变化;③政策执行者与政策接受者之间的相互调适过程并非传统理论者所说的"上令下行"的单向信息流程,而是一个双向的信息交流过程,政策执行者与政策接受者双方在相互调适过程中处于平等的地位;④政策接受者的利益、价值与观点将反馈到政策上,以左右政策执行者的利益、价值和观点。因此,在政策执行的调适模型中,有两个方面发生互动:一是政策执行者一方,二是受政策实施影响的一方。在这两方中都存在一些可以进行相互调适的部分。政策执行的过程就是寻找双方都能接受的调适策略的过程。

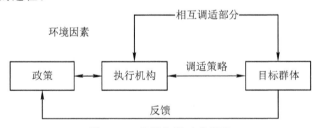

图 6-2 政策执行互动模型

(三)循环模型

循环模型是马丁·雷恩和弗朗希·F.拉宾挪维茨于 1978 年在他们合著的《执行的理论观》一文中提出的。他们把政策执行过程分为三个不同的阶段:纲领发展阶段、资源分配阶段和监督阶段。所谓纲领发展是指将立法机关的意图转化为行政机关执行政策的规范和纲领;所谓资源分配是指将政策执行所需要的资源平均分配给执行者;所谓监督是指对政策执行过程与成果加以评估,确认执行者所应承担的行政责任,监督包括监督、审计和评估三种形式。雷恩和拉宾挪维茨的执行循环模型说明:政策执行是一个拟定执行纲领、分配资源和监督三个阶段不断循环的过程;这三个阶段并不是单向流动的,而是相互作用的双向循环的复杂动态过程;循环不仅是周期性的,而且政策执行的这种循环过程也必然受到环境条件的影响和冲击。这些环境条件包括三类因素,即目标显著性、程序复杂性、可利用资源等(见图6-3)。

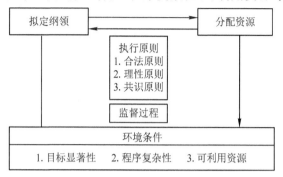

图6-3 政策执行循环模型

(四)系统模型

系统模型是米特和霍恩于1975年在其论文《政策执行过程:概念性框架》一文中提出来的,他们在构建政策执行的系统模型过程中提出了影响政策执行的几个相关因素:①政策目标与标准;②政策资源;③组织的沟通与执行活动;④执行机构的特性;⑤经济与政治环境;⑥执行者的价值取向(见图6-4)。

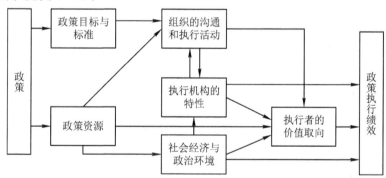

图6-4 政策执行系统模型

系统模型把政策目标或标准以及政策资源作为最重要的变量,它们是政策有效执行的前提;组织间沟通和执行活动可以深刻影响政策执行者的意向;而政策执行机构面临的经济与政治环境对实施过程亦有着很强的影响,进而影响政策执行绩效。该模型的优点在于找出了影响政策执行的重要因素,建立了政策与执行之间的联系,说明了各个变量之间的关系,为处理常见的政策执行问题提供了一个可以有效解决的途径。

(五)综合模型

综合模型又叫公共政策执行的变数模型,是由保罗·萨巴蒂尔和丹尼尔·马泽曼尼安于1979年在其论文《公共政策的执行:一个分析框架》中提出来的。他们认为,在政策执行过程中起较大作用的主要变数可以分为三类:①政策问题的可处理性;②政策本身的规制能力;③政策本身以外的变数。政策问题的可处理性包括:现存的能对政策问题加以处理的有效理论和技术以及运用时的困难程度;目标群体行为的多样性;目标群体所占人口的比重;目标群体行为需要改变和调适的幅度;等等。政策本身的规制能力包括:明确、一致的政策目标;政策本身存在的合理的因果关系;充足的财政资源;执行机构间与机构内部的层级整合;执行机构的决定规则;执行机构的人员征募;机构外人士的正式参与;等等。政策本身以外的变数包括:社会经济环境和技术水平;大众的支持;媒体对问题的持续关注程度和态度;支持集团的态度与资源;立法机关的支持;执行人员的工作热情和领导水平;等等。

萨巴蒂尔和马泽曼尼安的综合执行模型的一个特点是联系政策执行的不同阶段来考察变量对政策执行的影响。他们把政策执行的阶段划分为执行机构的政策产出、目标群体对政策产出的服从、政策产出的实际影响、感知到的政策产出影响、政策的主要修正等五个阶段。

政策执行综合模型具体如图6-5所示。

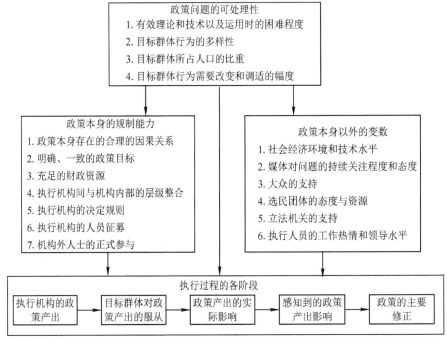

图6-5 政策执行综合模型

三、政策执行理论

(一)行动理论

行动理论认为政策执行是对某一项公共政策所要采取的广泛的行动。探讨心理状态和行动之间的关系,说明行动者的行动为什么产生。行动学派的主要代表人物是查尔斯·奥·琼斯,他认为:"政策执行是将一项政策付诸实施的所有活动,而解释、组织和应用则是诸多活动中最重要的三种。所谓的解释就是将政策内容转化为民众所能接受和理解的指令;组织是指建立政策执行机构,拟订执行的办法,从而实现政策目标;所谓实施就是执行机关提供例行的服务与设备、支持经费,从而完成议定的政策目标。"

由此可见,行动学派关注政策作为行动指南的指导性作用,强调政策执行的关键问题在于政策执行机关如何采取政策行动,强调政策行动只要坚强有力、行动的方法切实可行就可以较为顺利地实现政策目标,合理的政策执行在一定程度上还可以弥补政策决定的不足。

(二)组织理论

组织理论学派的代表人物约翰·佛瑞斯特认为:"传统的政策执行规范理论强调政策执行机构及其人员的审视检定、自省以及前瞻分析的能力和需求。但实际上,政策规划者、政策执行机构和人员的预期分析能力是对政策执行成功与否起关键作用的因素。"组织理论学派强调组织机构、组织原则、组织措施等组织因素在政策执行之中的作用。该学派认为政策组织是影响政策执行是否顺利的关键因素,政策执行机构的主客观条件都会影响到政策执行的效果。从主观上来说,政策执行机构能否理解政策,是否具有执行政策的积极性,会影响到政策的执行情况;从客观上来说,政策执行机构是否拥有足够的资源和足够的执行能力等条件也会影响到政策的执行情况。

(三)因果理论

该理论将政策看作一种假设,具体而言:①把政策决定看作是一种假设,将政策执行看作是引导人们到达目的地的地图。②把政策中的潜在因果假设分为两个因素:贯彻影响力,主要涉及政策过程中按既定目标实现政策输出的能力;技术能力,是指政策输出导致所希望的结果产生的能力。③重点关心两类因果问题:政策制定者在多大程度上理解影响目标实现的主要因素和因果关系(认识要素);决策者在多大程度上授予执行机构控制这些因果关系的权力,使执行机构至少有潜力实现目标(权力要素)。

(四)管理理论

管理理论强调政策执行是一种管理过程,强调运用企业管理理论和工具研究政策执行问题。例如委托-代理理论,迈克尔·C.简森认为,委托-代理关系可以看作一个或多个人(委托人)雇用另一个人(代理人)代表他们执行某些任务的契约关系。在政治领域,基本上存在两类委托-代理关系:一类体现于选民与其政治代理人之间,另一类体现于政府机构内各个部门之间。

(五)博弈理论

这是将博弈论运用于政策执行领域而形成的理论模型,即以"博弈"理论观察、分析执行过程中相关参与者就政策目标或手段的达成所做的说服、协商与妥协等互动情形。它以完全理性人为假设前提,认为在冲突和竞争的情况下,每一参加者的选择都遵循最大收益-最小损失原则。

用"博弈"论来分析政策执行,美国政策学者尤金·巴德克是主要代表人物。他将政策执行过程看成是一种"游戏"或赛局。博弈问题通常由三个部分构成:一是参与博弈的竞赛者,又称游戏的局中人,是指参与公共政策执行博弈的主体。在公共政策执行博弈模型中,博弈主体包括上级政策制定者和下级政策执行者。上级在政策制定之后,利用各种政治、法律和行政手段保证政策预期目标的实现。而下级则要按照上级的要求,使用行政资源执行政策。在执行过程中,为了保障政策执行的灵活性,下级政策执行者享有一定的自由裁量权。二是每个博弈者可能采取的行动或策略,是指每个政策执行主体在进行政策执行时可以选择的策略方式。在政策执行中,上下级的策略集合实际上是不平等的。上级执行主体对下级一般采取奖励、惩戒等策略。而下级执行主体,由于要应对上级的正反两种决策,会衍生出多种应对策略。三是每一种行动或策略组合情况下每个博弈者支付的成本。博弈产生的一般原因主要有两个方面:利益独立性和信息不充分。具体而言,每个博弈者在决定采取何种行动时,不但要根据自身的利益和目的行事,还必须考虑到他的决策行为可能对其他人造成的影响,以及其他人的反应行为可能带来的后果,通过选择最佳行动计划来寻求收益或效用的最大化。

第三节 具有中国特色的政策执行

本节首先总结了中国政策执行的经验,其次阐述了"上有政策,下有对策"问题的概念,并剖析其存在的原因,最后为"上有政策,下有对策"问题提出治理建议。

一、中国政策执行经验总结

(一)注重政策宣传

政策方案并不能自发地被接受,更不能自动地被执行,政策执行是人们的实践活动。政策要顺利实施,首先就要让目标群体对政策有所理解,而要做到这一点,必须注意政策宣传。重视政策宣传工作,是中国共产党积累起来的政策执行经验之一。

(二)重视政策实验

重要政策在全面实施之前都要在局部地区或试点中进行试验,取得经验后再全面铺开。这是具有中国特色的政策执行的另一重要经验。重视政策实验是邓小平同志政策理论的一个基本内容,是马克思主义认识论在政策执行过程中的具体体现。重视政策实验可以避免损失、少走弯路。

我国改革开放四十多年的历程,是一个不断进行政策实验的历程。改革开放和现代化建设是前无古人、后无来者的,既复杂又没有现成的经验,因此更需要政策实验。邓小平同志明确指出:"在全国的统一方案没拿出来以前,可以先从局部做起,从一个地区、一个行业做起,逐步推开。中央各部门要允许和鼓励他们进行这种试验。试验中间会出现各种矛盾,我们要及时发现和克服这些矛盾。这样我们才能进步得比较快。"例如,农村生产责任制的试验,从安徽省凤阳县和四川省广汉县(现广汉市)试验成功到转入城市改革的1984年,农村569万个生产队实行了各种形式的生产责任制,落实联产承包的农户达1839.79万户,占总农户的96.6%。农村改革试验的成功,不仅解决了12亿中国人的吃饭问题,而且为城市改革提供了可以借鉴的经验。1978年,四川省有6家企业开始试行有限的"企业决策自主权"实验;1979年,大约有4000家企业进入管理自主权试验阶段,引发了中国后期的全面改革开放。

(三)强制执行与说服教育相统一

政策执行涉及面广、对象多,是一项复杂的活动,仅用说服教育或强制性执行手段是不够的。两种执行手段有机结合是具有中国特色的政策执行的第三条经验。

例如,北京市门头沟区农业农村局对于社会放生行为的管理。放生是一种向善行为,同时也是一种修复水域生态环境的重要措施,放生的个别品种还能起到净化水质和美化环境的作用。但是,放生一定要在农业综合执法机构的监督指导下科学规范地进行,私自放生会导致外来物种入侵,造成水环境污染,使"放生"变"杀生"。针对永定河沿线水域私自放生行为有所增多的现象,门头沟区农业综合执法大队坚持以问题为导向,聚焦社会关切,积极采取措施,综合施策,罚教结合,规范了社会放生行为。

(四)抓典型

在政策执行活动中,抓主要矛盾就是善于从纷繁复杂的工作头绪中找到并紧紧抓住最能影响全局、可以带动整个工作链条前进的中心环节。在抓主要矛盾的同时,还要做到"以点带面",即发现、培养和树立典型,以典型示范,促进和推动面上工作的开展。

例如,改革开放以来,我党紧紧抓住经济建设这一中心,围绕这个中心从积极支持农村改革试点到在全国推广;兴办经济特区,开放沿海城市,在内地建立工业开发区、科技开发区;鼓励部分人先富带动后富,最后达到共同富裕;等等。在建设过程中,培养、支持和推广了许多先进典型,有力地推动了全国的改革开放和经济建设进程。总之,抓主要矛盾、以点带面的领导方法,是我党的各项方针、政策得以全面、顺利实施的有效方法,它对党和人民的发展事业起着巨大的推动作用。

二、"上有政策,下有对策"问题

"上有政策,下有对策"是我国现阶段政策执行过程中一种十分常见的现象,该问题按照不同特点可以划分成不同的类型,如替换性执行、选择性执行、象征性执行、附加性执行等。

(一)"你有政策,我有对策"——替换性执行

在政策执行过程中,政策执行人员经常会碰到所执行的政策与自己或部门的利益不一致的情况,于是有的政策执行人员往往就会制订与政策表面上相符合而实质上相悖的执行方案,使上级的政策不能很好地被落实执行。

近几年来,替换性执行问题已成为我国政策执行中的一大痼疾,损害了党和政府的形象,降低了党和政府的威信力和政策的整合力。政策在执行过程中出现变异和扭曲会使原有政策问题得不到解决,又引发新的政策问题。因此,替换性执行不仅会影响原有政策目标的实现,还会恶化政策执行环境,增加解决问题的难度。

例如,为了提高土地利用率,早在1994年,国土资源部就开始限制低密度别墅用地的供应。之后每过一段时间,"限墅令"就会继续加码。2012年,国土资源部、国家发改委联合发文,严格限制别墅用地审批。2016年,国土资源部出台最严"限墅令",全国各地将停止审批别墅类供地和相关手续的办理,对联排别墅、低密度花园等类别墅项目的审批也进一步控制。但是,在政策实际执行的过程中,联排别墅、双拼别墅、叠拼别墅和空中别墅这些却被认定为不是别墅,通过了审批,没有实现政策制定的初衷,在一定程度上造成了土地资源的浪费。

(二)"曲解政策,为我所用"——选择性执行

选择性执行的最大特征是自利性。有的政策执行机关和执行人员,只从本地区、本部门甚至个人的利益出发,挑选其中对自己有利的部分执行,对自己或部门不利的部分就不执行。这种"曲解政策,为我所用"的政策执行模式,使党和国家的方针政策变得残缺不全,达不到预期的政策效果。

例如,2015年10月18日Q省全省扶贫开发工作会议召开后,为使金融扶贫更有针对性,Q省扶贫办、中国人民银行Q省中心支行、Q省农村信用社联合印发了省精准扶贫"特惠贷"实施意见,给予建档立卡贫困户"5万元(含)以下、3年期以内、免担保抵押、扶贫贴息支持、县级风险补偿"的低利率、低成本的扶贫小额信用贷款,用于他们的生产、就业、就学和移民搬迁,帮助他们"换穷业"。但有学者在对该省G县的调研中发现,产业扶贫过程中出现了"选择性

执行"的现象。"特惠贷"的政策本应用于帮助贫困农户发展产业,但是在 G 县 A 乡的具体执行中,"特惠贷"只贷给加入合作社的贫困户,并且优先贷款给县里主推产业的合作社。在乡镇领导看来,由于单个小农面对市场风险很脆弱,这笔钱有可能有去无回。因此,乡镇政府希望通过这种办法引导贫困农户参与合作社、参与到主打产业中来,从而提升和保证贫困群体的收益与资金安全。但是这种做法忽略了贫困户的意愿,有一些没有资质参与主打产业和合作社的农民借不到"特惠贷",就要用其他方式借贷,享受不到政府补贴利息的优惠政策。这对他们来说不公平,也影响了政府在他们心中的形象,这与政策本身的初衷并不符。

(三)"软拖硬抗,拒不顺从"——象征性执行

象征性执行是指执行人员在执行政策时敷衍塞责,做表面文章,实际上拒不执行上级政府的政策。象征性执行的主要特征是欺骗性。政策执行的基本要求,就是要坚决维护政策的严肃性和权威性,而实际政策执行过程中"软拖硬抗,拒不顺从"的现象屡见不鲜。受这种指导思想支配,中央的政策在一些地方、一些部门很难及时、准确、全面地被贯彻执行。

例如,假冒伪劣商品已发展到无孔不入、令人防不胜防的地步。针对这一严重侵害消费者利益的现象,近些年来,国务院一再强调要严厉打击假冒伪劣产品,先后通过了《中华人民共和国消费者权益保护法》《中华人民共和国产品质量法》《中华人民共和国反不正当竞争法》以及《全国人民代表大会常务委员会关于惩治生产、销售伪劣商品犯罪的决定》,还专门成立了"打假办",开展诸如"质量万里行""3·15 消费者权益保护日"等活动。然而,假冒伪劣产品仍然禁而不止、打而不死。究其原因,与地方保护主义从局部利益出发抗拒中央政策,包庇、维护本地制售假冒伪劣者有关。有的地方政府为了本地经济利益,对假冒伪劣犯罪行为不闻不问、熟视无睹、任其发展;有的地方政府认为打假"会影响本地经济发展,影响当地财政收入"。执法部门刚要查处,一些领导就出面说情开脱,甚至要求要"一致对外",等等。

(四)搞"土政策"——附加性执行

所谓"土政策"就是打着贯彻上级政策要结合实际的旗号,根据自身利益需要各行其是、谋取私利,这些"土政策""土规定"与原政策存在着相关性或相似性。它们或者被宣传为执行原政策的工具,或者被宣传为原政策的细化。"土政策"与原政策捆绑在一起执行后,会从质和量两个方面造成原政策的畸变。在质的方面,"土政策"扩大了原政策的内容,引发了新的政策行为,影响了原政策目标的实现。在量的方面,"土政策"扩大了原政策的调控力度和范围,改变了政策功能,超越了政策目标,出现了政策浮夸。

例如,我国搞市场经济,要建设全国统一大市场,但一些地方往往立足本地,搞小而全的生产体系。在生产快速发展时期,为保护本地利益封锁信息、技术和资源,禁止劳动力和人才流动。某区人民政府印发《关于区汽车制造业促销稳产专项活动的通知》,要求奖励对象为在该区内注册登记的《道路机动车辆生产企业及产品公告》中的汽车整车制造企业,这些政府部门的"土政策"违反了《公平竞争审查制度实施细则》,扰乱了市场秩序,严重危害中央宏观政策的贯彻实施。

三、"上有政策,下有对策"原因主要是由于"利益"的驱动

"上有政策,下有对策"是我国现阶段政策执行过程中的一种十分常见的现象。从本质上来看,"上有政策,下有对策"可以被视为相关政策主体——作为政策执行者的地方政府与作为

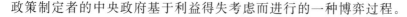

政策制定者的中央政府基于利益得失考虑而进行的一种博弈过程。

(一)央地关系:中央与地方的利益矛盾

公共政策具有利益分配的功能。虽然中央政府在制定政策时力求公平、公正,但是多元化的利益主体各有各的利益取向,常常存在着利益差异。政策无法使不同地域和部门的利益需求都得到充分的表达和满足。当公共政策不符合某些地区、部门的利益要求时,这些地区或部门就存在着抵制政策的内在冲动。中央政府在制定某项政策时,可能存在对地方利益照顾不周、使某些地方做出利益牺牲、利益补偿不到位等情况,致使央地之间利益冲突加剧;最终压制了地方政府执行国家政策的积极性,降低了政策的执行效率。

(二)政策本身的缺陷

事实表明,政策本身的漏洞是导致"上有政策,下有对策"的重要因素。政策目标不准确,政策目标含糊不清,致使执行者不得其要领;政策目标太高,不易实现;政策目标绝对化,不顾具体实际;政策目标片面化,政策实施难以平衡。这种弊端容易让一些人"钻空子",搞"对策"。另外,政策不完整、不配套也是政策本身的缺陷。政策是一个相互配合、相互协调的大系统。政策的完整性要求各个部门之间、各项政策之间、新老政策之间、宏微观政策之间衔接统一、配套协调。而实际上,政策却是单项政策出台的多,以政策群出现的少,没有形成科学合理的政策体系,这就给政策执行人员寻找"对策"打开了方便之门,为政策执行带来了困难。

(三)政策多变、政出多门

1. 政策多变

今天制定一个政策,明天又出台一个新政策,头痛医头,脚痛医脚。比如,领导换届,政策也会跟着发生变化,人存政举,人走政息。政策多变,朝令夕改,缺乏稳定性和连续性,就无法建立起政策的权威性和可信度,也就很难让人遵从,不可避免地就会产生"上有政策,下有对策"的现象。

2. 政出多门

政府机构繁多、部门林立。它们之间常职责不明,多头决策,缺乏有效的沟通协调,常常是政出多门,甚至相互矛盾。面对众多相互冲突矛盾的政策,政策执行者不得不采取"优选法"——顶头上司的优先,其他的推后;经济监督、杠杆部门的优先,其他机关、部门的靠后;领导个人交办的优先,集体名义布置的推后。最终导致正确的政策得不到执行,导致宏观失控、国家受损、群众吃亏。

(四)政策执行主体的本位主义和地方利益的驱使

政府机关和公职人员也带有"经济人"的性质,具有自利性。当他们掌握政治资源、执行公共政策时,很容易使用所得到的资源使利益最大化。实际上,在政策制定者和执行者之间存在一个利益"过滤"机制,执行人员对政策的执行往往会参考局部利益或个人利益的损益值,利大快执行,利小慢执行,无利或利损就不执行,甚至抵制歪曲。一旦政策执行人员只追求自己的利益,政策执行就会偏离政策目标。

当前我国的政策执行主体主要是行政机关的工作人员,他们既是政策的执行者,又是政策的目标群体。作为政策的执行者,他们代表公共权威,行使公共权力,要求忠实执行国家政策。但当他们作为政策的目标群体时,许多政策与他们的切身利益密切相关,其在执行政策时会出于自身利益进行选择或抵制。当政策目标与自身利益相关度较高时,政策执行人员在执行国家政策时可能出现态度暧昧、行动消极,甚至会出现抵制政策的现象。

(五)政策执行监控不力

从政策科学的角度来看,整个政策运行过程法制约束不够。执行前缺乏规范约束,执行中不能有效监控,执行后纠偏不力,特别是对那些执行不力、拒不执行或执行变形走样的执行机关或人员缺乏严厉的惩处措施。

从当前的社会现状来看,我国正在建设社会主义市场经济新体制,正处于转型期,这一根本的变革一方面给社会带来了无限的生机和活力,但也把市场经济的功利性带入到了政策执行过程中。一些政策执行机关和人员,往往从局部或个人利益出发,置中央的政策、法规于不顾,利益大时快速执行,利益小则缓慢执行,无利则不执行。

从中央与地方的管理体制来看,改革之前中央权力过分集中,后来在重建中央与地方的关系时,哪些权该放,哪些权不该放,一直没有找到合适、明确的界限,结果就出现了中央放权过度的现象。随着地方自主权的扩大,特别是地方财力的膨胀,中央对地方执行政策的监控力就削弱了,控制力也明显降低。

四、"上有政策,下有对策"的治理

(一)从制度上解决中央和地方事权的划分问题

中央与地方分权要法律化、制度化。强调中央集权并不意味着把地方应有的权力全部收上来,而是对中央与地方享有的政策权力要明确界定,该分的分,该合的合,做到分合有理、调度有序。

(二)加强政策研究,建立科学合理的政策体系

由于我国各地的政治、经济发展不平衡,各地的利益要求呈现出较大的差异性,而这必然会在政策的制定与执行过程中反映出来。中央制定政策要尽可能地听取各地的声音,在保持全国政令统一的前提下,照顾地区的差异性,力求政策公平、公正。如果从全国政治、经济发展出发,需要给某地区、某部门政策优惠,那么对另外的地区或部门在适当的时候也可以考虑给予一定的利益补偿,防止因利益分配不公而导致的地区间利益摩擦严重,阻碍中央政策执行的现象发生。

(三)摆正局部和全局的关系,树立"全国一盘棋"的思想

因为中央与地方利益冲突是导致地方政府政策执行不力的主要原因,因此提高地方政府执行力的前提是加强中央与地方的利益整合,摆正局部和全局的关系。社会主义国家的利益是个人利益、集体利益、国家利益的统一体,是全局利益与局部利益的统一。否认这种统一就易导致局部利益与全局利益的对立。加强中央与地方利益整合就是在承认中央利益与地方利益有差异的前提下,强调地方利益服从中央利益。地方作为中央的下级组织,必须服从和执行中央的政策、法令,自觉克服地方保护主义。特别是当地方利益与中央利益发生冲突时,应把全局利益、国家利益放在第一位。

(四)加强监督,从严治政

监督是政策执行过程中不可缺少的环节和手段。如果没有监督或疏于监督,政策执行就很容易流于形式。从中央到地方应该改变只重视对执行人员清正廉洁的监督,而轻视对执行效率和能力的监督。要进一步完善有关政策执行监督方面的法律、法规和制度,尤其是要对监督主体、监督者的职责、监督的方式方法、被监督者的责任追究等做出细化,使政策执行监督走上法律化、制度化的轨道。不断健全政策执行监督机构,鼓励公众参与监督,加大对政策执行错误行为的惩罚力度,对违背中央政策、损害中央权威、造成重大政策执行失误的人员要依据法律和纪律严肃查处,追究其责任。

核心概念

政策执行(policy implementation)　过程模型(process model)
执行机构(executive agency)　目标群体(target groups)
环境因素(environmental factors)　文化因素(cultural factors)
互动模型(interactive model)　循环模型(cyclic model)
系统模型(system model)　政策资源(policy resources)
综合模型(integrated model)　博弈理论(game theory)
原则性与灵活性相结合(combining principles and flexibility)
理想化的政策(ideal policy)　官僚主义(bureaucracy)　政党生态(political party ecology)
利益格局(interest pattern)　舆论环境(public opinion environment)
监督制度(supervision system)　政策实验(policy experiment)
政策本身的缺陷(inherent flaws in the policy)
政策多变、政出多门(frequent policy changes and multiple bureaucratic approvals)
"利益"的驱动(benefit-driven)

思考题

1. 公共政策执行的基本理论有哪些?
2. 影响政策有效执行的因素是什么?
3. 政策执行模型有哪些类型?
4. 政策执行理论有哪些?各自具有什么特点?
5. 中国政策执行的经验总结有哪些?
6. "上有政策,下有对策"的问题有哪些类型?分别具有什么特点?
7. "上有政策,下有对策"产生的原因主要是什么?

案例分析与思考

两种选择,两条道路,是什么决定政策执行的成功?

小岗村,位于安徽省滁州市凤阳县,这里的凤阳花鼓闻名天下。最初,凤阳花鼓是凤阳人外出逃荒时用以乞讨的手段,由此可见历史上的凤阳较为贫瘠。1978年,18位农民以"托孤"的方式,冒着极大的风险,立下生死状,在土地承包责任书上按下了红手印,创造了"小岗精神",拉开了中国农村改革的序幕。小岗村一下子成为全国瞩目的模范村。

南街村,位于河南省漯河市临颍县城关镇。漯河是"中国食品名城",日产休闲食品3500吨,全国第一,火腿肠、冷鲜肉、麻辣面等制品产销量全国第一。双汇集团是全球肉类行业龙头老大,卫龙集团是辣味休闲食品行业领军企业之一。在这样的大背景下,南街村一直坚定地发展食品行业。1984年,在人民公社制度逐渐被家庭联产承包责任制取代时,南街村却在支部书记王宏斌的领导下,选择了重走集体化经济的道路,还将学习"毛选"、念毛主席语录等快要消失的举动搬回到生产生活中来。1984年,村办企业的总产值只有70万元;1989年,南街村的集体经济产值达到了2100万元;到1995年达到12亿元,实现了飞跃式发展。从2008年开始,南街村又一次迎来了春天。2011年,南街村实现销售收入16.5亿,实现利税1个亿。

安徽省滁州市凤阳县小岗村的"大包干"的成功实践将中国农村经济引向了"家庭联产承包责任制";与此同时,河南省漯河市临颍县的南街村却选择继续走"集体经济"道路,也取得了成功。

思考并讨论:

(1)通过小岗村和南街村的比较,寻找并列举真正影响政策执行成功与否的要素。

(2)98%和2%,哪一种代表了中国未来农村经济的发展方向?是否会有新的形式取代过去的成功模式?

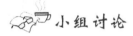 小组讨论

请观看典型案例:崇仁县畜禽粪污资源化利用部署推进不力,污染问题突出。

请分小组讨论以下问题:

(1)请分析是哪些原因导致崇仁县畜禽粪污资源化利用部署推进不力的?

(2)如果你是相关领导,会如何应对此事?

第七章　公共政策评估

　　本章主要就公共政策评估的基本概念和主要问题进行概述。第一节主要对公共政策评估的核心构成进行介绍,包括公共政策评估的主体、方法、内容,以及政策评估的概念、类型和标准等。第二节主要介绍政策评估的步骤和模式。具体而言,传统的政策评估模式包括目标达成模式、附带效果模式、无目标模式、综合模式、顾客导向模式、利益相关模式、经济模式和职业化模式。第三节主要介绍政策失效的含义、表现及失效的原因,并在此基础上讨论政策评估时面临的主要障碍,探讨我国政策评估工作中存在哪些不足以及改进对策。

第一节　政策评估概述

　　人们在有意识地做出行为后,总是会下意识地获取、分析有关该行为结果的相关信息,这其实就是一种简单的评估活动。制定者在设计和选择公共政策时,必然要考虑各种政策方案可能引起的结果。政策实施后,要想了解政策的效果如何,是否达成了预期的政策目标,是否产生了某些预期之外的结果,都需要依靠政策评估来回答。本节中,我们将先就公共政策评估的核心构成、含义、类型及标准进行讨论。

一、政策评估的核心构成

(一)公共政策评估的主体

　　谁来充当公共政策的评估者呢?主要依据是评估标准。广义上讲,评估者的范围是非常广泛的,因为任何一个对公共政策感兴趣的人都可以成为政策评估人。想要做好政策评估,有两个必不可少的条件:一是评估人能够拥有充足的政策信息,特别是政策内容和政策结果方面的信息;二是评估人要具备充足的政策理论知识。如果从这两项条件出发,政策评估的主体范围就会小很多。学界从政策评估的主体出发将其分为政府评估和民间评估。

1. 政府评估

　　政府部门之所以能成为政策评估的重要主体,除了其拥有上述两项重要条件外,它们还有相当强的公共权威,能让公民对评估结果更加信服。

　　政府部门理应是一个自我评估的组织,这也是其工作需要和职责所在。然而,自我评估对政府部门来说也绝非易事。韦达夫斯基曾说过:"评估工作对于政府组织来说是非常矛盾的,其原因在于评估带来的变动必然会打破政府组织长期以来追求的稳定。"

　　若要做好政策评估工作,首先,政府的评估人员要有"不怕批评、不惧权势"的精神,这也是一种"评估伦理"。其次,就是要对政府内部的政策评估者进行周全的保障。例如,美国联邦审计局承担着评估和考核联邦政府各部门预算执行的责任,所以其最高官员的任期长达15年,非特殊情况不可撤销。这就是对政府评估人员进行职业保障的典型范例。

2. 民间评估

因为自我评估与政府组织追求稳定的特性相背,所以政策评估不能仅依靠内部来进行,来自外部、独立、持续的群体评估,即民间评估也十分有必要。"民间"指的是报纸、学者、电视、民间团体等群体。

在美国,报纸、媒体、私人团体、学者都会参与政策评估。一些著名的报纸几乎每天都会在专有版面上刊登对公共事务的探讨和对公共政策的评价,美国报业也一向将评估公共政策作为自己的责任。此外,在一些知名的期刊上,如 *The Nation*,*The National Review*,*Transaction* 也会刊登政策评估类的文章,其中有些文章还会引来美国国会的注意和调查。美国电视台也会经常制作有关公共问题的专题节目和专访,常常聚焦移民、空气污染、政府医疗计划等民众极为关注的公共问题。另外,还会有团体出于自身利益的考量,关注一些特定领域的公共问题和公共政策,从而发挥一定的政策评估功能,如美国劳工联盟、全国有色人种促进协会、全国制造业协会等。一些专门从事政策评估的第三方机构也会参与评估,如美国兰德公司、布鲁金斯学院等。

(二)政策评估的有效方法

进行政策评估最重要的就是比较,因为比较可以评估某项公共政策为整个社会带来的变化。实际上,这种比较要尽可能做到将"没有某项政策会发生什么"与"采用了某项政策会发生什么"这两种结果放在一起进行对比。而问题也在于此,当某项政策已经实施时,很难观察到同期没有实施这项政策时所产生的后果,这就为政策评估带来了变数。

1. "前—后"比较分析

该评估方法是对政策实施前后的情况进行比较,如图 7-1 所示。"前—后"比较通常用来观察政策对特定目标群体的影响和效果。这种方式可以在一定程度上证明政策实施的效果,但很难观察出整个社会的变化,即便可以,也很难判断出这种变化是政策实施带来的直接效果,还是由于其他事物或环境发生改变所带来的变化。所以显而易见,该方法的优点是简单、方便,便于控制政策评估的成本;缺点则在于不够精准,无法有效区分政策效果和其他因素影响所带来的社会变化。

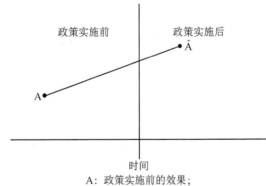

A:政策实施前的效果;
Â:政策实施后的效果;
Â-A:估计的政策效果

图 7-1 "前—后"比较示意图

2. "投射—实施"比较分析

如图 7-2 所示,评估者可以把政策实施前的社会总体趋势投射延长至政策实施后的某一时间节点上(A),这条延长线就可以代表没有实施政策时的社会变化趋势,然后与该时点政策实施后的效果($\hat{A}$)进行对比,便可以得到较为精准的政策效果。运用此方法的难度在于必须要尽可能地收集政策实施前的各种信息和资料,这样才能尽可能复原未实施政策时的真实情况。这种方法在精准度上更优于"前—后"比较,但其耗费的成本也比较高。

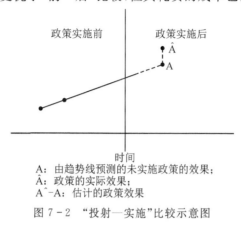

A：由趋势线预测的未实施政策的效果；
$\hat{A}$：政策的实际效果；
$\hat{A}$-A：估计的政策效果

图7-2 "投射—实施"比较示意图

3. "有—无"比较分析

如图7-3所示,"有—无"比较分析是将实施政策的对象和未实施政策的对象进行对比,如将执行了某项政策的城市和没有执行某项政策的城市进行对比。这种方法大多只是在政策实施后的时间段里进行各种对比,如将实施烟花禁令的城市火灾发生率与同时间未实施禁令的城市火灾发生率进行比较。但是,由于未实施政策的客体可能在某些方面与已实施政策的客体存在差异,因此很难将对比的结果完全当作政策实施的真实效果。比如,参加了政府医疗保障计划的人和没参加政府医疗保障计划的人之间有健康差异,这种差异既有可能源自政府的医疗保障计划,也可能是因为这两类人本身就存在健康差异,为了避免一些因素对政策评估结果的干扰,在评估时就需要同时考虑政策实施前后的变化以及没有实施政策时就存在的固有变化。例如,A、B是两个有着相近条件的地区,A地区在某段时间实施了某项政策,B地区没有施行这项政策,那么由于两地的条件接近,这段时间内B地区产生的变化就可以看作是A地区在政策实施期间原本就会产生的固有变化,这时如果单纯将A地区在政策实施前后产生的结果进行比较,以此得出的结果就会将A地区本身的变化包含在内,这就很容易使政策评估结果产生较大的误差。

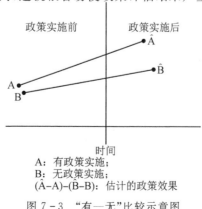

A：有政策实施；
B：无政策实施；
($\hat{A}$-A)-($\hat{B}$-B)：估计的政策效果

图7-3 "有—无"比较示意图

4. 实验性比较分析

用实验性方法评估政策的传统由来已久,具体的操作步骤如图7-4所示,在政策的目标人群中随机选取被试者,将这些被试者分为两个群体——实验组A和对比组B(又称控制组)。对实验组A执行政策,控制组B则一切照旧。在政策开始前后对两组受试者进行预先(A和B)和后置($\hat{A}$和$\hat{B}$)的测评,以此进行对比,确定政策的实际效果。该实验法备受好评,因为它不仅可以有效测量出政策实施的真实效果,也可以估测出其他社会因素给社会带来的变化。

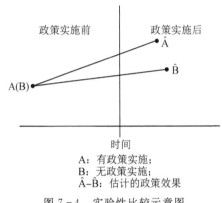

A:有政策实施;
B:无政策实施;
$\hat{A}-\hat{B}$:估计的政策效果

图7-4 实验性比较示意图

例如,20世纪80年代美国特拉华州劳动部门就运用了实验性比较分析,旨在评估"援助失业工人"计划实施的有效性。所谓失业工人是指那些因国际竞争与技术变革日益激烈而失去长期稳定工作的人。这一援助计划得到了工作合作培训法案的资金支持,其目标在于帮助提高工人收入和降低工人对失业补助金的需求。实验开始,首先确定175个可比较的工人,随机抽取65个人组成实验群体,另外110人组成控制群体。实验群体中的成员能够得到就业活动的相关咨询,得到工作之初的定向指导、再培训和其他服务。两个群体经历了为期一年的实验,通过对二者绩效的比较,控制群体反而优于实验群体。故实验的结论是:这一计划并不能改善参与者的工作情况。

5. "成本—收益"比较分析

这是一种更为量化的分析方法,从字面意思上看,必须要确定某一政策的成本和收益,并把它们转化成货币形式进行对比。只有当某项政策的收益大于成本时,该政策才算得上是好政策。"成本—收益"比较分析的过程大致可分为以下几步:首先,政策评估人员要确定受某项政策影响的目标人群有哪些,然后计算出该政策实施时在每类人群中的成本和收益,即明确这些群体将会因为政策受到哪些直接和间接影响。其次,为这些成本和收益赋予货币层面的价值,其间需要考虑政策本身的属性情况,如某些政策的效益不是当下就能显现的,而是在更长远的未来才会有效果,这就需要使用折现率来计算一些未来收益在当下的价值情况。最后,对政策产生的成本和收益进行比较。若收益大于成本就代表该项政策可以实施,反之,该项政策不应该被施行。

"成本—收益"比较分析常被经济学家用来评估某项政策的优劣。但从实际而言,这种方法也有一定的弊端,主要表现在:首先,一些政策中的成本和收益往往难以被精确地量化为货币形式。比如，政府监控城市空气质量对民众健康状况的改善，这其中的成本和收益该如何进行客观测定呢？其次，折现率的确定也并非易事。尽管大多时候学者们习惯基于利率、通货膨胀率等来确定某项政策未来的成本和收益，但至今也没有十分科学的方法来确定折现率，这就导致一些长远的成本或收益的计算并不精准。最后，成本—收益分析的前提是将社会当成一个密不可分的整体，但实际情况可能是政策获益人群并不是付出成本的人群，此时讨论政策产生的总成本和总收益是毫无意义的。

尽管"成本—收益"比较分析存在许多弊端，但对于某些特定的政策和团体而言，运用好"成本—收益"比较分析工具是非常必要的，如在环境政策评估中。

（三）政策评估的内容

政策评估的内容按照政策过程可以划分为政策方案、政策执行和政策效果。其中，对政策方案的评估，又称作预期评估，是指对尚未实施的政策方案的优缺点的评估，可以为选择哪种政策方案提供依据。对政策执行的评估主要是对执行机构是否完善、实施过程是否符合规定的程序、政策资源是否充足的评价，以便为政策日后产生的效果及其原因做好信息准备。对政策效果方面的评估是整个评估环节的重中之重。一般来说，评估人员主要从以下方面对政策进行评价。

1. 对政策目标群体的影响

政策的目标群体是指政策试图影响的那群人，如低收入群体、残疾人群体、未成年人、退伍老兵等。政策评估需要重点关注政策实施对目标群体带来的效应，以此判断预期效应是否实现。如果政策的预期影响表现在多个方面，那么就需要考虑这些影响是否按照预先设置的顺序被一一实现。

此外，政策的影响有时并不完全如预期，也可能会对目标人群产生一些意外的影响结果，这些意外结果既可能是积极的，也可能是消极的。例如，旨在激励农民生产的农产品补贴政策导致了被补贴产品的过度生产；某些福利政策虽然改善了失业者的生活状况，但也削弱了该群体的就业积极性。

2. 对政策目标群体以外的人群所产生的影响

一项政策的实施不只会对目标人群产生影响，也可能会影响到目标群体以外的人群。这种情况通常被称作第三方影响或溢出效应。相应地，第三方的收益或成本也会随之产生。例如，廉租房政策不仅可以为贫困人口提供住房保障，也可以为建筑企业带来额外收益。污染治理虽然增加了企业的排污成本，但却为生产减排设备的厂商带来了收益。

3. 对当下以及未来的影响

这方面主要从政策的自身属性出发进行评估，有些政策的出台本身就是基于短时间内的应急需要，并不需要长时间施行，如楼市调控政策。有一些政策则更注重长期的政策效应，较为典型的就是中国的核电发展计划和航天工程。通常情况下，有新意的政策更容易吸引民众的关注，所以这种政策会在短期内带来相当多的正面效果，但当政策"新意"随着时间推移而逐渐消退时，人们的关注就会减少，随之而来的就是政策正面效果的衰减。当然也有一些政策开始时会困难重重，但在坚持下来后却会产生意想不到的积极效果，就如分税制政策的确立。

4. 直接成本

尽管成本的表现形式有很多，但在政策评估时首先要考虑的就是直接成本。它指的是在政策施行过程中直接被消耗掉的资源,包含人力、财力、物力等成本。一般而言,直接成本较其他类型的成本更容易被估算出来,因此直接成本经常会体现在政策的预算文件中。

5. 间接成本

一项政策的实施除了会消耗容易观察到的直接成本,还会消耗间接成本。相比较而言,直接成本容易计算,间接成本较难估测,因为间接成本可以是有形的,也可以是无形的。比如,当一个村庄因政府建设水坝需要而淹没时,尽管政府会发放足够的安置补偿,但村民们的精神损失(心理上的痛苦和不舍)却很难计算清楚。类似于这样的间接成本经常会牵扯到心理和社会层面,而想要估算出无形事物的真实货币价值相当困难。

6. 机会成本

机会成本是指政府部门为了施行某一政策,而放弃另一政策所得的最大收益,它强调的是现有资源用在某一项目而非其他项目时,我们不得不放弃的收益。例如在某地疫情防控期间,大部分的政府资源都需要向疫情防控倾斜,其他领域如环境管控、市政规划等方面的政策则无法及时落实,而由此带来的社会损失的总和就是疫情管控政策造成的机会成本。

二、政策评估的概念

从字面上看,评估就是评价和估计的意思,它通常是指依据某些标准对某一事物做出评判。学界对于政策评估的认知一直存在分歧,主要是价值判断层面的认知和技术分析层面的认知有差异。政策分析出现后,相当长一段时间内主流研究倾向于将政策评估当作依据事实层面的技术分析。这种思想要求评估人应用实证方法,尤其是量化分析的技术方法确定政策目标和政策结果之间的关系,着重关注政策实施后的效率、效果、效益等。但是,这种方法有较大的缺陷,评估人员容易忽略对政策本身进行价值、伦理评判。自20世纪70年代起,学者们认为如果不在评估中先弄清政策本身的合理性、公平性、正当性等问题,只是利用量化分析技术注重政策的结果就是本末倒置的行为。

目前对于政策评估的定义,主要的观点大致分为四类:第一类观点将政策评估的重点聚焦于政策的预期结果上,也被学者们称为前评估;第二类观点认为政策评估是对政策环节进行评估,其重点在于对政策内容进行阶段性分析,所以又称为阶段性评估;第三类观点认为政策评估是对整个政策过程的评估,评估会贯穿在政策运行的全过程(从政策制定到政策实施乃至政策终结),所以又称为过程评估;第四类观点认为政策评估应着重评估政策的实际效果,所以评估只需要出现在政策执行之后,因此也被称为后评估。

本书将政策评估定义为:评估人员根据一定的价值标准和事实标准,通过一定的程序和步骤,对政策实施中的价值因素和事实因素进行分析,目的在于利用这些政策的相关信息,对政策结果和政策未来走向做出基本判断。简单来讲,政策评估就是将政策看作自变量,将政策对社会产生的各类影响当作因变量。

三、政策评估的类型

随着社会的不断发展,政府事务日趋复杂,公共政策的形式和内容也变得更加繁复。所以,政策评估也从以往的类型单一变得更加多样化。评估者们可以从不同角度、不同过程,依据不同标准对政策类型进行多元划分。政策评估的分类标准多元化也代表了不同类型评估的侧重点各有不同。

从评估者所在的组织形式来看,政策评估可以分为正式评估和非正式评估;从评估机构所处的位置来看,政策评估可以分为内部评估与外部评估;从政策评估在整个政策运行过程的位置来看,政策评估可以分为事前评估、执行评估和事后评估;从政策的效果来看,政策评估可以分为政策影响评估、政策效率评估和政策效益评估。

(一)正式评估与非正式评估

正式评估指的是法定的评估人员根据制订好的评估方案,严格按照评估规定的程序对政策进行的评估工作。这种评估类型从字面意义上就可以看出,它对评估程序、评估材料、评估条件、评估人员等方面都有较为严格的要求,被广泛用于政府部门的政策评估工作中。非正式评估是指对评估人员、评估程序、评估材料等不做严格的条件限制,对评估的最终结论也不做严格的要求。这种类型的评估具体表现为:民众对某些政策的评论、领导人的公开视察、媒体对政策的评论和建议等;一些团体也可以依照自身的评估习惯对政策进行各有侧重的评价。

(二)内部评估和外部评估

内部评估是指出台政策的部门自己对政策做出评估,尤其是指政府部门内部的评估人员对政策的评估。这种类型的评估又可以分为政策执行人员做出的评估和专职评估人员做出的评估。与之相反,外部评估则是指出台政策以外的部门或群体,特指政府部门以外的人员对政策做出的评估,其主要表现形式是委托评估,被委托的对象包含第三方研究咨询机构、学术团体等。

(三)事前评估、执行评估和事后评估

顾名思义,事前评估是指一种在政策实施之前的、有着预测功能的评估。它主要包含政策可行性分析、对政策目标对象未来发展趋势的分析以及对政策实施效果的预先分析。执行评估是指在政策实施过程中对其执行情况的评估,它会分析政策在实施过程中遇到的各类情况,以此确定政策是否严格按照程序被执行。事后评估则倾向关注政策完成后产生的实际效果,以此来确定政策是否对目标人群产生了预期效果,然后利用评估结果不断优化现有政策。

(四)政策影响评估、政策效率评估和政策效益评估

这三类评估主要是对政策实施后产生的各种结果进行的评估。其中,政策影响评估的核心是对政策的作用以及影响政策的各类制约因素进行具体的分析,如积极/消极影响、偶发事件干扰、社会变动等因素。政策效率评估是对政策结果的效率层面进行评判,如以速度、范围、时间、质量等效率指标为参考进行的评估工作。政策效益评估的关注重点是符合政策预期目标的"有用"的结果、成果、收益,以有效结果的数量作为评估的主要依据。

四、政策评估的标准

进行政策评估最重要的前提条件就是建立评估标准,没有一个确定一致的标准就无法做出客观的政策评估。尽管对具体的政策而言,具体的评估标准可能会有所差异,但是从普遍意义上来讲,政策评估常用到的标准主要有以下三类。

(一)政策的效果标准

这一标准中的效果指的是政策实施后所产生的各种结果与影响,既包含积极的效果与影

响,也包含消极的效果与影响。在评估过程中用到效果标准时,评估人员需要着重了解政策目标的实现情况、政策给社会带来的总体影响以及政策本身带来的全部效果。在政策目标的实现情况中,评估者要知道政策既定目标的实现情况,是完全实现还是部分实现;如果政策目标没能完全实现,原因是什么。在社会总体影响中,评估者要知道政策实施对社会产生的整体影响有哪些、已经造成和正在造成什么样的影响。对于政策本身的评估,评估者要了解政策实施会带来哪些正面影响和负面影响。

(二)政策的效率标准

从字面意义理解,效率是指单位时间内完成的工作量。因此,政策效率通常用来表示投入的资源与获得的收益之间的比值。这一标准着重关注:为得到有价值的收益,愿意付出多少成本。效率可以用货币形式进行计算,它有很多测量指标,如单位成本、净收益、成本收益比等。如果从效率的标准出发,用最低成本实现最大收益的政策就是一个好政策。

需要区别的是,效果和效率是有差别的。效果倾向于关注政策执行的有效性以及政策是否达到了预期目标;效率则关心政策如何以最小的代价获取较大的产出。某些情境下,效率和效果之间会存在矛盾,高效率地实施政策却未必能达到预期的政策目的。因此,当效果标准和效率标准有冲突时,可以优先关注效果,然后在完成目标(效果)的前提下关注效率。

(三)政策的效益标准

效益是以政策实行后对社会健康发展、社会公正、社会回应的影响大小作为评估的一种标准,在三类标准中位于最高的层次。它包含以下方面内容:

1. 公平性

当某一项政策会影响到两个或以上数量的人时,"公平分配"就成了政策制定者必须要面对的议题。公平性评估主要与收入分配、公共服务分配等领域的政策有关。当某项政策符合效果与效率标准之后,却在利益分配方面产生了不公平的问题,那么此项政策也极有可能被评估为失败。例如,大量的廉租房被富人抢租,真正需要的低收入者却租不到房,那么廉租房政策便可能会被评定为失败。

2. 回应性

回应性是指某些针对特定人群的政策是否满足了他们的需求和偏好。当某项政策满足了效率、公平性等标准时,却没能准确把握政策目标人群的实际需要,这也可能让这项政策变得不成功。例如,一项养老保障政策实现了健康设施的公平分配和高效实用,但对老年人的喜好和需求缺乏回应性,就会大大降低目标群体(老年群体)对该项政策的满意度。回应性标准意在强调政策要满足目标人群的真实需要。

第二节 政策评估的过程及模式

政策评估是一项程序性的工作,尽管由于评估组织者和政策存在差异,政策评估的模式各有不同,但只要是正规、科学的政策评估,评估步骤一般都类似。在本节中,我们将着重介绍公共政策评估的三个主要步骤以及主要模式。

一、政策评估的步骤

尽管对于不同的政策而言,评估的对象和所用的评估类型不同,但一般而言,政策评估主要有三个环节:准备环节、实施环节和结束环节。

(一)准备环节

准备环节是评估的前期准备工作,也是完成评估的前提。准备环节的主要工作可以归纳为以下几个方面:

(1)组建评估团队。组建评估团队即根据具体的政策评估要求来确定团队的人员数量和队伍规模。

(2)筛选评估人员。因为政策评估有时需要运用一些特殊的技术分析方法,这就对评估人员的素质提出了要求,所以评估人员除了需要经过严格的筛选,在必要时还要经过培训来达到评估的要求。

(3)确定政策评估对象。对评估对象的定位是前期工作中非常重要的一部分。有些政策因为涉及的领域和人群十分庞杂,政策效果的产生也往往会受到多种因素的影响,所以有时要清晰地确定政策评估对象并非一件易事。

(4)制订评估方案。评估方案要明确规定评估主体、评估对象、评估目的、评估标准、评估方法等相关信息,这样才能在评估过程中做到有理有据。

(5)落实评估资源。需要确定评估要用到的场地和时间、经费情况以及一些设备的准备情况。

(二)实施环节

实施环节是政策评估过程中最核心的部分,主要工作可以归纳为:首先是对政策信息的全面收集。政策的信息是评估中最重要的资源,一般而言,政策的信息可以是人们的主观看法,也可以是已经发生的客观事实和反映政策结果的数据,还可以是模糊的印象。在这部分工作中,要尽可能多角度地收集政策信息,以保证所掌握的信息全面而准确。其次是对收集到的信息进行整理加工,整理过程中尤其要注意信息的真实性、完整性、代表性(代表大部分人或事物的情况)、深刻性(反映事物的本质特征)和启发性(反映事物的发展趋势)。再次是对政策效果进行评估,要做到描述政策发生的过程,解释事情发生的原因、经过和结果,把握分析政策实施过程中的困难,阐明政策造成的影响。最后是得出评估结论,要在前一过程的基础上进行有效总结,给出评估结论和政策建议。

(三)结束环节

这一环节的内容主要是对评估结果的处理和撰写评估报告。作为政策评估的最终产品,评估报告对政策的改进或终结都有很强的参考价值。评估报告要尽可能规范详尽,以书面的形式出现,内容除了要包含对客观事实的陈述和分析外,还要涉及对评估方法和评估人员构成的介绍、对重要问题的解释等。

二、政策评估的模式

在西方的政策评估史中,评估者们运用过各种各样的评估模式。如何对这些评估模式进行划分是政策研究人员们一直关注的问题。以埃贡·G.古贝和伊冯娜·S.林肯为首的学者认为,可以以"组织者"为核心形成不同的政策评估模式。基于该观点,欧洲学者韦唐将"组织者"抽象化,按照"组织者"的差异将政策评估的模式分为三类:效果模式、经济模式和职业化模式,其中,效果模式包括六种:目标达成模式、附带效果模式、无目标模式、综合模式、顾客导向模式和利益相关者模式;经济模式包括生产率模式和效率模式。政策评估的模式如图7-5所示。

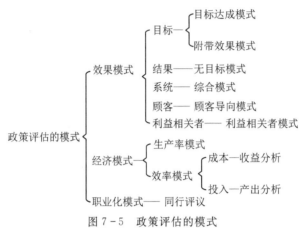

图7-5 政策评估的模式

(一)效果模式

1. 目标达成模式

该模式是政策评估的传统方法之一,它以预定政策目标的完成度为主要评估标准。因此,使用该模式时,需要判断预期的政策目标能否实现,并且探讨哪种行动才有利于目标的实现。目标达成模式可概括为三个步骤:首先,评估者需要明确政策的目标以及目标的含义。如果政策目标较为复杂,就需要将总体政策目标拆分为若干个二级目标;然后对这些二级目标进行量化,按照重要程度对它们进行排序。其次,评估人员需要评估这些预期的政策目标在政策实施后被实现了多少。最后,如果预期目标没有被完全实现,评估人员就需要搞清楚是什么原因阻碍了政策目标的实现。

虽然目标达成模式是史上最长的评估方式之一,但目标达成模式仍存在较多的缺陷。其一,该评估模式完全忽略了政策成本,从而极有可能导致成本浪费或政策收支不均的情况出现;其二,该评估模式默认所有政策的预期目标都是可以被简化和量化的,但在实际政策评估中,经常会出现政策目标难以被完全量化的情况;其三,该评估模式假定所有的情况都会被考虑在政策预案中,但在实际政策实施中,经常会出现意料之外的政策结果;其四,该评估模式只注重政策结果,忽视了政策实施的过程。

2. 附带效果模式

考虑到目标达成模式存在的弊端,学者们对其进行了改进,形成了附带效果模式。所谓附带效果是指出现在政策预期目标以外的政策效果或影响。该模式要求评估人员除了要关注预期的政策目标达成情况,还要对附带效果进行探讨和评估。虽然相比目标达成模式,附带效果模式考虑了预期外政策效果的情况,但因为对附带效果的评估并没有明确的评估标准,导致评估人员很难对预期外的政策影响进行评价。针对这一难题,韦唐的建议是,可以先对能力范围之内的政策效果(如预期之内的政策目标效果)进行评价分析,之后将预期之外且难以进行评估的附带效果列举出来,让具体的评估人员明确这些附带效果的具体价值,最后将这些价值与预期内的政策效果相加或相减。

3. 无目标模式

大多数情况下,公共政策的实施需要经历许多阶段,因而只关注政策效果就会使评估结果不够客观和全面,为此学者们提出了无目标模式。这一模式的内涵在于它要求评估人员全面观察公共政策的实施过程,然后找出与政策有关的所有效果和影响。它与附带效果模式的区别在于,附带效果模式仍然是以预先设计好的政策目标为主,同时再加上对非预期的各种附带效果的评价;无目标模式则完全抛开了政策的预期目标和其他预先标准,只专注于评估判断政策的所有效果。无目标模式鼓励评估人员不受政策目标的约束,全面评估公共政策带来的所有影响,这就使得其应用领域更为广泛。然而,因为它完全不考虑政策既定的目标和评估标准,致使其十分依赖于评估人员客观公正的判断,而评估人员在评估过程中容易夹杂个人主观因素。另外,这种评估模式在实际操作上也较为困难。

4. 综合模式

该模式的主要观点是,评估不能只局限在已经产生的政策结果上,政策的实施甚至政策的计划同样重要。所以,政策评估应该贯穿于政策的整个过程——从计划到出台到实施再到产生效果,而不仅仅是将重点聚焦在政策结果上。与其他评估模式相比,综合模式的优点在于:一是政策的制定和执行都包含在评估中,所以综合模式中的评估结果能够较好地反映出决策和执行的质量情况;二是综合模式评估政策整个过程的特点,帮助政策制定者和评估人员发现政策漏洞及其出现的原因。当然,这种评估模式也存在着一定的弊端,譬如运用这种模式的评估人员容易只关注官方的预期政策目标,经常出现不重视成本的问题。此外,因为这类评估模式贯穿于政策从设计到终结的全部过程,很容易出现评估环节冗长烦琐的问题,这就为实操带来了不小的困难。

5. 顾客导向模式

顾名思义,这种评估模式将政策的目标人群当作"顾客",着重关注目标群体的目标、期望和需要。顾客导向的核心就是关注政策是否满足了目标人群的实际需要以及目标人群对政策的满意程度。顾客导向模式的优点是让民众作为"顾客"参与了政策的评估过程,这是民主精神的体现。但是,该评估模式需要对目标群体进行大规模的调查,这使其应用范围主要局限在公共物品和公共服务提供的领域;再加上大规模调查大大提高了政策评估的成本,因此在实践应用方面,目前该模式只能起到补充其他评估模式的作用。

6. 利益相关者模式

所谓利益相关者,就是指那些对政策内容和实施感兴趣,或是受政策运行影响的群体或个人。利益相关者模式是基于顾客导向模式发展而来的,因此它的运作方式和顾客导向模式类似。两者的主要区别在于顾客导向模式关心的是受到政策影响的利益群体,而利益相关者模式关注的是所有对政策感兴趣以及受政策影响的所有个人和团体。韦唐认为利益相关者包括:公民——在国家政治系统中拥有选举权的人;决策者——负责政策制定、实施、中止、延缓执行、取消的政府机构官员;不同政见者——对政策持不同意态度的人;独立中介机构——对某方面政策实施负主要责任的非政府组织;顾客——政策的目标对象;交叉部门——政策施行牵涉的其他政府机构;大环境中的利益相关者——政策实施大环境中涉及的组织、团体和个人;学者——进行政策相关内容研究的人员。

利益相关者模式的优点在于:如果某项政策牵涉了一个或多个专业领域,而评估人员往往并不具备这些相关领域的专业知识,这在一定程度上会阻碍评估工作,而这个问题可以通过利益相关者予以解决;积极的利益相关者还可以通过自身的经历和知识为政策带来全面的反馈,这样形成的评估结果是极具价值的。然而,综合各方利益相关者的意见需要耗费大量的人力、物力,成本极高。并且,如何判断谁是利益相关者通常也没有准确的答案,这使得操作评估具有了随意性,会影响评估结论的权威性。再加上利益相关者会不可避免地站在利于自己的立场上,以这种模式进行政策评估的评估者往往会非常注重利益相关者的需求、期望和满意度,从而很难全面反映真实情况。

(二)经济模式

与效果模式关注政策效果的趋向不同,在使用经济模式进行政策评估时,评估人员主要关注政策实施的成本。一般来说,经济模式又分为生产率模式和效率模式。

生产率模式集中关注产出与投入之间的比率,韦唐认为判断生产率高低的准则是:过去比较——已经取得的生产率和过去的比较;国内比较——同一行政区域内相似组织间生产率的比较;国际比较——不同国家间相似组织取得的生产率的比较;水准基点——和过去最好的成绩相比较;目标——目前取得的生产率是否符合政策目标;顾客期望——政策是否满足了顾客的需要;利益相关者期望——政策是否满足了利益相关者的需要;职业准则——生产率是否符合已被接受的准则;最小化——生产率是否满足最小化的要求;最优化——生产率是否达到了最优。

效率模式中的"效率"是指在既定的投入水平下使产出水平最大化;换言之,在既定的产出水平下使投入水平最小化。效率可以从两个方面来测定:成本—收益分析和成本—效能分析。在成本—利益分析中,项目的投入与产出都用货币单位来进行测量;而成本—效能分析中,投入用货币单位衡量,产出则根据真实效果进行计算。

经济模式的优点在于:它让成本作为政策评估的重要指标,改进了所有效果模式忽视成本的缺陷;该模式也因重视定量评估手段使政策评估结论更加精准。同样地,经济模式也存在着一些固有的缺点,因为政策实施带来的影响并不能全部用数字来衡量,例如民众对政府的信任。此外,在现代民主社会中,这种模式也无法体现政府通过政策想要表现的价值取向,如公平、公正、民主、稳定等。

(三)职业化模式

职业化模式是对某一领域了解极深的专业人员依据自身的标准和准则对该领域内的其他人员进行评估。这种评估模式多应用在对专业要求较高的领域,比如经济政策、科技发展政策、医疗卫生政策等。该模式的主要评估手段是同行评议,如律师之间的评议、教授晋升评议、医生之间的评议等。同行评议突出对评估对象做一个全面的质量判断,因此政治官员们往往把专业性强的技术问题留给受过良好教育的专业人员去评价。实施同行评议,一要选择具有丰富专业知识的专家;二要评估者与被评估者相互作用,评估者应认真考虑被评估者的观点。同行评议在政策评估中有许多独到之处:其一,同行评议由同行专家组成,这些专家具有丰富的专业知识、对本行业的发展趋势的认识深刻、感觉敏锐,因而同行评议对政策实施结果的评判更能体现政策的间接效益及政策效果的长远性、潜在性。其二,同行评议方法具有程序简单、评估周期较短的特点。但是,同行评议也存在评议工作的公开性和接受监督不够等缺点。

第三节 中国政策评估的问题及对策

公共政策失效是我国乃至世界各国公共管理领域普遍存在的难题,所以分析公共政策失效现象,探究导致政策失效的各种原因及解决方法是政策科学研究的一项重要课题。在本节中,我们将就政策失效的相关问题、中国政策评估面临的问题及应对策略进行讨论。

一、分析政策失败的原因

并不是所有的政策都可以一帆风顺地实施,这就要求政策评估人员除了关注成功的政策外,还需关注失败的政策。分析政策失败的原因,总结经验教训,可以帮助相关人员避免重蹈覆辙,更好地纠正政策的制定和实施过程。当某项政策未能达到预期目标时,其失败的原因基本可以归纳为:政策投入不充足;政策的目标群体不配合政策实施;在政策实施过程中,政策目标、内容等方面存在矛盾;政策成本远大于政策收益;一些政策问题太过复杂,难以简化;外界因素干扰了政策的实施;政策的思想内核过于超前;等等。

二、政策失效的相关问题

(一)公共政策失效的含义

政策失效的问题在中西方各国都时有发生,从概念界定上讲,政策失效是指政策方案在实施过程中遇到抵触,政策无法按照原有计划按部就班地施行以及政策实施结果与预期目标相差较大等情形。政策失效不仅会造成政策资源的浪费,还会给整个社会带来消极影响,降低政府部门在民众心中的权威性。

近年来政府出台的公共政策趋于复杂化,因而政策失效的具体情形也有所不同:有些发生在政策实施的全过程,有些则出现在政策过程中的特定阶段;有些是因为外在原因所导致的,有些则是因为政策本身所诱发的。

(二)公共政策失效的具体表现

1. 政策表面化

政策执行的最高准则在于维护政策的严肃性,防止和消弭政策"走样",如政策表面化。表面化是指政策在实施过程中过于注重对政策内容的宣传,而忽视政策落实的情形。例如,原××省委书记王××在督查调研祁连山生态保护工作时,一直在反复强调环保问题的重要性,提出了诸多保护生态的政策要求,但之后并没有进行落实。正如王××自己所说:"形式表面的东西,反正该做的批示我也批了,该开的会我开了,至于下面落实不落实,能不能很好落实,其实并不是很重要。"政策表面化会削弱政府的权威,影响国家政治体系的健康运行以及对社会问题的有效控制和解决,危害极大。

案例7-1

脱贫扶贫政策落实中的"形式主义"

a县作为A省的深度贫困县之一,长期以来都是脱贫攻坚的重点地区。2015年4月,L

就任了a县委书记,之后他在接受媒体采访时表示:"不求做大官,但求做大事""带领全国63%的水族人民脱贫就是天大的事""作为深度贫困县,要和全国同步迈进小康,打赢这场脱贫攻坚战"。但在脱贫扶贫政策的实施过程中,这位原a县委书记却换了一副面孔。自2016年以来,a县在建的千万元以上项目有127个,与脱贫扶贫政策相关的只有41个,这是因为L将主要的精力和资金都集中在了与脱贫扶贫工作毫无关系的"养生谷""千神广场"等"高大上"的综合开发项目上。至于需要对口帮扶的乡镇,L很少下乡调研,就算进了村也只是因为要带着商人"看项目"。

2017年8月,针对a县委、县政府存在的不聚焦精准脱贫工作、目标发散、力量分散等问题,州委、州政府对a县委、县政府提出批评并"约法三章",L也是一边口头答应改正一边不落实脱贫扶贫政策。2018年6月,L因严重违纪违法被开除党籍、开除公职。

2. 政策扩大化

政策扩大化是指政府部门在政策实施过程中,给原政策添加不适宜的内容,导致政策的目标群体、实施范围、实现目标与原有计划不相符。1964年,美国总统林登·约翰逊提出了"伟大社会"计划,旨在通过一系列社会福利政策,包括扩大医疗保险、提高贫困线、推动民权立法等,来解决社会不平等和贫困问题。改革期间,约翰逊政府共推出将近五百项计划,试图解决社会上诸多复杂且庞大的问题,但最终因过大的财政开支、过于激进全面的措施实行,引发了美国国内的诸多问题。

3. 政策缺损

政策缺损是指一项政策在实施过程中只实施了一部分,另外一部分被忽略甚至被遗忘。这种做法会导致原有的政策目标不能被完全实现。例如,2005年浙江省教育厅印发了《关于减轻中小学生过重课业负担的若干通知》,对中小学生的学习时间、休息时间、考试和评价等诸多方面做出了要求。然而,地方教育局在2009年对中小学生学习休息情况进行调查后发现,中小学生,特别是毕业年级学生,他们的学习时间严重超时,并且存在睡眠时间严重不足的问题。这个调查结果显然与出台的中小学生减负政策的初衷相背离。这其中的原因就在于,减负政策中明确规定了学生的在校时间,一些学校为了应对教育部门的检查,就肆意挤占了学生在校的自由活动时间,并且布置了大量的家庭作业和课外作业,目的在于"弥补"学生在学校外落下的时间。

4. 政策替换

政策替换是指政策执行者在实施政策的过程中名义上执行该政策,但实际上却做出了背离原政策的行为。例如,在推行"基层自治"的活动中,一些小区在选举居委会主任时,名义上鼓励小区居民积极参加选举,但实际上却由行政单位直接进行委派,使得自治名存实亡。

5. 政策"贪污"

政策"贪污"是指某些政策出台后,在由上而下进行传达的过程中,一些部门出于利益考虑刻意隐瞒政策相关内容,导致政策目标群体无法受益。

例如,2008年江苏省淮安市洪泽区出台了有关"土地换城保"的惠民政策,其中规定:拆迁户在自觉自愿的前提下,可以向政府申请用部分拆迁款和安置费换取享受城镇企业职工养老保险的待遇。因政策处于试点阶段,主管部门明确规定,"土地换城保"需要符合条件的村民自愿提出申请,国土等部门核实相关情况后,由人社、财政部门设立专门账户,由符合条件并提出申请的村民本人到专设窗口缴费。2015年,随着邻村一些早期参加"土地换城保"的村民开始陆续领到养老金,原本不太愿意办理"土地换城保"的村民逐渐接受了这项政策,很多人主动打来电话向时任洪泽区某村村委会副书记的管××咨询情况,有的甚至直接带着钱找上门来。但是,管××并没有告知村民应该到政府专设窗口自行缴纳费用,被债务缠身的她,谎称政府部门已经授权她代办相关手续,让她代收费用。管××私自以打借条、代收等多种形式收取了80余万元。之后,洪泽区警方接到报案反映管××假借办理"土地换城保"之名骗钱。当警方准备依法对案件进行侦查时,身无分文的管××迫于压力投案自首,并交代了为偿还高利贷而诈骗村民钱财的犯罪事实。

(三)公共政策失效的原因

1. 决策失灵

(1)公共政策的基础是符合民众的公共利益,但在实际操作中,公共利益的具体内容很难确定。政策领域的研究者们认为,政府一直以来追求的公共利益实际上并不真实存在于社会生活中。比如,阿罗就提出了"阿罗不可能定理",认为如果众多的社会成员有不同的偏好,而社会又有多种备选方案,那么在民主的制度下不可能得到令所有的人都满意的结果。布坎南也认为相关利益团体在进行公共决策时,所依据的并不是实际的公共利益,而是利益各方之间的博弈过程和博弈结果。

(2)即使各方达成了公共利益层面的共识,但当决策体制和方式存在问题时,同样很难得到令所有人都满意的政策。采用直接民主制时面临的问题包括选民偏好难以完全表现,会产生投票悖论;而采用代议民主制则会导致:被选民推举的代表会在投票中选择符合自身利益最大化的政策选项,而不是选择符合选民公共利益的选项,并且选民无法对代表的类似行为进行限制。因而,现实情况是现有大多数的投票方式都很难完全反映民众普遍的需求偏好。

(3)在社会高速发展的今天,许多公共政策的相关信息都无法时刻公开,获取所有的决策信息不仅困难重重,并且成本巨大,这就会造成政策实施乃至评估过程中信息缺失。选民和政府官员掌握的信息不同,也会导致很多政策的制定都是在信息缺失的前提下完成的。另外,大多数选民都不会考虑政策的长远影响,更注重短期实效。因此,政治家们在选举时还会为了获得更多的选票,刻意去满足选民的短期利益,而拒绝制定短期收益低但长期收益高的公共政策。

(4)政策制定时出现失误。从严格的政策制定程序来讲,制定政策前需要足够的理论、事实依据,但事实并非如此,很多政策在制定时都没有进行深入的民意调查、没有听取相关领域专家的建议,是由决策人员完全凭自己的判断决定的。这类政策没有实施的基础和条件却强行实施,违反了政策制定的基本原则之一,即可行性原则。

2. 政策本身存在漏洞

(1)政策目标模糊不清,使政策执行者在实施政策的过程中不得要领,无法真正落实政策。

(2)政策内容不够具体,即包含的政策目标不够具体清晰,并且对政策措施和行动步骤缺乏明确规定。模糊不清的政策内容容易让执行者的理解出现偏差,进而产生执行偏差。比如,经常遇到的语义模糊的政策表述,"相关部门""原则同意"等字眼不但让政策执行者难以把握,也会让政策目标人群理解困难。

(3)政策设计不够严密,有很多漏洞,就会导致政策在一些地方或地区被严重异化,成为一部分人以权谋私的工具。

(4)政策之间不配套、不协调。每出台一项新的政策都需要考虑目前的系统库里是否有政策可以配套实施,进而形成更好的政策影响。在现实中,因政策措施不配套、不协调而形成的政策控制"盲区"非常多,轻则影响政策目标的实现,重则会给不法分子获取非法利益创造条件。

(5)政策不稳定,"朝令夕改"不仅会使政府部门的权威形象受到伤害,还极有可能会使政策的目标人群产生不满和抵触情绪,大大影响政策的实施效果。

3. 政策执行中存在的问题

(1)政策执行者素质低下。当政策执行者的文化水平、理论或政策实践水平高度不够时,就会对政策目标、政策内容的理解不到位甚至出现偏差,而这必然会导致政策的实施效果受到影响。

(2)不适宜的政策宣传。比如,宣传力度如果把握不当,就会使得政策目标群体产生误解。宣传力度太小时,会使得目标群体对政策的了解较少,不去支持;宣传力度太大时,又会让目标群体对政策的期望过高,当达不到期望时,就容易导致抵制等情形的发生。

(3)执行者没有正确把握原则性与灵活性相统一。《孟子》有云:"不以规矩,不能成方圆。"原则是规定性,是做好工作的"指南针"。但是,如果执行者在实际工作中缺乏灵活性,一味地上行下效、不联系实际,就可能形成形式主义和官僚主义。而如果执行者在实际工作中过于灵活,则在实施政策时就容易忽视政策本身的内容和目标,可能会造成政策执行不符合实际情况,偏离最初的路线。因此,要把握适度原则,在守好原则性这个"指南针"的基础上,把好灵活性这个"方向盘",做到"有度"、不"过度"。

(4)利益冲突导致政策执行出现问题。当政策执行者追求自身利益最大化时,就会让自己失去中立、客观的视角。当政策目标或内容与自身利益相冲突时,他们就极有可能故意干扰政策的施行;而当政策的目标或内容对其有利时,他们就会极力促使政策的施行,甚至是只保留对自己有利的政策部分,这些情况都会造成政策执行偏差。

(5)政策目标对象的抵制。虽然有些政策有充足的前期调查和适宜的推广,但由于执行后目标群体获得的短期收益不明显,或是需要他们支付政策成本,他们也可能会抵制、不配合这类政策。

4. 公共政策效果的自身属性

(1)由于政策从制定、实施再到产生效果往往需要较长的一段时间,有时等到政策产生影响时,外界环境和前提条件可能都已经发生了较大的变化,从而导致政策失效甚至适得其反。

(2)政策治标不治本。比如,近年来,教育部门陆续下发数十次"减负令",以期减轻学生负担,然而却出现了一个较为尴尬的情况:校内减下去,校外增上来。许多家长的经济负担也因此而加重。为了解决校外补习机构带来的课后负担,教育部门又针对校外培训下了"减负令",试图遏制校外补习机构的生长。然而家长依旧不领情:不补课怎么快速提升学习成绩?不补课难道任由孩子考低分上职校?不补课如何考上理想的大学?许多家长认为,仅仅文件减负只是治标不治本。他们呼吁教育部门"要深入去研究学生负担难减的原因,从根源上治理学生负担重的问题"。

(3)公共政策的实施过程往往是各利益团体之间的博弈过程。当利益团体为了自身的利益阻碍或促成政策的实施时,会导致一定程度的政策失效。以我国近年来的住房政策为例,我国于2003年底确立了土地参与宏观调控的政策。政府通过确立土地利用总体规划的法律地位,建立规范统一的土地交易市场,推动国土资源管理体制改革(省以下国土资源管理部门垂直管理)等手段创造性地运用土地调控宏观经济。但现实是,地方政府为了追求GDP和财政收入的高速增长,推动城市房价在一片调控声音中持续上涨。

5. 公共权力腐败

行政人员是公权力的实际掌握者,作为国家公职人员的行政人员,始终存在角色的冲突和利益的矛盾。这一矛盾表现为:作为国家公职人员职位所赋予其的公权力与作为公民法律赋予其的私权利之间的矛盾。行政人员的职业要求其做一个"忠实公共人",在公权行使过程中,要坚持公共利益最大化原则,而不能因为个人私利影响权力的行使。然而,作为"理性经济人",行政人员必然有自身的利益考虑,会追求个人利益最大化。这两者在实际运作过程中经常混淆与错位,出现用公权牟取私利导致公权力的非公共、非服务性质的运用,这就是所谓的公权力腐败。

三、中国政策评估的问题及其对策

(一)政策评估面临的主要障碍

1. 政策评估目标的复杂性

在政策评估开展的前期,一定要衡量和明确政策目标,因为它关系着整个政策评估的质量。然而,随着我国社会由总体性社会向分化性社会转型,目标群体成员之间的利益差别逐渐扩大,不同目标群体成员在同一项公共政策中的遵从收益和遵从成本情况也越来越呈现多样化。再加上近年来公共政策的内容越来越复杂,评估人员在明确、量化政策目标时存在较大困难;许多政策所设置的多重目标在实施过程中还会出现相互冲突的情况。这些都对公共政策的执行和评估提出了挑战。

2. 政策效果的分散性

政策目标的多样化、复杂性使得有些政策的实施效果很难被全面评估,因为有很多政策往往涉及了社会生活的各个层面,政策产生的影响的衡量标准可能不同;并且有些影响能够被轻易地观察出来,有些却难以被测量;有些影响是长远的,有些影响是当下的。例如,取消校外培训机构,禁止培训机构上市,现有培训机构转为非营利性质,这些都是为了避免教育资本化,从国家层面上最大程度保证教育公平。除此之外,该政策潜在的积极影响还包括减轻家长养育孩子的压力,理论上讲这有利于促进我国生育率的提升。

3. 难以确定政策实施与政策效果之间的因果关系

如何分辨一项政策实施后,出现的效果或改变是由该政策带来的而非其他因素所导致的?事实上,想要在这两者之间建立一种联系,特别是因果关系,并不是一件容易的事情。评估人员无法从结果变化中剥离其他因素的影响,这就为评估人员确定政策效果增加了难度。

4. 执行人员抗拒评估工作

简单来说,政策评估就是对政策成效进行评判,这其实涉及对现有系统或人员行为的评价,这种评价既可能是正向的,也可能是负向的。因此,当一些政策执行人员认为评估工作会给他们的利益带来损害时,就会对评估产生抗拒和抵触。

5. 政策相关信息的缺失

政策评估是一项需要以大量政策信息为基础的分析性工作,但一些政府部门并不重视政策信息系统的完善和管理,这就会导致评估人员无法获得充足的信息或者获取信息的成本较大,进而后续的政策评估活动也无法有序地开展。

6. 政策评估的经费较少

重大政策评估是国家治理体系建设的重要内容。在中央层面,一些重大改革方案、重大举措在出台前会委托第三方进行评估;对有关重大决策部署和重大政策措施落实情况,在进行督查时会引入评估机制;有关部门也正在研究制定建立健全政策评估制度的指导性文件。但是,重大政策评估是一项耗资较大且复杂的系统工程,需要各种专业人才参与,需要收集大量的资料和数据,需要经历较长时间的分析研究和评估过程,因此需要提供独立的经费保障。然而事实是,一些政府部门并不重视评估,所拨付的经费较少,不足以支撑大型的评估工作。

(二)当前中国开展政策评估的不足

当前,国内国际发展环境快速变化、错综复杂,社会利益趋向多元、矛盾频发,国家治理和政策制定的难度不断加大。党的十九届五中全会审议通过的《中共中央关于制定国民经济和社会发展第十四个五年规划和二〇三五年远景目标的建议》提出,要健全重大政策事前评估和事后评价制度,畅通参与政策制定的渠道,提高决策科学化、民主化、法治化水平。这是健全决策机制、提高决策科学化和法治化水平的一项重要制度安排,对推进国家治理体系和治理能力现代化具有重要意义。而当下,由于我国还处于深化改革的阶段,重大政策评估的相关制度还正在建设过程中,因此还存在一些亟待解决的问题,主要表现为:地方政府对政策评估工作的重要性认识不足;用政策研究代替政策评估工作,以高层领导的喜好作为政策评估的依据和结果;一些政策评估工作变成了形式,走流程;缺少独立的第三方政策评估组织;缺少专业评估人才和资源支持;政策信息系统缺失;等等。

(三)改进中国政策评估工作的对策

根据我国国情和现实情况,推动政策评估制度化、规范化、程序化,需要着力解决好以下几个问题。

1. 确立政策评估的地位

应研究制定和出台相关的法律、规章或指导性文件,确立政策评估,尤其是重大政策评估的地位。应明确各级政府制定的重大改革方案和重大政策措施在出台前要进行评估,在实施一段时间以后也要进行评估。规范评估主体、客体的权力与责任,对评估原则、评估类型、评估程序、评估结果的使用和公开及评估机构、人员组成、经费使用等做出明确规定,从法律上保证重大政策评估的地位,推动评估工作走上独立、规范和法制化的道路。

2. 重视发挥人大和财政、审计的独特作用

对于各级政府颁布实施的政策,建议由同级人大常委会或其专门委员会负责组织评估,并对评估过程进行监督。任何一项重大政策的出台和实施,都需要财政资金的支持,都需要审计部门的参与,因此需重视发挥财政、审计等综合部门在重大政策评估中的监督、评价和推动作用。

3. 加强评估机构和人才队伍建设

各级政府所属政策研究机构、党校、社会科学院、高等学校等可以承担政策评估的具体工作,并对这些机构进行规范、整合,保证评估工作公正、客观和独立。鼓励和引导民间政策评估机构的发展,充分发挥民间评估机构体制灵活、专业化强、客观公正、社会关系广泛的优势,特别应注意赋予民间评估机构的独立地位。加大评估专业人才的培养力度,通过学历教育和在职培训,提高评估人员的专业化水平。

4. 探索适合国情的评估理论、评估方法和评估技术

当前,需不断加强评估理论和方法体系建设,参照先进、实用的评估方法与制度设计,比如内部评估与外部评估相结合、定量分析与定性分析相结合、专家评估与民众参与相结合、事前评估与事中事后评估相结合、中央部门和地方政府相区别等,并结合实际情况,探索适合我国国情的评估理论、评估方法和评估技术,做好知识储备和研究储备,不断提高重大政策评估的针对性、有效性。注重结合新业态、新发展,重视量化方法的应用,重视互联网、大数据、人工智能等新一代技术和资源在政策评估中的运用,尤其应当区别政策评估与既有较为成熟的项目评估,探索建立适合我国国情的政策评估理论和方法。

5. 提供必要的经费保障

重大政策评估是一项耗资较大且复杂的系统工程,需要各种专业人才参与,需要收集大量的资料和数据,经历较长时间的分析研究和评估过程,因此需要提供独立的经费保障。一方面,应重视评估经费预算保障,确保政策评估拥有充足的财政资源。另一方面,在政策评估体系的建设中,可探索建立垂直的财政支持渠道,保障政策评估经费来源的独立性。

6. 提高重大政策评估的透明度

应扩大公众参与,增加政策制定过程中政府与社会、民众的互动,增进民众对公共政策的理解,减少政策推行过程中的误解和阻力,保证评估结论客观公正,提高评估质量。建立政策评估信息系统,完善政府信息公开制度。根据不同情况,把可公开的政策评估信息对公众发布,接受公众监督和评议。

7. 重视评估结果的应用和反馈

通过重大政策评估发现改革方案或重大政策在设计和执行中存在的问题,对不合理或不适当的政策目标加以修改,最终改善方案或政策结构。通过评估,不断地改进、修订和补充改革方案和政策内容,使整个改革方案和政策形成"制定—评估—执行—评估—完善"的良性循环。应完善政策评估结果的反馈处理机制,针对政策评估结果,建立制度化的反馈机制,确保成文的评估报告传达到被评估部门,并提出有针对性的整改意见和建议。明确整改程序和上报流程,保证评估发现的问题及建议都能得到落实,确保政策评估结果得到有效应用。为了更好地保证这一目标的实现,需要将评估结果与评估对象的绩效考核挂钩。

核心概念

公共政策评估(public policy evaluation)　　政策影响(policy influence)
直接成本(direct cost)　　　　　　　　　　　间接成本(indirect cost)
机会成本(opportunity cost)　　　　　　　　过程评估(process evaluation)
内部评估(internal evaluation)　　　　　　　外部评估(external evaluation)
效果(effect)　　　　　　　　　　　　　　　效率(efficiency)
效益(benefit)

 思考题

1. 什么是政策评估？
2. 为什么要进行政策评估？
3. 政策评估有哪些基本类型？
4. 什么是"成本—收益"比较分析？
5. 请简述政策评估的主要模式。
6. 公共政策评估的标准有哪些？
7. 请简述公共政策失效的原因。
8. 政策评估一般会面临哪些困难？
9. 如何有效改善公共政策评估？

案例分析与思考

改革开放以来，中国的医疗改革经历了两个阶段：1970—2008年，中国医疗体制市场化改革阶段；2009—2018年，中国新医改，凸显医疗体制的公益性。

请观看"新医改 新期待"。

思考并讨论：

从患者的角度，如何评价中国的医改政策？医改政策成功还是失败？从决策者角度看，中国医改将走向何处？

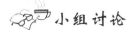 **小组讨论**

2021年9月，中国政府开始实施双减政策，其内容是"减轻家庭作业负担和减少课后辅导"。请分组讨论以下问题：如何评估双减政策的实施效果？最后设计一个政策评估方案。

第八章　公共政策终结

终结，从字面意思来看，就是某一活动或者某一事物在时间和空间上的终止或结束。终结是事物发展的必然趋势，任何事物都不是一成不变的，都会经历由无到有、由小及大、由弱变强、由兴及亡的过程，这是事物运动和发展的规律。公共政策也如此。如果把政策过程看作某种有序的活动，那么它最后的一个阶段就是政策终结。本章将从政策终结的定义入手，分析政策终结的原因、类型和主要方式，并从理论层面阐述政策终结面临的障碍。

第一节　政策终结概述

一、政策终结的定义

政策终结研究起始于20世纪60年代的美国。拉斯韦尔在《决策过程》中首先对政策终结做出了界定，他认为政策终结是关于废止公共政策方案，研究关于政策存续还是终结的不同主张的活动。彼得·德利翁和加里·布鲁尔将政策终结定义为："对具体的政府职能、项目、政策或者组织进行的慎重的终止或暂停。""慎重"意味着政策终结，是一种深思熟虑的行为，目的是结束特定的公共组织或者政策。马克·丹尼尔斯在1997年提出政策终结是一种为了结束某个公共组织或政策而深思熟虑后的行为。这两种界定侧重于对政策终结对象类别的划分。2001年于美国召开的公共政策和组织终结研讨会上，丹尼尔斯对自己提出的政策终结概念做了修正。他认为自己先前的概念以及德利翁的概念都没有意识到政策重心的变化，即政策终结可能以改变活动方向为幌子，实则为持续下去。同时，他进一步指出上述两种概念都过于宽泛，可能会产生一些困扰。赫伯特·考夫曼认为组织是有机体，那些组织活动赖以生存的能量或者资源耗尽了，组织就死亡了。我国学者陈振明认为，从政策的过程来看，政策终结是对政策去向的判断和选择。当政策已经完成某阶段的使命，不符合当前的现实需要；或是对现阶段而言，该政策已成为一种无效的摆设，不具现实意义；或者因政策不合理引发了不良后果，带来了较大的负面影响时，政府组织就需要对这些政策进行终结处理。

政策终结不是一种自然形成的现象，而是政府的主动性行为。其目的是政策执行者在执行政策的过程中发现问题并予以纠正，旨在提高政策绩效、优化政策资源配置。一组期望、规则、惯例的终止意味着新期望、新规则、新惯例等新的政策活动的开始。可以说，政策终结是政策更新、政策发展和政策进步的起点。

政策终结有三个基本特征：首先是强制性。一项政策的终结总会损害一些相关的人、团体和机构的利益，他们会进行不同程度的反抗。尤其是福利性政策在终结过程中遇到的阻力往往更大。因此，政策终结需要依靠强制力来进行。其次是更替性。政策终结意味着政策之间的变换和更替，即旧政策的终止和新政策的取代发展，这也是政策连续性的特殊表现。最后是灵活性。政策终结的过程往往十分复杂又困难重重，现实情况的多样性要求政策决策者采取灵活创新的方式和手段突破重重阻碍,处理好各方的利益关系。

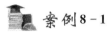 案例 8-1

城乡二元户籍制度的终结

从制度变迁角度来看,城乡二元户籍制度在中华人民共和国成立初期承担了特定的政治经济使命——新社会秩序的构建。1958—1977 年,该制度不断地进行自我强化和权益叠加,具有地域性、等级性、世袭性、福利性、人口登记和治安管理等综合特征,对规范人口统计与管理、维护社会稳定和正常的社会经济秩序都产生了积极的作用。然而,改革开放以来,随着社会经济的深入变革,城乡二元户籍制度严重制约了社会经济的发展,城乡二元经济结构的形成及固化导致劳动力市场呈现城乡分割的状态,阻碍了农业过剩人口向城镇自由流动,不仅堵住了农民改善生活的路子,也使经济发展缺乏活力、出现瓶颈。因此,为了有效促进劳动力市场的进一步融合,保障城镇流动人口能够平等享有同等的权利和福利,促进农业过剩人口向城镇进一步转移,户籍制度自 1978 年以后基本遵循允许人口流动—放宽落户条件—小城镇户口限制取消—大中城市适度放开(公共服务均等化)—城乡一体化(农民工市民化)的改革趋势。

二、政策终结的原因

就一项具体的政策而言,一次典型事件的发生或者一次重要的人事变革都可能导致政策的终结。不同政策的终结原因不同,大致可归纳为以下几种情况。

(一)目标模糊

许多政策学者认为,当涉及政策实施成功或失败时,目标的清晰程度或模糊程度非常重要。在自上而下的政策模型中,目标明确性是一个重要的独立变量,直接影响政策成功与否。目标模糊导致政策利益相关者产生误解和不确定性,因此通常被认为是政策失败的罪魁祸首。此外,目标模糊会影响官僚行为和组织绩效。总体而言,政策目标模糊不仅导致实施结果不同,而且官方文件中规定的政策目标也容易受到多重解释,在这种情况下,政策会造成重大损失。

(二)基层执行者的作用

政策实施的常见挑战是既定目标与实施结果之间的不一致。现代国家的基本组织形式是官僚组织,又称"科层组织",其基本特点表现在权力关系明确、等级层次有序的组织结构,通过专业化人员(公务员)和正式规章制度来贯彻落实自上而下的政策指令,提高决策和执行的效率。然而,实际情况却是,由于地方情况错综复杂、千变万化,上级要求、人情、利益等因素,执行过程并非总是按照人们的理想设计进行的,更多地呈现出多阶段演变的博弈过程。在这个过程中,基层官员作为政策实际执行者扮演着关键的角色。他们在执行政策时享有相当大的自由裁量权,这使得政策执行过程更加灵活,但也可能引发一些不同寻常的结果。

比如,20 世纪 80 年代开始,中央政府推行了一系列改革以优化治理体系、激发地方活力。一段时间内经济增长指标在官员考核中占据了重要位置,这虽然调动了地方政府发展经济的积极性,但对环境问题有所忽略,造成发展模式相对粗放、污染问题严重。一方面,在短期内,环境治理与传统的经济发展理念并不完全一致,因而一些时候环境议程被后置,出现忽视工业企业违规排放的现象。另一方面,改革扩大了地方资源支配权,使地方政府形成自身偏好,有能力就一些短期内与自身偏好不一致的政策进行策略性应对。环境政策重在对工业企业排污行为的监管，而这些企业又多为地方经济增长的主要动力。于是，不行动、应付性行动、选择性行动、"伪动"、"政策空传"等行为策略时有出现，使部分政策效果偏离中央预期。

（三）财政困难

财政赤字、税收减少等都可能增加政府债务负担，引发财政危机，产生财政风险。当财政不能提供足够的财力时，国家机器的运转就会遭受严重损害，轻则导致财政入不敷出，重则引起财政危机和政府信用的丧失，导致国家破产。而政策的落实需要消耗一定的政策资源，财政支持又是政策资源的重中之重。因此，财政困难会导致政策或项目无法继续，最终被终结。

（四）政府的低效率

政府作为提供公共服务的唯一的、非市场机构，实际上处于垄断地位，不存在替代性，自然也不存在竞争压力，因此容易出现政府机构效率低下、政府财政供养规模膨胀、腐败等现象。而低效率又意味着资源的浪费和高行政成本，这在一定程度上会增加政府财政陷入困难和风险的可能性，进而增加政策终结的可能性。

（五）意识形态和价值观变化

在社会深刻变革和对外开放不断扩大的背景下，意识形态建设面临着社会思潮多元化、主流意识形态边缘化等的挑战，各种社会矛盾和问题相互叠加、集中呈现，人们思想活动的独立性、选择性、多变性和差异性明显增强。而价值导向的转变必然会导致公共政策价值取向随之转变，其直接影响是公共政策本身调整甚至终结。

（六）批判性的学习

政策终结在某种程度上是政策的可持续发展的关键和对政策错误的一种补救。由于后工业社会的变化和不确定性，加上政策制定者能力有限而无法准确预见当前的政策在将来的适应性，因此终结不能起作用的政策是政策制定者从他们的错误中吸取教训的途径之一。政策制定应当建立在短时间且有限开销的实验基础上，同时，这些政策应当根据反馈机制做出适当的修正与调整。这就是经常说的"摸着石头过河"，改革开放四十多年来，我国一直坚持使用这一改革方法，先试验、后总结、再推广，不断积累，在政策实践中学习，随时终结那些错误的政策或项目。

当然，导致不同类型政策终结的原因有很多，除了上述列举的，还包括：①政策使命的结束。一项政策实施一段时间后，政策决策者发现政策目标已经实现，问题已经得到解决，政策就没有了继续存续下去的必要。②失误政策的废止。通过评估，政策决策者发现政策是无效的或者失效的，无法解决当前面临的实际问题，如果继续执行会造成危害或者不必要的损害，因此必须终止原有政策，制定出新政策进行替代。③稳定的长效政策转化为法律。政策经过一定时间的实践，证明在现在和将来一段时间内都是有效的，政策决策者通过国家立法将其转化为法律。

三、终结的类型

政策终结实际上并不仅仅指某项具体政策的终结，它有丰富的内涵，既包括政策本身的终结，也包括功能、组织和项目的终结。换个角度理解，任何一项政策都具有解决特定社会问题的功能，依职能确定组织和人员是我们机构设置的基本原则，只有通过具体组织载体和公务人员对具体项目的实施才能解决社会问题。所以,依这种逻辑来理解,政策终结作为一个大范畴,功能、机构和项目的终结都是它的组成部分。实践中,政策终结活动可能会涉及终结其中一项,或者几项相互交叉。至于终结难易问题,很难绝对地说哪一种最容易。有时候终结其中一项,其他的也就自动终止了。比如《关闭曼彻斯特公共培训学校》一文指出,将制度作为政策终结和将学校作为功能性终结难以区分。在有些情况下,政策、项目和组织相对好做区分。我们必须承认"部分终结"的概念,指的是政府职能、项目、政策或者组织大量地转向其他活动,从而证明自己有继续存在的必要。现实中,完全的政策终结并不多见,由于组织惯性、利益博弈、政治心理等因素,通常的政策终结实质上只是部分的终结,包括组织合并、组织功能的缩减、政策法律化等。

(一)功能的终结

政策功能主要表现为政策执行机构所提供的服务或管制。政策的功能终结则预示着相应服务的停止或相关管制的撤销,这是所有终结类型中最难实现的一种。从撤销管制角度而言,说明政府在给社会松绑,这当然会有良性的社会心理反应。但从停止服务角度而言,势必会使目标群体的一些既得利益受到损失,因此可能遭遇较大程度的社会心理抵抗。例如,福利分房政策的终结,现实中仍然存在变相的政策延续。此外,从实际操作角度来讲,政策的某项功能并不是由某个机构独立承担的,政策之间往往相互联系和配合,因此要对政策功能进行终结离不开大量的协调工作。

(二)组织机构的终结

毫无疑问,政策执行活动是组织活动,必须通过一定的组织机构来完成。而政策终结通常会伴随相关组织的缩减或撤销。有些组织机构是为执行某项政策专门设立的,伴随政策的终结,这类组织机构当然没有继续存在下去的必要。而另一些组织,由于同时承担多种政策的执行职能,某项政策的终结并不足以导致组织的撤销,往往只是对其规模、经费等方面构成影响。很多时候,某项政策的功能并不是由一个机构单独承担,而是由许多不同的机构共同承担。所以,政策终结还必须重新审视组织的结构并做好组织的协调工作。

(三)政策本身的终结

政策的终结会比组织的终结更加容易。在最初的设计中,组织就被赋予了持久性特征。无数证据显示,组织的合并、拆分和变革往往比彻底终结更常见。组织可能在政策终结中保留下来。组织更加倾向于终结其政策和项目,而非组织本身。政策比组织有更少的政治联盟。一般来说,政策出台往往是为了解决某一具体问题,其目标较为单一,而组织的目标则更加多样化。因此,政策本身的终结不像组织终结时常受到多方利益的约束和牵制而不易操作,政策变更的成本远比功能转变、组织调整要少得多,也更容易得到相关部门的认可。

(四)项目的终结

在政策领域,项目一般是指为执行政策而采取的措施。比如,可以通过减税和增加基础设施投资的方法来扩大就业,停止减税措施不代表终结就业政策。尽管也具有一定的争议性,但项目终结相对来说比较容易进行。一方面,项目往往与实际问题联系得更紧密,其结果也更容易被测量,就此达成共识的可能性更大。当然,如果能够同时提出替代项目,项目的终结可能会更容易进行。另一方面,终结项目的影响较小,牵扯到的人员和利益会相对较少,操作过程也因此较为容易。

四、政策终结的方式

政策的变动往往涉及一系列因素,可能会引起较大的社会震动,所以政策终结的实现大多时候并不需要采取激变的、大刀阔斧的、完全彻底的变革形式,而多采用渐进的、连续的、不断渗透的、由点及面变革方式。根据政策终结的程度,将政策终结分为完全终结和部分终结。其中部分终结又包括五种类型:代替型、合并型、分离型、渐减型和断绝型,具体如表8-1所示。

表8-1 部分终结的类型

类型	含义	特点
代替型	用能够满足同样要求的新内容来代替旧内容	一般以革新的结果出现,重新更换低效的技术和程序
合并型	为追求规模经济和有效控制而进行的合并和集中化	因整合政策或项目而部分终结
分离型	把原来的政策划分为几种	用重新调整政策受益集团来弱化抵制,以此来达到逐渐终结
渐减型	稳定的政治体制下最普遍的类型	通过缩减预算或者项目调整的方式逐渐重新组成政策和制度,以达到终结的形态
断绝型	用新的政策来代替旧的政策	在目标和需要发生变化的过程中达到终结

结合我国的政策实践,可以把政策终结的形式总结归纳为以下六种。

(一)政策废止

政策废止是指完全终止一项政策的所有功能,直至其在政策体系中消失。政策废止有两种形式:第一种是自然废止。如果一项政策针对的具体问题已经获得圆满解决,政策目标已经实现,这项政策就失去了继续存在的必要,自然予以废止。例如,改革开放前实行的统购统销制度等过渡性政策,随着过渡时期结束,自然就退出了政策体系。第二种是人为废止。如果政策执行一段时间后,发现有严重失误、失效的情况,政策制定者就应该及时发布公告或出台新政策以取代旧政策,废止原来的政策。否则,这样的政策执行时间越长,造成的负面影响越大。

(二)政策替代

政策替代是指用新政策替代旧政策,但所面对的政策问题和政策目标基本没有改变。新的政策往往是在方式方法和操作程序方面做了较大变动,其目的是为了更好地解决旧政策没有解决好或者根本解决不了的问题,以满足目标群体的政策需求,实现原定的政策目标。在政策替代过程中应注意避免出现"政策真空"现象,否则会造成政策实施的中断。

(三)政策合并

政策合并是指旧的政策虽被终止,但其要实现的功能并没有被取消,而是将其合并到其他的政策内容中去。政策合并一般分为两种情况:一是将终止的政策内容合并到一项现有政策当中,作为现有政策的一部分;二是把两项或两项以上被终止的政策合并为一项新的政策。比如,国务院将原来由各部委分别颁布的一些有关联的单行规章或条例合并成一部行政法规,由国务院颁布实施,这样就有了更高级别的政策,便于各地更好地执行。根据效率原则,能够合并的事项应该坚决合并,能够一起完成的任务绝不分散去做。因此,政策合并被认为是提高政策效率的有效途径。

(四)政策分解

政策分解是指将旧政策的内容按照一定的规则分解成几部分,每一部分独自形成一项新的政策。分解作为政策终结的方式之一,虽然从形式上终结了原有的政策,但其实质性内容却通过各个新的政策的形成而保留了下来。当原有政策由于内容繁杂、目标众多而影响政策效果时,分解不失为一个有效的方式。通过明晰政策目标,政策执行者可以大大提高执行效率。改革开放之后,我国对政策分解有较多的应用实践。

(五)政策缩减

政策缩减是指采用渐进的方式,一步步对政策进行终结,其目的是有效缓解因政策终结所带来的巨大冲击,逐步协调好各方面的关系,比较稳妥地实施终结,减少那些不必要的损失。一般来说,缩减往往通过逐步减少对政策的投入,逐渐缩小政策的实施范围,逐步放松对执行标准的控制等措施加以实施。既保留又终结的方式遭遇的阻碍相对较小,通过寻找有利切入点进行终结,有利于进行控制和监督。

(六)政策的法律化

政策法律化是另一种意义上的政策终结。从广义上说,政策应当包括法律,法律是公共政策体系的重要有机组成部分;从狭义上说,二者有所区别,是相对的但又相互渗透。政策法律化,又称政策立法,是从狭义的公共政策概念出发,国家有关机构把一些经过实践检验的、比较成熟和稳定的、能够在较长时间内发挥作用的政策性内容上升为国家的法律、法规,赋予这些政策内容相应的法律效力,并得到国家强制力的保障。

总之,政策转变为法律是客观现实的需要,政策法律化必须具备全局、稳定、成熟和必要等要件,社会生活的复杂多变要求将具备一定条件的政策上升为法律。只有这样,才能更好地促进社会法治的完善,让政策之治变为法律之治,实现依法治国。

第二节 政策终结障碍的理论框架

当代社会的高度复杂性和不确定性使得政策终结成为一项复杂的工作。在政策终结过程中,即使政策终结具备了所需的内在属性或特征,也拥有政策终结的外在环境,但在终结过程中仍然存在着许多的阻力和障碍,诸如人员、组织和制度或是观念的阻碍。本节将重点介绍政策终结过程中所面临的障碍和风险。

由于社会的复杂性与不确定性在迅速增长,政策终结的理论也在不断发展,终结的策略在不断调适。回顾政策终结理论演进的过程可以发现,相关的研究成果和其他领域相比还是偏少。目前学界正在不断努力地去构建一种普适性的、具有预见性的理论和分析框架。虽未形成共识,但作为公共政策的新兴领域,应当肯定,近半个世纪的有限的基础性理论研究已经取得了较为丰硕的成果。综合这些成果,政策终结过程中会遇到的障碍大概包括以下几种。

一、相关者的心理抵触

"那些与政策相关的人员都愿意看到政策继续存在下去，却很少有人喜欢听到计划失败或计划改变。"这种心理上的抵触在政策面临终结时会表现得尤为明显。对政策终结存在抵触心理的主要有以下三种人：

(1) 政策受益者。政策终结意味着这部分人的利益会受到损失，因此他们会全力抵制。

(2) 政策制定者。从制定者的角度来看，政策失败除了可能会引发外界的质疑外，还有可能会潜在地导致一些惩罚，这种压力和担忧往往使得他们在面对错误时选择保持沉默或避免公开承认错误，以规避负面影响。

(3) 政策执行者。政策执行者在政策执行过程中往往投入了较多的精力和情感，况且政策终结还会导致组织机构的撤销、合并甚或是降级，使得组织机构的权力拥有者全部或部分失去原有的权力和地位，因此如果得不到相应的补偿，他们就会坚决抵制政策的终结。

这三类人的心态，往往成为政策终结的首要障碍。他们的心理抵触会让人们主要从客观角度出发，用外部环境去解释政策的失败，而不愿从主观上进行自我剖析，检讨政策本身的失误。

二、组织机构的持续性

组织本身具有一种趋向稳定的基本特征，政策畏惧强烈的改变并有着倾向存续的本质，它们具有寻求生存和自我扩张的本性，即使没有再存在的必要，都会抗拒任何足以使其终结的行为。机构的持续性主要表现在以下三个方面：

1. 组织机构的惯性

政策或组织的设计，都是经过深思熟虑的结果，以维持某项公共服务或产品，使人们认为该政策或组织是长久而唯一的提供者或方式。即使不是以长期存在为目标，至少是预期在短时间内不会出现立即改变，其目的是维持政策或组织的永续存在。这样，任何组织或政策的变革，都可能招致挑战传统或破坏稳定的非议，否定改革的正当性，遭受强力抵制政策或组织的终结。"某一组织或政策存在的时间越长，它被终结的可能性就越小，经过一定的时间，会形成对它的继续存在的条件和支持。"这使得政策或组织本能地反对任何变化的要求。正如考夫曼所言，"组织都有惯性，这导致虽然它们经历了出生到成熟，却极少死亡，人们并不愿意去打破组织本来的稳定的状态"。当组织设立的目标与环境的差距逐渐扩大时，它会千方百计地缓解或减轻所面临的压力，解决所发生的问题，尤其是政策终结危及组织生存时，想方设法地阻碍政策终结的进程，给政策终结的开启带来极大阻力。所以，组织或政策的持久性，使政策执行一旦开始就很难停止。而如果想要调整它们的方向或让它们停下来，必须从外部施加强大的力量才能做到。

2. 组织机构的成长性

考夫曼认为组织由人、文化、能量等外在媒介物构成，这个媒介物能够强化组织或增强组织运作能力，甚至当组织被迫解散时，由于它们的要素重新组成媒介物，被再循环到其他组织。当媒介物中组成要素的复杂性和数量随着时间而增加时，组织之外的媒介物会变得越来越厚。随着组织的活动和人们相互依赖性的增加、知识和技能水平的提高，组织产生和维持的媒介物会变得越来越复杂,都将给予组织新生的养分而让组织茁壮成长。组织之所以终结,是因为保持组织正常运行和发挥作用所必需的能量和其他资源流入已经枯竭。组织复杂性决定了它对终结的抵抗力,当一个组织的运行超出了它的生命周期,即当它的媒介物越来越复杂,那么它就发展出了增强抵制终结的能力。也就是说,政策是以组织资源作为运行的基础,组织给予政策源源不断的资源支持。如果政策将通过组织所获取的资源或存续能力以一定的方式转化为自身资源,随着政策吸附的资源越多,它抗拒终结的能力就越强。

3. 组织机构的动态适应性

组织及其政策是一个动态的系统,其对周围环境的变化具有相应反应。组织设立后,虽然随着时间的变化,有可能趋于稳定,但当其面对生存威胁时,又能动态地采取措施或方法,以维护组织或政策的存续。当组织或政策无法解决所面对的问题时,也不可能造成终结的结局,因为组织内经常拥有足够资源,用以抵制这种现象的发生,并立即采取改善或矫正的行为。组织作为一个开放的动态的系统,其本身具有一种动态适应性,可以随着环境和需要的变化而产生变化,甚至能针对政策终结的各种措施来调整自己的行为策略,通过组织专业化等方式,让组织本身具有不可替代性,以维持组织的存续。并且,一旦环境发生变化,组织还可以放弃原有目标,通过迎合新的需要来确保组织的存在。

三、反政策终结联盟的影响

公共政策主要涉及利益与价值的分配。任何政策都会创造出涵盖范围不同的政策受益者,他们将成为政策的忠实支持者,政策终结意味着原有利益分配格局的改变,将会直接损害政策受益者的切身利益,政策受益者为维护自身利益,他们将强力抵制政策终结。尤其是当政策的受益者是社会组织或团体时,阻力将会变得更强。政策终结一旦危及团体的切实利益,团体将会产生空前的凝聚力,那些反对政策终结的组织或团体往往会自觉或不自觉地联合起来,甚至组建反政策终结联盟,借助于组织的力量从各方面向政府施加压力,甚至会采取一些非法的途径或手段以阻止政策终结。

联盟为了阻止终结行为的开展,促进团体内外部团结,通常会:一方面要求它的内部成员,齐心协力共同抵制,并发展出一套组织或政策持续的论述或理由,组织内部的抵制终结者通过拉拢、接近或是收买等手段影响政府重要人士对政策的支持,形成一股强大的抵制力量,使得政策终结难以进行。另一方面则会通过设法争取政策的支持者、有意识地培养固定的服务对象、吸纳各种类型的行动者加入团体、扩大或汇聚反对政策终结的势力,来形成一个强大的利益团体。利益团体的存在,使得政策终结更为困难。利益团体的力量很大,他们总能左右政策。当政策面临终结时,反对政策终结的利益团体为维护既得利益和利益获取,就会通过抗议、游说、游行示威等途径或手段不断向有关政策机关施加压力,强烈要求阻止政策终结。因而,当反对政策终结团体的力量异常壮大时,作为政策决策者就不会轻易做出政策终结的决定。

四、法律程序上的障碍

法律程序是影响政策终结开启的重要因素。任何政策的制定与执行或组织机构的设立和运行,都必须通过正当的法律程序进行,而且政策也需要通过法律程序获得合法性。同样,政策终结也必须按照法律程序来启动、执行和关闭。也就是说,政策制定和执行要通过法律程序,政策终结也必须通过法律程序。法律程序对政策终结的限制大致可概括为三种:一是法律程序的复杂性;二是立法机关自身利益的考虑;三是立法机关、司法机关与行政机关之间法定程序的纠结。

正当的法律程序是让相关制度或政策在经过充分考量利弊后,经由有权限的立法机关以不同方式赋予其正当性,因此,终结现行政策或机构,这是必须克服的障碍。尤其是我国正大力加强法治建设,强调依法治国和依法行政,正当的法律程序是政府必须遵循的行政原则。法定程序需要按步骤而不能随意更改或省略步骤进行,在法律修改或废止之前,形式上并不代表现行政策已经终结,如果立法或法律修订程序过于烦琐,政策终结可能遥遥无期。现实中经常出现因法律程序滞后导致政策终结错过最佳时机的案例。由此可见,法律程序上的复杂性是影响或制约政策终结的一个重要因素。

对于立法机关来说,低效、无效甚至是负效政策的终结,在某种程度上意味着它的立法活动本身缺乏相应的权威性、科学性和有效性,这是立法者所不愿意接受的。因此,基于自身利益的考虑,立法机关在考虑终结某项政策时,往往摇摆不定、顾虑重重,这无疑会增加政策终结的难度。

同时,在政策终结过程中,立法机关和行政机关通常存在分歧。当行政机关与立法机关对政策终结持有不同的立场或看法时,双方都有一些手段来阻拦这一结果的发生。行政机关作为行政相对人享有依法提出行政诉讼的权利,司法机关对于政策终结的行为是否有瑕疵进行检视,是政策终结反对者所运用的主要手段或策略之一,这也成为启动政策终结程序的重要障碍。在政策终结过程中,政策终结者或行政人员经常会穿梭于立法机关和行政机关,为政策终结的开启或执行进行沟通和协调,而这是许多行政官员不愿意做的。因此,在政策终结过程中,要让立法或行政机关达成政策终结的共识,不仅需要时间,还需要政策终结者的高超技巧或策略。

五、高昂的成本

高昂的成本也是影响政策终结开启的关键因素。政策终结的成本有三种:一是终结行为本身要付出成本;二是现有政策的沉淀成本;三是政策终结产生的机会成本。

1. 政策终结行为本身要付出成本

政策终结意味着原有投入资源付诸东流,在一定程度上说是一种资源浪费,而且政策终结本身也需要资源的投入,终结的计划成本、执行成本和善后成本等也是相当巨大的。而且,在短期内终结一项政策的成本要比继续这项政策的成本高得多,需要投入新的资源以重新分配政策终结后的资源遗留问题,或者对政策的相关者进行利益的补偿。虽然从长期来看,政策终结付出的成本有利于政策体系的节约,但对于现行政策的终结开启来说,需要短期内投入巨额的成本,这是政策终结的决策者必须要考虑的问题。

2. 现有政策的沉淀成本,既有投入的损失

沉淀成本又称沉没成本或旁置成本,是指投入某项决策、某个计划或某个项目的人力、物力、财力或其他资源等已发生而无法收回的成本,它往往制约了决策者下一步的行动计划。政策终结意味着原有政策资源的漂移、既有投入的损失。现行的政策或组织机构已经投入了巨额成本但没有得到回报,政策决策者面对投入的沉淀成本,往往处于进退两难的境地:害怕走向没有效益产出的沉淀成本而不敢投入；对沉淀成本过分眷恋,继续原来的错误,造成更大的损失。政策投入的成本越高,终结者下决心终结的难度就越大。

3. 政策终结会产生机会成本,可能减少政策资源效益

机会成本通常是指在面临多方案择一决策时,为选择一种方案而放弃另一种可行方案所损失的可能获取的收益,即为选择当前已接受的方案所付出的代价。政策终结意味着原有政策的终止或结束,象征着旧的政策的放弃或否定,标志着新政策的产生和开始。在这个过程中,旧政策的放弃和新政策的选择会损失可能获取的政策资源效益,由此政策选择行为就会付出相应的代价,产生潜在的机会成本。

六、政策终结风险

(一)社会舆论风险

政策终结行为面临的风险在受到行为本身客观有效性影响的同时,也将承受主观上公正、公开、合理等要素的干扰。当人们对新事物的判断缺少可供参照的运作方式、制度规范、评价标准时,上述两类要素的影响很难被区分开来。事实上,在政策终结的信息向大众传递时,收到的反馈往往是大众相对简单地认为该政策"可以"或"不可以"被终结。显然,如此简单的判断是不够的,甚至是不利于终结议程的。那些通过信息传递所导致的社会性负面观点,影响相关组织的公信力进而阻碍终结进程的不确定因素则形成了政策终结的舆论风险。现今我国正处于社会转型的特殊时期,受到多年渐进式改革的一些弊端影响,不少问题堆积到今天仍未得到解决。多数政策经过细微的调整效果不甚明显,然而治根治本的重大政策变革却步履艰难。社会情绪在日益累积的情况下为社会舆论提供了生存空间。信息的扩散具有较高的不稳定性,加上公众同政策真实效果间的信息鸿沟,极易受到传播媒介的误导,甚至被反对者刻意地加以利用,将舆论走向推至反面,为政策终结议程引来危机。

(二)社会信任风险

当原有政策终结或新政策未能达到预期目标时,信任风险随之出现。信任风险应当从两个层面来理解,即政策系统的稳定性以及政府决策的有效性。

(1)公共政策作为政府的社会治理工具,涵盖了政治、经济、社会、文化等各领域,担负着规范社会运行必需的政治经济秩序的重要责任,同人们的生活息息相关。因此,政策系统应当保持一定的稳定性和连续性。同时,政策之所以能够对社会行为起到规范与调节的作用,实际上源于公众对政府的信任,对政策系统权威性的认可,而政策的稳定性则是政府对公众践行承诺的体现。显然,不论是对先前政策的完全废止还是对其进行部分性的终结,都会引起固有政策体系的动荡,影响其稳定性。这就容易给公众带来政策系统朝令夕改、反复无常的错误认识,造成公众的社会生活没有可靠的规范参照而无所适从,丧失个人或群体行为的稳定预期,进而导致公众与政策系统间的信任关系破裂,降低政策系统的权威性。

(2)从结构功能的视角来看,政治体系的合法性来自公众同政策系统的互相影响与制约。公众与政策的良性互动建立在前者对后者信任的基础上,而这种信任实际上是公众对政府的信任,对政府治理社会有效性的信任。"信任"是公众对政府的肯定性行为选择的集中体现。只有科学有效的公共政策才能促使公众对政策系统产生信任,进而对政府产生信任,维持政治体系的稳定性与合法性,反之则会出现双方的信任危机。政策终结的初衷是及时取缔那些低效甚至无效的问题政策,以提高政府治理社会的效率。虽然有些政策表现出低效的原因并非其本身,而在于客观条件与环境的变化,也包括那些已经实现最初目标的政策,但其滞留在政策系统中就要产生不必要的运行成本。从这一层面上来看,那些被终结的政策终归是不被认可的。然而,公众并不十分了解,所以会对政策的科学有效性提出质疑,从而引发信任危机。如果在政策终结过程中对公众的信息传递出现了误差导致了消极性的社会舆论,则政府的社会形象更是无法得到保障。

(三)外部性风险

政策终结标志着新政策的产生和开始,新的资源需要重新投入,但是并不一定带来更好的结果。只有在新政策发挥正效应、满足公众社会需要的情况下才被认为政策终结行为是成功的。因此,新政策的外部性风险是无法回避的问题。

美国著名经济学家保罗·萨缪尔森认为,"当生产或消费对其他人产生附带的成本或效益时,外部经济效果便发生了。……确切地说,外部经济效果是一个经济人的行为对另一个人福利所产生的效果,而这种效果并没有从货币或市场交易中反映出来"。从外部风险的理论建构来说,可以从两个方面进行理解:首先,新政策与其他政策子系统间的外部性。在复杂的社会中,不同政策子系统间存在着高度的关联性。从政策系统整体性的角度来看,政策终结意味着原有政策体系的变动,某一项政策受到终结,除了对本子系统有所影响外,还会在上述关联性的基础上波及相关子系统,造成不稳定风险,可将其理解为"某一利益团体(或利益联盟)取得其政策输出时对其他利益相关者造成的外部影响,以及政府作为一个公共部门的代表进行政策输出时对社会相关群体所造成的外部影响"。其次,政策终结本身同样需要一个过程,已有的实践表明多数政策的终结需要耗费数年甚至数十年的时间,而社会的风险性却在不断增强。因此,新政策从制定到出台执行需经历长久的风险因素干扰,这意味着新生政策将面临一种新的利益诉求。而任何政策都无法满足全社会各个群体的利益。在某个群体在政策的支持下增进自身利益的同时,其他群体利益受损的现象就在所难免了。这种利益分配的不均衡极易引起人们"不公平感"的增加,从而对新生政策反感甚至抵触。

第三节 政策终结策略

政策终结是终结者与反终结联盟之间策略互动的过程,当政策终结发生时,不管是终结者还是反对者都将采取或运用相应的策略或措施,以维持自身在政策终结过程中处于的优势地位。然而,作为一项困难的政策行为,政策终结要求政策行动者运用高超的智慧和技巧,采取灵活的策略,以争取对自己有利的情势。对于反终结联盟来说,如何运用策略使自己免于被终结则变得十分重要。因此,对终结者而言,洞悉反终结联盟的策略,进一步发展终结执行的策略,就需要更高超的技巧与巨大的决心和勇气。

面对在政策终结过程中可能发生的问题和障碍,尤其是反终结联盟的免疫行动策略,终结者必须思考如何运用相应的策略将其排除,或是将伤害降至最低。也就是说,政策终结的执行策略是终结者克服不同的反终结障碍,针对解决政策终结的免疫策略而采取的行动策略,以汇集支持政策终结而降低反终结联盟的支持。例如,罗伯特·D.贝恩就提出了十二项具体策略:①避免进行试探性的行为;②扩大政策终结的支持势力;③终结的重点应在旧政策的危害上;④应利用思想意识转变的优势;⑤应禁止妥协;⑥雇佣外部人员作为政策终结的负责人;

⑦应避免议会进行决议;⑧不要侵犯立法特权;⑨要接受终结短期成本的增加;⑩应拉拢原政策下的既得利益者;⑪不要强调终结,而要强调革新;⑫只终结那些必须终结的政策。不过面对不同的情况,用什么策略来解决,目前并未形成统一的标准或达成共识。因此,研究者仍较多地把重点放在如何执行政策终结上。

一、选择政策终结的方式

作为政策终结者,预期反终结势力的强弱,选择适当的政策终结方式是极为重要的策略技巧。然而,如何预期反终结联盟的强度,释放试探性信息可以说是一种策略选择,一方面能够为政策终结执行创造条件,另一方面还可以为后续策略的选择提供强有力的依据。也就是说,通过试探性的政策暗示可以观察反终结势力的强度,以采用合适的终结方式。在政策终结过程中,终结者可以根据政策终结的预期持续程度,选择爆发式和渐减式两种终结方式;在特定情况下,也可以结合这两种方式。

二、把握政策终结的时机

机遇对成功的政策终结至关重要。有时,政策终结的成功与否完全依赖于时间和机遇。的确,掌握恰当的时机是政策终结执行的重要策略。在政策的生命周期内,有些时机开启了政策终结的"视窗",比较容易推进政策终结的活动。作为政策终结者要具备灵敏的嗅觉和动态的监测机制,适时感知政策终结的氛围,及时把握机会,也可以主动营造政策终结的时机,创造政策终结的机会。由此,我们可以把政策终结的时机分为自然时机和人为时机。

三、形塑政策终结的合法性

政策终结过程是政策终结者和反终结联盟进行策略互动的过程,不同的政策行动者和行动策略或方式考验着政策终结者灵活运用终结策略技巧的勇气和智慧。政策终结者可以通过形塑政策终结的合法性来面对这些政策行动者,获取对政策终结的支持,甚至在反对势力中争取支持力量。形塑政策终结的合法性的策略包括以下两方面:

1. 扩大政策终结的支持者群体

政策终结支持者的态度和势力的强弱是决定政策终结执行成败的关键。政策终结的倡导者必须扩大政策终结的支持者群体,努力争取各种支持力量,以推动政策终结的实现。特别是一些涉及面较广的政策,终结政策将会影响到特定群体的既得利益,给政策终结带来巨大的压力。为了减少阻碍,政策终结者争取政策行动者的赞成和认可是一项重要的行动策略。

2. 凸显政策的危害

强调政策的危害能够有效吸引政策终结支持者的加入。强调淘汰无效的、过时的和多余的政策,只会产生笼统的利益,通常难以引发政策终结的活动。但一项有害的政策却能够产生特殊的利益,一旦能够证明政策确实是有害的,让政策行动者认识到终结政策是必须的,如果政策终结失败或不终结政策而让政策继续将会带来更多的负面效果,便能够动员政策利害关系人,为其提供政策终结的正当性理由。

四、提供政策终结的诱因

政策终结者在从事政策终结的过程中总会面对持有相同或类似利益或价值的组织或个人

形成反终结联盟,试图抵制或延缓政策终结的进行。因此,政策终结者可以运用掌握的资源,采取行动策略,充分利用积极或消极的诱因,鼓励或迫使政策对象取得有形或无形的补偿,认同或接受政策终结行动。这种积极或消极的诱因是基于政策对象是理性行动者的假定。也就是说,政策行动者的利益的任何变动都将影响政策相关行动的动机。因此,政策终结者为了取得政策终结的进展,可以提供诱因引导或迫使政策行动者从事主动或被动的政策行为,具体可以通过改变政策对象对政策终结的认知、适当的利益妥协、逐步实现政策终结和满足感情的需要等策略实现。

核心概念

政策终结(policy termination)　　政策终结障碍(barriers to policy termination)
相关者的心理抵触(stakeholders' psychological resistance)
政策受益者(policy beneficiary)　　政策制定者(policy maker)
政策执行者(policy executor)
现存机构的持续性(the continuity of existing institutions)
行政机关联盟(administrative agency alliance)
利益集团的阻碍(obstacles from interest groups)
社会舆论的压力(public opinion pressure)
政策终结风险(risk for policy termination)

思考题

1. 什么是政策终结?
2. 政策终结的原因和类型有哪些?
3. 政策终结有哪些方式?
4. 政策终结可能有哪些风险?

案例分析与思考

生育政策的调整和演变

自1978年3月,第五届全国人民代表大会第一次会议通过的《中华人民共和国宪法》第五十三条规定"国家提倡和推行计划生育"以来,我国对于影响国家社会发展的人口生育政策有诸多调整。1979年1月,全国计划生育工作会议召开,在贯彻69号文件中把"最多两个"去掉,变成了"最好一个",独生子女政策至此正式开始。1980年9月25日,中共中央刊布《关于控制我国人口增长致全体共产党员、共青团员的公开信》(以下简称《9-25公开信》),号召"每对夫妇只生育一个孩子"。1980年9月,第五届全国人民代表大会第三次会议通过的《中华人民共和国婚姻法》第十二条规定:"夫妻双方都有实行计划生育的义务。"1982年,《中共中央、国务院关于进一步做好计划生育工作的指示》中提出照顾农村独女户生育二胎。1982年12月,五届全国人大五次会议通过的《中华人民共和国宪法》中规定:"国家推行计划生育,使人口的增长同经济和社会发展计划相适应。"1984年4月,中共中央转发了《关于计划生育情况的汇报》的7号文件,对"一孩"政策进行修正。提出"对农村继续有控制地把口子开得稍大一些,按照规定的条件,经过批准,可以生二胎;坚决制止大口子,即严禁生育超计划的二胎和多胎",

即"开小口、堵大口"。2002年9月施行的《中华人民共和国人口与计划生育法》明确规定，国家稳定现行生育政策，鼓励符合法律、法规规定条件的，可以要求安排生育第二个子女。

2013年11月，党的十八届三中全会审议通过《中共中央关于全面深化改革若干重大问题的决定》。决定提出，坚持计划生育的基本国策，启动实施一方是独生子女的夫妇可生育两个孩子的政策，逐步调整完善生育政策，促进人口长期均衡发展。同年12月，中共中央、国务院印发《关于调整完善生育政策的意见》，明确了生育政策调整的重要意义和总体思路。2015年10月29日，党的十八届五中全会公报指出，"完善人口发展战略，全面实施一对夫妇可生育两个孩子政策，积极开展应对人口老龄化行动"。2015年10月29日，党的十八届五中全会决定"坚持计划生育的基本国策，完善人口发展战略，全面实施一对夫妇可生育两个孩子政策"。中国实施了35年的"独生子女政策"，宣告终结。

2021年5月31日，中共中央政治局召开会议，会议指出，进一步优化生育政策，实施一对夫妻可以生育三个子女的政策及配套支持措施，有利于改善我国人口结构、落实积极应对人口老龄化国家战略、保持我国人力资源禀赋优势。

世界上一切事物都处在发展和变化之中，作为影响和指导人口再生产过程的生育政策也是如此。生育政策与其他任何社会经济政策一样，它的稳定具有相对性。人口生育政策的调整、完善、发展和变化是正常的、符合事物发展客观规律的。

思考并讨论：
中国的计划生育政策是如何演变和调整的？

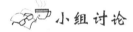 **小组讨论**

结合本章相关内容，请分组讨论：我国1950—1980年实行的"票证制度"。

参考文献

[1] ACKOFF R A. Redesigning the future: a system approach to social problem[M]. New York: Willey, 1974: 3-54.

[2] BEHN R D. Closing the Massachusetts public training schools[J]. Policy Sciences, 1976, 7(2), 151-171.

[3] BEHN R D. How to terminate a public policy: a dozen hints for the would-be terminator[J]. Policy Analysis, 1978, 4(3): 393-413.

[4] BERGER P L. The social construction of reality[M]. New York: Anchor Books, 1967: 63-147.

[5] CAPANO G, HOWLETT, M. Causal logics and mechanisms in policy design: how and why adopting a mechanistic perspective can improve policy design[J]. Public Policy and Administration, 2021, 36(2): 141-62.

[6] CHEN H T, GARBE P. Assessing program outcomes from the bottom-up approach: an innovative perspective to outcome evaluation[J]. New Directions for Evaluation, 2011, 130: 93-106.

[7] CHRISTIE C A. What guides evaluation? A study of how evaluation practice maps onto evaluation theory[J]. New Directions for Evaluation, 2003, 97: 7-36.

[8] CHUN Y, RAINEY H. Goal ambiguity and organizational performance in us federal agencies[J]. Journal of Public Administration Research and Theory, 2005, 15(4): 529-557.

[9] COBB R, ROSS J K, ROSS M H. Agenda building as a comparative political process[J]. American Political Science Review, 1976, 70(1): 126-138.

[10] CUTLER N. Aging and public policy: the politics of agenda-setting[J]. Policy Studies Journal, 1984, 13(1): 111-113.

[11] DELEON P. Public policy termination: an end and a beginning[J]. Policy Analysis, 1978, 4(3): 369-392.

[12] DRYZEK J S, RIPLEY B. The ambitions of policy design[J]. Review of Policy Research, 1988, 7(4): 705-719.

[13] DYE T R. Understanding public policy[M]. London: Pearson, 2016: 5-18.

[14] HOWLETT M, RAMESH M, PERL A. Studying public policy: policy cycles and policy subsystems[M]. Oxford: Oxford University Press, 2009: 80-98.

[15] JENSEN M C. Theory of the firm: managerial behavior, agency costs and ownership structure[J]. Journal of Financial Economics, 1976, 3(4): 305-360.

[16] JONES B D, BAUMGARTNER F R. The politics of attention: how government

prioritizes problems[M]. Chicago:University of Chicago Press,2005:205-231.
[17] KING J A. The challenge of studying evaluation theory[J]. New Directions for Evaluation,2003,97:57-68.
[18] KITSUSE J I, SPECTOR M. Towarda sociology of social problems:social conditions,value judgments, and social problems[J]. Social Problems,1973,20(4):407-419.
[19] LIPSKY M. Street-level bureaucracy:dilemmas of the individual in public services[M]. New York:Russell Sage,1980.
[20] LOWI T J. American business, public policy, case-studies, and political theory[J]. World politics,1964,16(4):677-715.
[21] LOWTHER J. Handbook of policy formulation[J]. Local Government Studies,2019,45(1):146-7.
[22] MATLAND R. Synthesizing the implementation literature:the ambiguity-conflict model of policy implementation[J]. Journal of public administration and research,1995,5(2):145-174.
[23] MITROFF II, SAGASTI F. Epistemology as general systems theory:an approach to the design of complex decision-making experiments[J]. Philosophy of the social sciences,1973,3(2):117-134.
[24] RUBINGTON E, WEINBERG M S. The study of social problems:seven perspectives[M]. 7th ed. Oxford:Oxford University Press,2011.
[25] SMITH T B. The policy implementation process[J]. Policy Sciences,1973,4(2):197-209.
[26] 阿尔蒙德.比较政治学:体系过程和政策[M].曹沛霖,译.上海:上海译文出版社,1987:200.
[27] 阿克洛夫.柠檬市场:质量的不确定性和市场机制[J].经济导刊,2001(6):1-8.
[28] 安德森.公共决策[M].唐亮,译.北京:华夏出版社,1990:44-79.
[29] 安德森.公共政策制定[M].谢明,译.北京:中国人民大学出版社,2009:120-260.
[30] 奥尔森.集体行动的逻辑[M].陈郁,郭宇峰,李崇新,译.北京:生活·读书·新知三联书店,1995:15-40.
[31] 奥肯.平等与效率重大抉择[M].王奔洲,译.北京:华夏出版社,2010:7-18.
[32] 陈刚.公共政策学[M].武汉:武汉大学出版社,2011:96-136.
[33] 陈家建,张琼文.政策执行波动与基层治理问题[J].社会学研究,2015,30(3):23-45.
[34] 陈科霖.大部制改革:历史回顾与路径前瞻[J].云南社会科学,2014,42(3):17-22.
[35] 陈磊,郭全魁,王秀华.系统决策优化案例分析[M].北京:北京邮电大学出版社,2013:1-18.
[36] 陈玲,赵静,薛澜.择优还是折衷?转型期中国政策过程的一个解释框架和共识决策模型[J].管理世界,2010(8):59-72.
[37] 陈庆云.公共政策分析[M].北京:北京大学出版社,2006:1-10.
[38] 陈水生.公共政策失败及其治理:一个整合性分析框架[J].学术月刊,2022,54(2):91-102.
[39] 陈卫.中国的低生育率与三孩政策:基于第七次全国人口普查数据的分析[J].人口与经济,2021(5):25-35.
[40] 陈鑫.京津冀产业生态经济系统跨区域协同的政策优化仿真分析[D].南京:东南大

学,2019.

[41] 陈振明.非市场缺陷的政治经济学分析:公共选择和政策分析学者的政府失败论[J].中国社会科学,1998(6):89-105.

[42] 陈振明.公共政策分析[M].北京:中国人民大学出版社,2002:24-47.

[43] 陈振明.政策科学:公共政策分析导论[M].北京:中国人民大学出版社,2003:1-15.

[44] 崔亚杰,李小湘.论志愿失灵形式在中国情境下的新发展:基于四川省地震应急救援领域的多案例研究[J].学会,2021(6):25-36.

[45] 戴伊.理解公共政策[M].孙彩红,译.北京:北京大学出版社,2008:2-39.

[46] 邓恩.公共政策分析导论:第四版[M].谢明,伏燕,朱雪宁,译.北京:中国人民大学出版社,2011:2-30.

[47] 邓小平.邓小平文选:第二卷[M].北京:人民出版社,1983:140-166.

[48] 丁煌,定明捷."上有政策、下有对策":案例分析与博弈启示[J].武汉大学学报(哲学社会科学版),2004(6):804-809.

[49] 董新宇,鞠逸飞,段雨欣.地方政府高层次人才政策实施效果研究[J].中国科技论坛,2022(9):128-138.

[50] 杜鲁门.政治过程:政治利益与公共舆论[M].天津:天津人民出版社,2005:41.

[51] 樊鹏.论中国的"共识型"体制[J].开放时代,2013(3):45-59.

[52] 范绍庆.公共政策终结的执行策略[J].内蒙古社会科学(汉文版),2012,33(4):84-88.

[53] 方贤华.实用政务大辞典[M].武汉:湖北辞书出版社,1993:177-260.

[54] 高建华.影响公共政策有效执行之政策目标群体因素分析[J].学术论坛,2007(6):53-57.

[55] 国家统计局:未来一段时间中国人口总量将保持在14亿人以上[EB/OL].(2022-01-17)[2022-06-30].https://baijiahao.baidu.com/s?id=1722185343483608420&wfr=spider&for=pc.

[56] 格斯顿.公共政策的制定程序和原理[M].朱子文,译.重庆:重庆出版社,2001:52-54.

[57] 顾建光.公共政策分析学[M].上海:上海人民出版社,2004.

[58] 顾雅君.新编西方经济学[M].上海:同济大学出版社,2018:356.

[59] 哈耶克.通往奴役之路[M].王明毅,冯兴元,译.北京:中国社会科学出版社,1997:2-50.

[60] 贺东航,孔繁斌.公共政策执行的中国经验[J].中国社会科学,2011(5):61-79.

[61] 贺东航,孔繁斌.中国公共政策执行中的政治势能:基于近20年农村林改政策的分析[J].中国社会科学,2019(4):4-25.

[62] 贺恒信.政策科学原理[M].兰州:兰州大学出版社,2009.

[63] 贺金社,贺臻.通俗经济学:回归亚当·斯密的幸福和谐框架[M].上海:上海人民出版社,2018:325-326.

[64] 贺卫.寻租经济学[M].北京:中国发展出版社,1999.

[65] 黄可人.户籍制度演变与城乡劳动力的流动[J].农业经济,2018(1):86-88.

[66] 黄维民,慕怀琴.公共政策学理论与实践[M].西安:西安电子科技大学出版社,2013:103-113.

[67] 姜世波,王睿康.论我国体育产业政策的法律化:以国务院"46号文"为例[J].武汉体育学院学报,2019,53(10):41-47.

[68] 蒋正华.中国人口老龄化现象及对策[J].求是,2005(6):41-43.

[69] 金灿荣,董春岭.独家:盘点西方选举政治的"圈子"现象[EB/OL].(2015-05-01)[2022-2-28].http://www.cankaoxiaoxi.com/world/20150501/764513.shtml.

[70] 金登.议程、备选方案与公共政策:第二版[M].丁煌,方兴,译.北京:中国人民大学出版社,2004:247-259.

[71] 金荣.政府在国家治理体系中的角色定位及改革趋势[J].人民论坛,2014(5):74-75.

[72] 考夫曼.社会福利国家面临的挑战[M].王学东,译.北京:商务印书馆,2004.

[73] 克雷普斯.高级微观经济学教程[M].李井奎,王维维,汪晓辉,等译.上海:格致出版社,2017:114.

[74] 李允杰,丘昌泰.政策执行与评估[M].新北:国立空中大学出版社,1999:163-164.

[75] 李志军.完善重大政策评估制度[EB/OL].(2021-01-11)[2021-01-11].https://sg.ucass.edu.cn/info/1150/2842.htm.

[76] 林水波,张世贤.公共政策[M].台北:五南图书出版公司,2008:59-126.

[77] 刘斌,王春福.政策科学研究[M].北京:人民出版社,2002:127.

[78] 刘广东.现代渔业公共政策理论与实践[M].南京:东南大学出版社,2017:54-101.

[79] 刘伟忠.现代西方政策执行研究的路径与意义[J].江海学刊,2006(4):211-216.

[80] 刘永芳.当代中国员工组织公平感研究[M].杭州:浙江教育出版社,2017:1-7.

[81] 刘长秋.从政策引导到法律主导:我国基本医疗服务政策法律化问题研究[J].中南大学学报(社会科学版),2018,24(5):58-66.

[82] 刘复兴,董昕怡.实施"双减"政策的关键问题与需要处理好的矛盾关系[J].新疆师范大学学报(哲学社会科学版),2022,43(1):91-97.

[83] 陆杰华,郭冉.从新国情到新国策:积极应对人口老龄化的战略思考[J].国家行政学院学报,2016(5):27-34.

[84] 陆士桢.中国特色志愿服务概论[M].北京:新华出版社,2017:137.

[85] 马亮.十九大明确了政府机构和行政体制改革的三大方向[EB/OL].(2017-10-19)[2022-1-28].http://www.china.com.cn/opinion/think/2017-10/19/content_41759366.htm.

[86] 孟祥林.政府"在场"抑或"退出":第三部门发展的困境与出路[J].华南理工大学学报(社会科学版),2021,23(2):105-113.

[87] 那格尔.政策研究百科全书[M].林明,译.北京:科学技术文献出版社,1990:7-37.

[88] 反垄断执法十大典型案例详解:最高罚单超3亿,阿里腾讯上榜[EB/OL].(2021-09-04)[2022-06-20].https://m.mp.oeeee.com/a/BAAFRD0000020210904599933.html.

[89] 宁骚.公共政策学[M].北京:高等教育出版社,2003:293-313.

[90] 彭荔红,刘婷婷.从"限塑令"看我国环境公共政策的困境[J].生态经济(学术版),2012(2):370-373.

[91] 彭未名,邵任薇,刘玉蓉.新公共管理[M].广州:华南理工大学出版社,2007:165.

[92] 彭中礼.政策概念的法规范分析:基于1979—2016年现行有效法律文本的解读[J].安徽大学学报(哲学社会科学版),2016,40(3):113-122.

[93] 成都允许临时占道经营,网友:太有人间烟火气[EB/OL].(2020-06-01)[2022-06-30].https://www.thepaper.cn/newsDetail_forward_7600402.

[94] 祁勇.公共政策执行的要素分析[J].理论学刊,2007,(7):87-89.

[95] 曲纵翔,汪明旭.论公共政策终结过程中的风险识别[J].社会发展研究,2017,3:98-113.

[96] 曲纵翔.政策终结理论演进中的基础性概念述论[J].理论导刊,2013(12):84-88.

[97] 冉冉.环境善治与政策合法性的建构:基于北京市"煤改气(电)"工程的案例研究[J].经济社会体制比较,2021(6):165-172.

[98] 萨巴蒂尔.政策过程理论[M].彭宗超,译.北京:生活·读书·新知三联书店,2004:21-45.

[99] 桑玉成,刘百鸣.公共政策学导论[M].上海:复旦大学出版社,1991:44-52.

[100] 邵晶晶,张勇,白常凯,等.政策学理论中"政策方案可行性论证"目的表述缺陷[J].中国医院管理,2004(4):8-11.

[101] 尚智丛,刘源,薛承会.美国DDT政策制定过程中的科学家角色转变[J].自然辩证法研究,2022,38(7):56-61.

[102] 斯密.国富论[M].郭大力,王亚南,译.北京:商务印书馆,2020.

[103] 宋世明,王思武.当代西方公共行政决策体制及其借鉴价值[J].国家行政学院学报,2001(5):88-91.

[104] 谭英俊.现代公共政策研究[M].北京:中国言实出版社,2015:57-108.

[105] 唐娅玲.社会资本视角下的应急志愿组织公信力提升路径:以广州社区应急救援志愿服务站"多宝站"为例[J].福州党校学报,2017(2):37-40.

[106] 王春城,赵小兰.公共政策规划中的伦理失范与治理[J].国家行政学院学报,2015(6):51-55.

[107] 王飞.公共政策合法化:两种主体的博弈[J].理论导刊,2008(8):35-37.

[108] 王红玲.当代西方政府经济理论的演变与借鉴[M].北京:中央编译出版社,2003:177.

[109] 王琪.海洋行政管理学[M].北京:人民出版社,2020:69-118.

[110] 王骚.政策原理与政策分析[M].天津:天津大学出版社,2003:130-158.

[111] 王绍光,鄢一龙,胡鞍钢.中国中央政府"集思广益型"决策模式:国家"十二五"规划的出台[J].中国软科学,2014(6):1-16.

[112] 王绍光.中国公共政策议程设置的模式[J].中国社会科学,2006(5):86-99.

[113] 王绍光.从经济政策到社会政策:中国公共政策格局的历史性转变[J].中国公共政策评论,2007,1:29-45.

[114] 王贻芳:建造大型对撞机"没有最坏结果"[EB/OL].(2019-11-07)[2022-06-30].http://www.ihep.cas.cn/xwdt/cmsm/2019/201911/t20191107_5423366.html.

[115] 魏小文,李继刚.西方经济学[M].2版.北京:北京理工大学出版社,2014:149.

[116] 吴君民,魏晓卓,宁宣熙.经济利益的理性思考:效果、效率与效益[J].会计研究,2007(3):26-32.

[117] 夏建中,张菊枝.我国社会组织的现状与未来发展方向[J].湖南师范大学社会科学学报,2014,43(1):25-31.

[118] 南浔加速打造"浙北新粮仓"[EB/OL].(2022-03-14)[2022-07-30].https://baijiahao.baidu.com/s?id=1727248647011555899&wfr=spider&for=pc.

[119] 谢明.公共政策导论[M].北京:中国人民大学出版社,2015.

[120] 谢新水.网约车治理政策的制定过程分析:冲击、支持与合作思维[J].理论与改革,2017

(4):136-145.

[121] 中共中央办公厅国务院办公厅印发《关于进一步减轻义务教育阶段学生作业负担和校外培训负担的意见[EB/OL].(2021-07-24)[2022-06-30].http://www.gov.cn/zhengce/2021-07/24/content_5627132.htm?trs=1.

[122] 重磅！中央发话，事关占道经营、马路市场、流动商贩等，城市的烟火气要来了[EB/OL].(2020-05-28)[2022-07-30].https://baijiahao.baidu.com/s?id=1667923488484426653&wfr=spider&for=pc.

[123] 邢成举,李小云.精英俘获与财政扶贫项目目标偏离的研究[J].中国行政管理,2013(9):109-113.

[124] 邢玲.我国公共政策合法性危机及消解对策[D].南京:东南大学,2006.

[125] 由来:50年论证,多次民主比选[EB/OL].(2010-12-25)[2022-07-30].https://www.cctv.com/special/945/2/73962.html.

[126] 杨志军.中央聚合—地方封闭政策体制及其更新:国家治理现代化的政治资源再造[J].学术月刊,2022,54(1):98-111.

[127] 负杰.公共政策研究的理论与方法[M].郑州:河南人民出版社,2003:175-198.

[128] 袁方.社会学百科辞典[M].北京:中国广播电视出版社,1990:21-22.

[129] 原新,金牛.积极应对人口老龄化国家战略的时代背景与价值意蕴[J].老龄科学研究,2021,9(1):1-9.

[130] 湛中乐,李烁.我国学前教育立法研究:以政策法律化为视角[J].陕西师范大学学报(哲学社会科学版),2019,48(1):45-53.

[131] 翟振武,陈佳鞠,李龙.2015—2100年中国人口与老龄化变动趋势[J].人口研究,2017,41(4):60-71.

[132] 张国庆.公共政策分析[M].上海:复旦大学出版社,2004:157-178.

[133] 张国庆.现代公共政策导论[M].北京:北京大学出版社,1997:34-39.

[134] 张金马.公共政策分析:概念、过程、方法[M].北京:人民出版社,2004:303-330.

[135] 张怡恬.从历史演化中探寻社会养老保险制度效率变化规律[J].社会保障研究,2011(2):60-78.

[136] 张子桢.中国地理知识[M].北京:中国青年出版社,1982:311.

[137] 赵艳霞,司福利,崔小杰,等.公共政策分析[M].哈尔滨:哈尔滨工程大学出版社,2017:58-76.

[138] 甄珍,谢新水."互联网+"背景下网约车政策的制定过程及其示范价值[J].电子政务,2018(5):19-27.

[139] 中国版LHC路在何方[EB/OL].(2015-04-28)[2022-07-30].http://www.ihep.cas.cn/kxcb/kjqy/201504/t20150428_4345303.html.

[140] 朱伟.政策制定过程中官员、专家与公众的互动模式研究[D].南京:南京大学,2012.

[141] 朱志宏.公共政策[M].台北:三民书局,1999:291-297.

[142] 邹东升.公共政策效益的概说与评析[J].西南政法大学学报,2004(1):9-14.